JN303143

蘆立順美 著

データベース保護制度論

―― 著作権法による創作投資保護および新規立法論の展開 ――

〔知的財産研究叢書 6〕

編　集

財団法人　知的財産研究所

編集代表

加　藤　一　郎

中　山　信　弘

は し が き

　本書は，1996年から4年半の東北大学法学部助手在籍中に執筆した，いわゆる助手論文「情報収集物の法的保護」に加筆，修正を加えたものである。

　筆者が研究をはじめた1996年は，データベースの保護に関する欧州指令が採択された年にあたる。情報化社会の到来により情報自体の経済的価値が増加し，知的財産法による保護の過不足が問題とされる中，データベースの法的保護の必要性もそうした問題の1つとして国際的に大きな議論をよんでいた。

　当時，データベース保護の問題は，デジタル技術やネットワーク化といった新しい技術の普及に着目して論じられる傾向があった。しかし，創作に要する労力の保護の可否は，著作権法を中心として古くから議論されてきたテーマであり，著作権法が創作過程における著作者の多様な寄与のうち何を保護対象としているのか，市場における経済的価値と著作物該当性判断はいかなる関係にあるのか，著作物に対して付与される権利はいかなる目的，機能を有しているのか，といった時代を問わずに問題となり得る基本的問題と密接に関係している。新しい情報技術や市場での取引形態の変化に注目が集まり，ともすれば，市場における経済的な利益の最大化の要請が最優先されがちな現在においてこそ，こうした基本的な論点の分析が不可欠ではないかという問題意識がこの問題を研究テーマとした1つの理由である。

　もちろん，データベースに関する創作投資の保護の議論は，著作権法にとどまらず，不正競争法をはじめとして関連する他の法制度や立法論にまで及ぶものであり，各法制度の関係も視野に入れた総合的検討が要求される。本書では，浅学非才を省みず，不正競争法による保護，および，前述の欧州指令をはじめとするデータベース保護に関する立法等も検討の対象とし，データベース保護制度を検討する際の視点を提示することを試みた。筆者の能力不足のため，また，アメリカ合衆国の立法の方向性がいまだ定まっていないこともあり，個々の法制度や立法案の分析については不十分な点も多々ある。適切な法制度の提言にあたっては，より多面的視点から，さらなる分析の深化と理論の具体化を図る必要があり，本書では残されたままとなっている課

はしがき

題も多く存在している。公刊までに長期間を経たにもかかわらず，未熟な研究成果を公表することについては自責の念を逸れ得ないが，現段階での成果を公表することにより，多くのご批判ご叱正を受け，今後の研究を進めることができれば幸いである。

　本書の刊行までには実に多くの方がたのお世話になった。
　指導教官である関俊彦現法政大学教授には，専攻を異にする筆者の助手採用へのご尽力にはじまり，常に暖かい，時には厳しいご指導，ご厚情をいただいた。
　中山信弘東京大学教授には，研究会への参加や，１年間の内地研究員としての同大学での研究の機会を与えて頂き，また，本書の刊行のお話をいただくなど，絶えず暖かなご指導と研究環境に関するご配慮を賜った。田村善之北海道大学教授，白石忠志東京大学教授には学生時代から多くのご教示をいただいた。
　また，東北大学法学研究科の先輩・同僚からは知的刺激に富む恵まれた研究環境を与えていただいている。
　その他にも，逐一お名前を挙げることはできないが，研究会，演習またはその他の交流の中で，多くの方がたから多数の貴重な示唆を与えていただいた。
　これらすべての方がたに改めて感謝を申し上げる。
　最後に，拙稿の刊行を快く引き受けてくださり，度重なる筆者の執筆・校正の遅れによりご迷惑をおかけしたにもかかわらず，的確なアドバイスと出版へのご尽力を下さった，信山社出版の渡辺左近氏，鳥本裕子氏に厚く感謝申し上げる。

　　　2004年10月

　　　　　　　　　　　　　　　　　　　　　　　　　　蘆立順美

目　　次

序　　章 …………………………………………………… 1
  1 問題の背景　(1)
  2 本書の課題　(4)
  3 考察の方法と叙述の順序　(6)

第1章　著作権法による保護 ……………………………… 8

第1節　アメリカ著作権法 ………………………………… 8

第1款　著作権法の規定 …………………………………… 8

第2款　裁　判　例 ………………………………………… 9

第1項　編集著作物に関する裁判例 …………………… 10

  Ⅰ　1909年法制定以前 …………………………………… 10
　　1　著作物性の判断　(10)
　　2　侵害の判断　(11)
　　　(1)　判例集，ケースブック等の学術的著作物　(11)
　　　(2)　ディレクトリ，インデックス，表　(12)
　　3　イギリス法の影響　(14)
　　4　小　括　(15)

  Ⅱ　1909年法の下での裁判例 …………………………… 18
　　1　額に汗の理論に基づく裁判例　(18)
　　　(1)　著作物性の判断　(18)
　　　(2)　侵害の判断　(20)
　　2　セレクション理論に基づく裁判例　(22)

　　　　　　　(1) 著作物性の判断 (22)

　　　　　　　(2) 侵害の判断 (23)

　　　　　　3　その他の裁判例 (24)

　　　　　　4　小　括 (25)

　　　　Ⅲ　1976年法の下での裁判例 ……………………………… 25

　　　　　　1　Feist 判決 (25)

　　　　　　2　Feist 判決以前の裁判例 (27)

　　　　　　(1)　額に汗の理論に基づく裁判例 (27)

　　　　　　(2)　セレクション理論に基づく裁判例 (29)

　　　　　　(3)　その他の裁判例 (32)

　　　　　　(4)　小　括 (34)

　　　　　　3　Feist 判決以後の裁判例 (36)

　　　　　　(1)　オリジナティの判断 (36)

　　　　　　(2)　侵害の判断 (42)

　　　　　　(3)　小　括 (44)

　　第2項　地図に関する裁判例 ……………………………………… 45

　　　　Ⅰ　1909年法の下での裁判例 ……………………………… 46

　　　　　　(1)　初期の裁判例 (46)

　　　　　　(2)　Amsterdam 判決 (46)

　　　　Ⅱ　1976年法の下での裁判例 ……………………………… 48

　　第3項　伝記，歴史的著作物に関する裁判例 ………………… 50

　　　　Ⅰ　1909年法の下での裁判例 ……………………………… 50

　　　　Ⅱ　1976年法の下での裁判例 ……………………………… 53

　　第4項　裁判例の比較 ……………………………………………… 54

　第3款　学　説 …………………………………………………………… 57

　　第1項　事実的編集物をめぐる学説の対立 …………………… 57

　　　　Ⅰ　額に汗の理論を肯定する学説 ………………………… 57

　　　　　1　Feist 判決以前の状況　(57)

　　　　　2　Feist 判決に対する評価　(62)

　　　Ⅱ　額に汗の理論を否定する学説 ……………………………… 65

　　　Ⅲ　検　討 ……………………………………………………… 68

　第2項　論点ごとの検討 ………………………………………… 70

　　　Ⅰ　実質的類似性 ……………………………………………… 70

　　　Ⅱ　フェアユース（fair use）………………………………… 71

　　　　　1　フェアユースによる調整を主張する学説の検討　(72)

　　　　　2　フェアユースに関する裁判例　(75)

　　　　(1)　1976年法以前の裁判例　(76)

　　　　(2)　1976年法の下での裁判例　(76)

　　　　　3　フェアユース法理の役割の変遷と再構築の試み　(87)

　　　Ⅲ　アイディアと表現の区別・事実と表現の区別 ………… 92

　　　　　1　アイディアと事実　(92)

　　　　　2　学　説　(93)

　　　　(1)　額に汗の理論とアイディアと表現の区別　(93)

　　　　(2)　事実は保護しないという原則について　(98)

　　　Ⅳ　オリジナリティ…………………………………………… 100

　　　　　1　額に汗の理論とオリジナリティの要件　(100)

　　　　　2　額に汗の理論におけるオリジナリティ要件の解
　　　　　　　釈の基礎　(101)

　　　　(1)　オリジナリティに関する先例　(101)

　　　　(2)　審美的判断に対する躊躇　(104)

　　　　(3)　1976年法の制定経緯　(104)

　　　　(4)　事実的著作物の特殊性　(105)

　第3項　小　活 ………………………………………………… 106

第2節　日本著作権法 ……………………………………………… 108

目　次

　　　第1款　日本法の規定……………………………………………… 108
　　　第2款　裁　判　例………………………………………………… 110
　　　　第1項　編集著作物およびデータベースに関する裁判例…… 110
　　　　　　1　創作性の判断　(110)
　　　　　　(1)　電話帳の裁判例　(110)
　　　　　　(2)　データベース　(113)
　　　　　　(3)　その他の編集著作物　(114)
　　　　　　2　著作者の認定に関する判断　(119)
　　　　　　3　侵害の判断　(119)
　　　　　　(1)　選択・配列の類似性　(119)
　　　　　　(2)　素材の類似性　(121)
　　　　第2項　地図の著作物……………………………………………… 125
　　　　　　1　創作性の判断　(125)
　　　　　　2　著作者の認定に関する判断　(127)
　　　　　　3　侵害の判断　(128)
　　　　第3項　歴史的著作物・学術的著作物………………………… 130
　　　　　　1　創作性の判断　(130)
　　　　　　2　侵害の判断　(131)
　　　　第4項　小　括……………………………………………………… 134
　　　第3款　学　説……………………………………………………… 137
　　　　第1項　データベース規定の新設……………………………… 137
　　　　　　Ⅰ　改正の経緯……………………………………………… 137
　　　　　　　1　改正の目的　(137)
　　　　　　　2　データベースの著作物性　(138)
　　　　　　　3　侵害の基準　(138)
　　　　　　Ⅱ　改正の問題点…………………………………………… 139
　　　　　　Ⅲ　データベース規定に対する学説の解釈…………… 140

         1 創作性の判断基準 （140）

         2 侵害の判断基準 （142）

      第2項 編集著作物に関する学説の議論……………………… 143

         Ⅰ 学説の対立……………………………………………… 143

         Ⅱ 創作性の判断…………………………………………… 144

         1 編集著作物の確定 （144）

         2 創作性の基準 （144）

         (1) 統一的創作基準を適用する学説 （144）

         (2) 編集著作物特有の基準を設定する学説 （145）

         Ⅲ 素材の抽象化（アイディアと表現の区別）………… 146

         (1) 従来の学説 （146）

         (2) 新規性類似基準を主張する学説 （147）

         Ⅳ 検　討…………………………………………………… 148

         1 新規性類似基準 （148）

         (1) 新規性類似基準の問題点 （148）

         (2) 保護範囲における制限 （148）

         2 創作性判断における創作過程の考慮 （149）

   第3節 本章のまとめ ………………………………………… 152

第2章 著作権法以外の法制度による保護 ……… 154

   第1節 日本法における保護の現状 ………………………… 155

      第1款 創作投資保護制度……………………………………… 155

      第2款 技術的手段にかかわる法制度………………………… 156

         1 著 作 権 法 （156）

         2 不正競争防止法 （157）

         3 小　括 （159）

      第3款 契 約 法…………………………………………………… 159

目　　次

　　　第4款　不法行為法による保護………………………………160

　第2節　アメリカ法におけるその他の保護制度
　　　　　──ミスアプロプリエーション理論の発展…………165

　　　第1款　ミスアプロプリエーション理論の発生……………168
　　　第2款　ミスアプロプリエーション理論の発展……………171
　　　　第1項　裁判例におけるINS判決の理論の適用……………172
　　　　　(1)　ミスアプロプリエーション理論による保護を否定し
　　　　　　　た裁判例　(172)
　　　　　(2)　ミスアプロプリエーション理論による保護を肯定し
　　　　　　　た裁判例　(174)
　　　　　(3)　裁判例のまとめ　(177)
　　　　第2項　学　説………………………………………………179
　　　第3款　ミスアプロプリエーション理論と専占………………182
　　　　第1項　連邦憲法に基づく専占………………………………182
　　　　第2項　著作権法に基づく専占………………………………185
　　　　　1　専占に関する規定　(185)
　　　　　2　1976年法301条の立法経緯　(185)
　　　　　3　裁判例，学説の状況　(188)
　　　　　(1)　裁 判 例　(188)
　　　　　(2)　学　説　(191)
　　　　　(3)　専占の役割とミスアプロプリエーション理論　(196)

第3章　データベース保護のための
　　　　　国際的動向……………………………………………199

　第1節　ECディレクティブ………………………………………199
　　　第1項　採択の経緯と目的……………………………………199
　　　第2項　ECディレクティブの内容……………………………203

　　　　　　1　保護の対象となるデータベース　（203）

　　　　　　2　保護の内容　（204）

　　　　　　　(1)　著作権による保護　（204）

　　　　　　　(2)　sui generis 権による保護　（206）

　　　　　　　(3)　sui generis 権についてのまとめ　（216）

　　第2節　WIPO データベース条約案 ………………………… 219

　　　第1項　条約案の内容 …………………………………………… 219

　　　　　　1　権利の対象となるデータベース　（219）

　　　　　　2　権利の内容　（220）

　　　　　　3　権 利 制 限　（220）

　　　　　　4　存 続 期 間　（220）

　　第3節　アメリカのデータベース保護立法案 …………… 221

　　　第1項　H. R. 3 5 3 1 ……………………………………………… 222

　　　　　　1　法案の内容　（222）

　　　　　　2　学説，業界の対応　（223）

　　　第2項　H. R. 2 6 5 2 ……………………………………………… 224

　　　　　　1　保 護 範 囲　（224）

　　　　　　2　法案の修正　（224）

　　　　　　3　学説，業界の対応　（226）

　　　第3項　H. R. 3 5 4 ……………………………………………… 227

　　　第4項　H. R. 1 8 5 8 ……………………………………………… 228

　　　第5項　H. R. 3 2 6 1 および H. R. 3 8 7 2 ……………… 229

　　　第6項　立法案に関する学説の議論のまとめ ……………… 231

　　　　　　1　新規立法と憲法　（232）

　　　　　　2　新規立法の法制度　（233）

　　　　　　　(1)　不正競争防止法型保護　（233）

目　　次

　　　　　　(2)　liability rule 型保護制度の可能性　(236)

　第 4 節　本章のまとめ ……………………………………… 238

第 4 章　データベースの保護に関するわが国にお
　　　　ける立法への示唆…………………………… 240

　第 1 節　データベース立法の動きと問題の整理 ………… 240
　　第 1 項　わが国における立法化への動き………………… 240
　　第 2 項　学　説…………………………………………… 241
　　第 3 項　問題の整理……………………………………… 242
　第 2 節　学説および各論点の検討 ………………………… 243
　　第 1 項　保護の対象となるデータベース………………… 243
　　　　1　電子・非電子の区別　(243)
　　　　2　保 護 要 件　(246)
　　第 2 項　規制される行為………………………………… 246
　　　Ⅰ　市場における利用者………………………………… 246
　　　　1　競争的利用と需要者としての利用　(246)
　　　　2　需要者の利用──抽出行為，再利用行為　(248)
　　　　(1)　規制の目的　(248)
　　　　(2)　対価徴収手段の確保を目的とする抽出・再利用行為
　　　　　　の規制の必要性　(249)
　　　　3　競業者の利用　(250)
　　　　(1)　抽 出 行 為　(250)
　　　　(2)　再利用行為　(251)
　　　　(3)　営利目的の有無　(254)
　　第 3 項　規制の態様……………………………………… 254
　　　　(1)　譲渡可能性の必要性　(255)

　　　　(2) 差止の必要性 (255)

　第 4 項　適用除外，権利制限……………………………………… 255

　　　　(1) 競争法的制限 (255)

　　　　(2) 公益的な理由による制限 (257)

　第 5 項　保 護 期 間……………………………………………… 257

結　章　本書のまとめと今後の課題 ………………… 260

事 項 索 引 ………………………………………………………… 262

序　章

1　問題の背景

　コンピュータネットワークの発達，普及により，今日，多くの分野でデータベース[1]の開発，利用が増大し，その重要性も高まってきている。膨大な情報，データを包括し，容易に検索が出来るように構築されたデータベースの有益性，便宜性は誰もが否定しないことであろうし，情報の有効な利用，伝達のために，そのようなデータベースの更なる開発，発展が望まれている。データベースの財産的価値は，情報化社会の到来を迎えてますます高まっているものといえよう。ところが，データベースの作成には多大の労力や資金の投下が必要とされるにもかかわらず，その模倣，流用が非常に容易である。

　そのため，データベース作成者に対する保護の必要性の議論が各国で生じてきた。この種の議論は，アメリカのFeist最高裁判決[2]において著作権に

---

(1)　本稿で検討の対象とする「データベース」とは，独立した情報の収集物で，個別の情報へアクセス可能であるように体系的に構成されたものであり，特に電子的なものに限らず，非電子的なものも含む。わが国の著作権法は，電子的なもののみをデータベースと定義している（第2条1項10の3）ため，非電子的なものも含めた概念として，「データベース」という用語を使用することは，混乱を招くおそれがあるが，情報の収集物に対する投資の保護を検討するという本書の立場からは，電子的・非電子的なものを区別して議論することは適当ではないと考えるからである（詳しくは，本章2を参照）。もちろん，電子的データベースと非電子的データベースには多くの違いが存在する。しかし，情報の収集物に対する財産的価値の増大と，その創作における莫大な労力や費用の必要性は，従来の非電子的なデータベースについても同様にあてはまるため，以下では，特に明記しない限り，電子的・非電子的双方を含めた概念として「データベース」という用語を使用する。

　また，後述のように，国際的な議論において，電子的・非電子的データベースという区別はなされておらず，国際的な議論にとって，これらを区別して扱うことは，有害無益であるとの指摘もある（白石・後掲注(6)公正取引562号45頁）。

序　章

よる創作投資保護が否定され，ついで，欧州でデータベース保護に関するディレクティブ案が提出されたことをきっかけに本格化し，欧州議会では，1996年にデータベース保護指令[3]（以下，EC ディレクティブ）が採択され，それをうけて，世界知的所有権機関（WIPO）においてもデータベース保護に関する条約案[4]（以下，WIPO 条約案）が作成された。また，アメリカにおいては，データベース保護立法案[5]が次々と議会に提出されているが，いまだその方向性が定まっていない状況にある。

　こうした流れをうけて，日本においてもデータベース保護の必要性が議論されるようになった[6]。データベースの財産的な価値が高まっていること，及び，データベースに蓄積された情報が容易に複製，伝達されることから被る作成者の経済的損失がデータベース作成のインセンティブに与える有害な影響は，わが国にも共通の問題だからである。今日，ネットワークの発達によってデータベースに含まれる情報が国境を越えて流通するようになり，世界的な保護制度の調和が望まれていることも，このような議論を促進する一因といえよう[7]。

　しかし，データベースに含まれている情報の中には，事実，データ，著作権の保護期間が満了した著作物など，従来はパブリックドメインとして自由利用が許されていた情報が多く存在する。情報の流用に対する保護は，情報

---

(2)　Feist Publications, Inc. v. Rural Telephone Service, 499 U.S. 340(1991). 本判決について詳しくは，第1章第2款第1項Ⅲ1を参照。

(3)　Directive 96/9 EC of the European Parliament and of the Council on the Legal Protection of Databases, 11 March 1996, OJ No. L77/20 of 27 March 1996.

(4)　Basic Proposal for the Substantive Provisions of Treaty on Intellectual Property in Respect of Databases, CRNR/DC/6 (1996).

(5)　Collection of Information Antipiracy Act, H. R. 2652, 105 th Cong., 1st Sess., October 9, 1997. 1999年に入って，この法案を修正した，Collection of Information Antipiracy Act, H. R. 354, 106th Cong., 1st Sess. January 19, 1999が提出されている。さらに，1999年5月には，私人ではなく，連邦取引委員会(FTC)に提訴権を認める制度を採用したデータベース保護立法案 Customers and Investors Access to Information Act of 1999, H. R. 1858, 106th Cong., 2nd Sess., May 19, 1999が提出された。その後，議論は沈静化したが，2003年10月，Database and Collections of Information Misappropriation Act, H.R. 3261, 108th Cong., 2nd Sess., Oct 8, 2003が提出された。詳しくは，第3章第3節を参照。

の独占をもたらし，データベース産業における競争を排除する結果，データベースの発展を妨げるおそれがあり(8)，また，公衆の情報へのアクセスを阻害し，学問，研究の発展を抑制させるという結果を生じさせる危険性があることが指摘されている(9)。そのため，その保護の要件，効果を設定するにあたっては詳細な議論が必要とされる。

---

(6) データベースの保護に関する主な邦語文献には以下のものがある。金子博人「高度情報化社会におけるデータベースの法的保護(上)(下)」NBL343号 6 頁，348号11頁（1986），湯浅卓「データベース著作権保護の日米比較法研究と新保護立法への視点」国際商事法務13巻 9 号605頁（1985），デニス・カージャラ＝椙山敬士訳「日本法におけるデータベースの保護」法時59巻 2 号52頁（1987），小泉直樹「不正競争による秘密でない情報の保護」判タ793号27頁（1992），由上浩一「データベースの法的保護」工業所有権研究113号 1 頁（1993），椙山敬士「データベースの法的保護」『半田正夫教授還暦記念論文集・民法と著作権法の諸問題』639頁（法学書院，1993），玉井克哉「情報と財産権」ジュリ1043号74頁（1994），中山信弘「デジタル時代における財産的情報の保護」曹時49巻 8 号1839頁（1997），相澤英孝「コンピュータネットワーク時代の知的財産法」ジュリ1117号89頁（1997），白石忠志「データベース保護と競争政策(上)(下)」公正取引1997年 8 月号45頁，9 月号64頁（1997），椙山敬士・筒井邦江「データベースの著作物性」斉藤博＝牧野利秋編『裁判実務体系27　知的財産関係訴訟法』105頁（青林書院，1997），「データベースの法的保護のあり方に関する調査研究報告書」（知的財産研究所，1998），梅谷眞人『データベースの法的保護』（信山社，1999），苗村憲司「データベースの法的保護と学術利用」法とコンピュータ17号20頁（1999），小橋馨「EUデータベース指針―ドイツ著作権法における具体化と日本法との比較考察―」石川明編『EU法の現状と発展』155頁（信山社，2001）。
(7) また，ECディレクティブには相互主義が規定されているため（前掲注(3)の前文(56)），同等の保護制度を有しない国のデータベースは，EC域内において全く保護を受けることができない。ただし，日本において創作されるデータベースのうち，EC域内において保護を必要とするものは少ないことから，相互主義の影響はほとんどないことを指摘するものとして，（相澤・前掲注(6)）。しかし，日本国内に同等の保護を受けるための法制度がない場合に，EC諸国のデータベース作成者が，日本において剽窃される危険を避けるため，有益なデータベースを日本に流通させない方針をとる可能性はあり，また，情報に対する保護制度のあり方を考える意味からも議論の必要性は否定されないものと思われる。
(8) この点に関して，具体的事例をあげて検討する文献として，白石・前掲注(6)を参照。

2 本書の課題

　ECディレクティブ，WIPO条約案，アメリカのデータベース保護立法案は，次のような共通の認識のもとに新規立法の必要性を説いている。第1に，データベースの創作には多大な人的資源や資金が必要であること，第2に，データベースの内容の複製，再利用が，独自に作成する場合に比べて，非常に容易，安価に可能であること，第3に，このようなデータベースのコンテンツの無許諾の複製，再利用行為は，データベース産業に対し重大な経済的，技術的脅威をもたらし，創作のインセンティブを害する可能性があることである[10]。

　データベースの保護にあたっては，創作に費やされる投資の保護がその中心をなす。データベースの価値は膨大な情報が蓄積されているところにあり，作成者の中心的な寄与をなすところの情報の収集には相当の労力や資本を必要とするからである。ところで，このような投資保護の問題は情報化社会やデジタル化社会に特有のものではない。従来から創作に相当の労力や投資を要するもの（たとえば地図，歴史的著作物など）は存在しており，それらは著作権による保護の対象となると解されてきた。そして，本稿で扱うデータベースをはじめとする事実やデータの収集物も編集著作物[11]として著作権保護の対象となると解されてきたのである。

　そこで本書は，データベースの創作にかかる投資の保護に焦点をあて，電子的な媒体の普及以前に，事実やデータを収集・編集した創作物が著作権法上いかなる保護を受けてきたのかを明らかにすることから検討を始める。も

---

[9] 中山信弘「財産的情報における保護制度の現状と将来」『情報と法（岩波講座現代の法 10）』273頁（岩波書店，1997），相澤・前掲注(6) 89-90頁。

[10] ECディレクティブ（前掲注(3)）の前文，WIPO条約案（前掲注(4)）の前文を参照。

[11] 本書で「編集著作物」とは，他の著作物と独立した排他的なカテゴリーとして使用するものではなく，その作品の創作性が，主に素材の選択や配列に存すると考えられている著作物一般をさすものとする。どんな著作物も多かれ少なかれ素材の選択と配列という要素で構成されており，厳密に特定の作品が編集著作物かどうかという判断を行うことは実際上困難であり（田村善之『著作権法概説（第2版）』23-24頁（有斐閣，1998）），本書の目的からも，何が編集著作物にあたるかを明確に区別することは重要ではないからである。

ちろん，データベースの投資を保護するための法制度は著作権法に限られているわけではないが，わが国の著作権法においては，既に昭和61年の改正によって，データベースを著作権法の保護の対象とすることが明文で規定されている(12)。そのため，著作権法における保護範囲を明らかにすることはデータベースの法的保護の議論において必要不可欠であろう。特に，今日，情報化社会の到来によって著作権法の重要性が認識され，著作権法の意義が問い直されるべき時期を迎えていること(14)に鑑みても，データベースにかかる投資保護の問題を素材として，著作権法の保護対象についての考察を試みることの意義は小さくないように思われる。

ただし，本稿が，紙媒体の情報収集物をも検討の対象とするということは，必ずしも技術や情報流通手段の変化がデータベースの保護のあり方を考える際に重要ではないと考えていることを意味するものではない。近時，デジタル技術の発展が財産的情報の保護に大きな影響を与えるであろうことは多くの文献で指摘されている(14)。しかし，電子的技術の発展がデータベースの保護に与える影響といっても，その内容は少なくとも次のように様々なものが考えられる。まず1つは，電子的技術の発展による利用態様の変化，流通形態の変化，そこで利用される情報量の変化等が，データベースの投資保護の必要性に変化をもたらすのかという問題である(15)。2つめに，技術の発展が，データベース作成にかかる投資の保護を著作権法に取り込むことを正

---

(12) 著作権法12条，12条の2において，編集物，および，データベース（ここでは電子的なもののみをさす）は，その選択，配列（データベースにおいては，体系的な構成）に創作性を有する場合に著作物として保護されることが規定されている。なお，本書における「データベース」の概念については前掲注(1)を参照。

(13) 近時，特にネットワークの普及によって，著作権法そのもののパラダイム変換の可能性を示唆する見解があり，著作権法の根本的な制度趣旨について再検討がなされつつある。この点については，中山信弘『マルチメディアと著作権』（岩波新書，1996），同「デジタル化時代における財産的情報の保護」前掲注(6)，同「財産的情報における保護制度の現状と将来」前掲注(9)，同「デジタル化時代の知的財産権―覚書」『21世紀における知的財産の展望』（知的財産研究所，2000），田村善之「インターネットと著作権―著作権法の第三の波」アメリカ法［1999-2］202頁，同「デジタル化時代の知的財産法制度」ジュリ1057号60頁（1994）（『情報と法』291頁（岩波書店，1997）収所）などを参照。

(14) 前掲注(13)にあげた文献を参照。

当化するのかという問題，3つめに，新しい保護制度が必要であるとした場合の制度のあり方への影響である。

以上の問題に対して検討を行うためには，現行法がいかなる技術的前提，根拠に基づいているのかを明らかにすることが必要であろう。本書が，特に電子的なデータベースだけに焦点をあてずに検討を行うもう1つの理由はここにある。

3　考察の方法と叙述の順序

本書は，アメリカ法を比較法の対象とする。アメリカ著作権法は，日本法とは異なる特殊な制度を有してはいるが，編集著作物をはじめ，事実的著作物に関して，膨大な裁判例，学説が存在している。特にその創作性の判断基準については，選択や配列の創作性に根拠をおくセレクション（selection）理論と，創作者の費やした労力，時間，費用に根拠をおく額に汗（sweat of the brow）の理論とに長い間分裂した状況にあった[16]。電子的技術の発展以前から創作投資の保護の問題が明確に認識されていた点で，本書の目的から見て重要な素材を提供するであろう。

第1章においては，アメリカ法における編集著作物の保護について裁判例と学説から額に汗の理論の内容を明らかにし，これがどのように発展し，いかなる問題点を含んでいるのかを明らかにする。次に，日本の著作権法における編集著作物の裁判例や学説について検討する。わが国の著作権法においては，電子的媒体に蓄積されたもののみをデータベースと規定しているが，従来の紙媒体の編集物の保護と電子的データベースの保護とはどのような関係にあるのか，さらに，アメリカ著作権法における投資保護の問題点がわが国においても妥当するか否かについても検討する。

第2章では，著作権法以外の保護制度の可能性について触れる。まず，わが国における不正競争防止法やその他の保護手段の可能性について確認した後，アメリカ法の状況を概観する。ここでは，アメリカ法において，著作権法と並んで情報の収集に対する投資の保護の手段として主張されてきた不正

---

(15)　たとえば，技術の発展によって複製が容易になったために，投資の回収を可能としていた先行期間が減少し，法的に介入する必要が生じる場合などがあげられる（中山・前掲注(6)1841頁）。

(16)　第1章第1節第2款参照。

競争法の一類型であるミスアプロプリエーション (misappropriation)⁽¹⁷⁾ の理論について分析する。

　第3章においては，国際的なデータベース保護立法の動向についての検討をおこなう。具体的な立法のモデルとして，EC ディレクティブ，WIPO 条約案，および，アメリカのデータベース保護に関する立法案のそれぞれの内容，経緯とそれに関する学説等の議論を概観する。

　そして，最終章では，以上の検討から導き出されるデータベース保護を考える際の視点を抽出する。

---

(17) 編集物に関係する裁判例においては，他者の創作物をコピーすることによって，創作に費やした労力，費用にフリーライドする不正な行為を禁止する理論として主張されている。詳しくは，第2章第2節を参照。

第1章　著作権法による保護

第1節　アメリカ著作権法

第1款　著作権法の規定

　1976年に成立した現行アメリカ著作権法[1]（以下，76年法という）は，有形的媒体に固定されたオリジナルな著作物（original works of authorship fixed in any tangible medium）を保護の対象としている[2]。編集物（compilation）が著作権法の対象となることは103条（a）において明記されているが，保護される編集物であるためには，データや既存の素材の選択（select）整理（coordinate）配列（arrange）にオリジナリティを有していなければならない[3]。また，編集著作物の著作権は著作者の寄与した要素にのみ及び，そこに含まれている素材の権利には影響しない[4]。

　76年法以前は，1909年に成立した著作権法が機能していた。同法は，著作者のすべての著作物（all the writings of an author）を保護の対象と規定しており[5]，オリジナリティが保護要件であることは明記されてはいなかった。そのため，編集著作物に関しては保護要件の解釈に関して議論があったが，

---

(1) Copyright Act of 1976, 17 U.S.C.
(2) Id. §102 (a).
(3) Id. §101.
(4) Id. §103 (b). また，102条 (b) では，アイディア (idea)，手順 (procedure)，プロセス (process)，システム (system)，操作方法 (method of operation)，概念 (concept)，原理 (principal)，発見 (discovery) には保護が及ばないことが規定されている。
(5) Copyright Act of 1909, 17 U.S.C. §4.

多数の裁判例では，保護要件としてオリジナリティが必要であると解されていた。76年法制定時の下院報告書には，同法にいうオリジナリティは，これらの裁判所が確立してきた基準を何ら変更するものではないと記述されている[6]。

また，著作権保護が与えられ得る著作物の例示として，パブリックドメインの素材を編集した編集物が列挙されたのは1909年法が最初であるが[7]，第2款で述べるように，それ以前からこの種の編集物に対しても裁判例上，著作権保護が認められていた。

1909年法制定以前に適用されていたアメリカ最初の著作権法である1790年法は，地図，海図，書籍の著作者に印刷，再版，出版，販売および，輸入についての独占権を登録から14年の期間与えていた[8]。同法は1909年法が制定されるまでに，著作物の拡大や保護期間の延長等様々な改正がなされている[9]。

以上のように，アメリカ著作権法上，その他の著作物と同様に編集物が保護され得ることは明白であったが，その保護要件と侵害要件に関しては，学説および裁判例において基準の変遷や見解の対立があり混沌とした状況が続いてきたのである。

第2款　裁　判　例

アメリカにおいて，編集著作物，特に事実やデータを集積した編集物に関する事件は1世紀以上も前から存在している。これらの裁判例では，膨大な情報を蓄積していることに本質的な価値があり，かつ，その収集に相当の労力，資本の投下が必要とされるという事実的編集物の特徴が早くから認識さ

---

(6) H.R. Rep. 94-1476, 94th Cong., 2d Sess. 51 (1976). しかし，この記述が1976年法下においてもオリジナリティの解釈の不統一を存続させる一要因となったことについては後述する（本節第2款第1項 III，第3款第2項 IV参照）。

(7) Copyright Act of 1909, 17 U.S.C., §§5, 6. (§6については，July 30, 1947 ch. 391, 61 Stat 655 により§7となる)

(8) Act of May 31, 1790, 1st Cong., 2nd Sess., §1.

(9) 詳しい改正の経緯については，白田秀彰『コピーライトの史的展開』325-335頁（信山社，1998）を参照。

第1章　著作権法による保護

れており，そうした実態に合った保護を図るための試みがなされてきた。

　以下では，編集著作物の裁判例において，創作投資の保護の必要性がどのように斟酌されてきたかについて，保護要件であるオリジナリティの判断と侵害の判断のそれぞれについて概観する。また，編集著作物と同様に，情報の収集行為への投資が必要とされる地図や歴史的な著作物の裁判例についても検討の対象とし，こうした著作物と編集著作物との比較も試みる[10]。

第1項　編集著作物に関する裁判例
I　1909年法制定以前
1　著作物性の判断

　1909年法制定以前の裁判例においては，著作者が労力をかけて創作している場合にはその作品に対して著作物性を認めるものが多数である[11]。

　まず，著作物性が認められるのは原告の労力の結果（result of his labors）であるとするものに，Howell 判決[12]，Mead 判決[13]がある。これらのケースは，パブリックドメインである判決文[14]や既存のケースブックに変更，説明を付加したことによってオリジナルよりも大きな価値を有するものを創作した場合には，その付加部分に著作権が付与されると判断した[15]。同様に，判例集に関する Banks Law Pub. 判決[16]においても原告によって新しく付加された部分に著作物性が認められているが[17]，知的な思考や判断力

---

(10)　選択や配列の創作性は，事実的編集物，地図，歴史的著作物に限らず，写真（Schiller & Schmidt, Inc. v. Nordisco Corp., 969 F. 2d 410 (7th cir. 1992)）やテレビ番組（Apple Barrel Prods. Inc. v. Beard, 730 F. 2d 384 (5th cir. 1984)）等の著作物においても認定されているが，後者のような著作物においては，必ずしも情報収集の投資に対する保護の必要性が問題とならないため，本書の検討の対象からは外すこととする。

(11)　ただし，Lamb v. Grand Rapids School Furniture Co., 39 F. 474 (W.D. Mich. 1889) は，抽象論として，他者がコストをかけて創作した結果を利用する行為は法的な基礎がない限りは禁止できないと述べている。

(12)　Howell v. Miller, 91 F. 129 (6th cir. 1989)（ミシガン州法の注釈書）.

(13)　Mead v. West Pub. Co., 80 F. 380 (D. Minn. 1896)（ケースブック）.

(14)　判決文自体には著作権がないことを明示した裁判例として，Callaghan v. Myers, 128 U. S. 617 (1888).

(15)　*Mead*, 80 F. at 388.

第1節　アメリカ著作権法

の行使があることをその理由としており，労力に主眼をおく前掲の2つの裁判例とはその根拠が若干異なる。

一方，特定の地域の住人の氏名，住所，電話等を記載した都市ディレクトリ(18)や，特定地域に存在する企業の名前，住所，電話等を記載したビジネスディレクトリ(19)，統計資料(20)の編集物等の事件においては，著作物性についての検討が特に行われることなく著作物たることが認められている(21)。

2　侵害の判断

この時期に事実的著作物に適用されていた侵害判断の基準は，被告が原告著作物を自己の著作物のモデルとして使用し，見せかけの改変だけで利用したのか，そうではなく，両者の類似性は偶然，または，対象物の一致によって生じたものであり，公共の情報，情報源を利用した結果であるにすぎないのかというものであった(22)。しかし，その具体的な適用は問題とされた著作物の性質によって異なっている。

(1)　判例集，ケースブック等の学術的著作物

判例集やケースブックの事件(23)では，被告による独自の調査(24)が認めら

---

(16)　Banks Law Pub. Co. v. Lawyers' Co-Op. Pub. Co., 169 F. 386 (2nd cir. 1909).

(17)　*Id*. at 388. 付加さえた部分とはヘッドノートやダイジェストを指す。

(18)　Sampson & Murdock Co. v. Seaver-Radford Co., 140 F. 539 (1st cir. 1905)；Chicago Dollar Directory Co. v. Chicago Directory Co., 65 F. 463, *aff'd*, 66 F. 977 (7th cir. 1895)；Williams v. Smythe, 110 F. 961 (M. D. Pa. 1901)；Hartford Printing Co. v. Hartford Directory & Printing Co., 146 F. 332 (D. Conn. 1906).

(19)　List Pub. Co. v. Keller, 30 F. 772 (S. D. N. Y. 1887)；Social Register Ass'n v. Murphy, 128 F. 116 (D. R. I. 1904)；Trow Directory, Printing & Bookbinding Co. v. Boyd., 97 F. 586 (S. D. N. Y. 1899).

(20)　American Trotting Register Ass'n v. Gocher, 70 F. 237 (N. D. Ohio 1895)；Dun v. Lumbermen's Credit Ass'n, 144 F. 83 (7th cir. 1906) *aff'd* 209 U. S. 20 (1908).

(21)　ただし，商品カタログについて，広告目的で作成されたものであり，技芸や科学の発展に資するものとはいえないことを理由に著作物性を否定した裁判例がある (J. L. Mott Iron Works v. Clow, 82 F. 316 (7th cir. 1897)).

(22)　Emerson v. Davies, Fed. Cas. No4436 (1845) がこの基準を示すリーディングケースといわれている。Simms v. Stanton, 75 F. 6 (N. D. Cal. 1896), *Mead*, 80 F. 380も同様の基準を採用している。

れるとしていずれも侵害が否定された。被告の調査が原告著作物を利用した後になされた場合であっても同様の結論が下されている[25]。

これらの裁判例の判旨は，原告・被告両著作物が掲載している判決文やベースとした書物が同一であるため，被告が出典にあたったとしても類似性が存在することは避けられないことを理由に[26]，エラーの一致[27]がある場合であっても侵害を否定している[28]。被告が独自の調査を行ったことの立証として厳格なものが要求されていないのは，判決文や法律を万人の自由利用とすべき必要性の高さや，新しい法律が普及されることに対する公衆の利益が重視されたためと思われる。この種の考慮は，多くのデータを記載し，そのリサーチに相当の労力を要した専門書等の学問的著作物の事例においてもなされている[29]。

(2) ディレクトリ，インデックス，表

ディレクトリ等の裁判例においても，被告が独自の調査を行っているかどうかが侵害の判断の基準とされている[30]。しかし，被告が何らかの調査を行っている事案では，侵害を免れるための「独自の調査（努力）」として，

---

(23) *Howell*, 91 F. 129 ; *Mead*, 80 F. 380 ; *Banks Law Pub.*, 169 F. 386.

(24) 裁判例では，被告独自の調査があった証拠として，原告著作物にはみられないサイテーションの付加等が認定されている。

(25) Edward Thompson Co. v. American Law Book Co., 122 F. 922 (2nd cir. 1903)；法律書に関する事件ではないが，Dun v. International Mercantile Agency, 127 F. 173 (S. D. N. Y. 1903) においても同様の判断がなされている。ただし，前者の裁判例では，侵害を否定する際に，原告も被告と同様の手段によって著作物を完成させており，被告の行為が侵害を構成するとするならば，原告も違法行為により当該著作物を作成していることになるため，被告に対して責任を問うことはできないという理由も述べられている。

(26) *Howell*, 91 F. 129 ; *Mead*, 80 F. 380.

(27) エラーの一致とは，スペルの間違い，引用する裁判例のページ数の間違い等が両著作物で一致していることをいう（*Id.* at 385-386）。

(28) Banks Law Pub. 事件は，原告が付加したヘッドノートやダイジェスト等がコピーされておらず，保護の対象であるオリジナリティが利用されていないという点も非侵害の理由の1つとしてあげている（*Banks Law Pub.*, 169 F. 386）。

(29) *Simms*, 75 F. 6 ; Colliery Engineer Co. v. Ewald, 126 F. 843 (S. D. N. Y. 1903).

第 1 節　アメリカ著作権法

どの程度のものが要求されるのかという点について見解が一致していない。

　被告に対し，原告が行ったのと全く同じ労力を費やすことを要求する裁判例が最も厳格に「独自の調査」を理解するものである。この基準を採用する裁判例(31)では，被告がまず自身で調査を行い，その後，自らは取得できなかった情報の検索と確認のためだけに原告ディレクトリを利用したという場合であっても侵害が肯定される。

　一方，独自調査の要件を緩やかに解し，前述の判例集等に関する裁判例と同様に，情報源へあたって情報を確認していさえすれば，被告が先行著作物を自己の調査の前に利用したのか，それとも，調査の後に利用したのかは問題としない裁判例もある(32)。

　さらに，この中間的見解として，被告が独自の調査をした後であれば，獲得した情報の確認のために先行著作物を使用することが許容されると解するものも存在する(33)。

　これらのケースでは，エラーの一致という事実が侵害の成立において最重視されており，その事実が認定された場合には侵害が肯定されている(34)。被告が独自の調査を行っていればエラーの一致は起こりえないと理解されているためである。

　被告が自ら労力を費やしたか否かを基準とするこうした裁判例においては，被告著作物が原告著作物とは異なった目的に資するという事情は軽視される傾向にある(35)。

---

(30)　被告が何の努力もせず原告著作物を複製した事案では侵害が肯定される（*American Trotting Register Ass'n*, 70 F. 237 ; *Trow Directory, Printing & Bookbinding Co.*, 97 F. 586）。

(31)　*Sampson & Murdock Co.*, 140 F. 539.

(32)　*Social Register Ass'n*, 128 F. 116 ; *Chicago Dollar Directory Co.*, 65 F. 463 ; *Williams*, 110 F. 961. ただし，これらの裁判例も，結論としては，被告が独立に調査を行ったとは認められないとして侵害を認めている。

(33)　*Dun*, 144 F. 83 では，調査後の確認のための利用がフェアユースにあたると判断された。

(34)　*List Pub. Co.*, 30 F. 772 ; *Hartford Printing Co.*, 146 F. 332 ; *Social Register Ass'n*, 128 F. 116 ; *Chicago Dollar Directory Co.*, 65 F. 463 ; *Williams*, 110 F. 961.

3 イギリス法の影響

労力・投資の利用の有無を侵害基準とする上記の裁判例の見解は，イギリス法から採り入れられたものといわれる[36]。19世紀のイギリスの裁判例には，編集物を作成するために必要な労力や費用は著作権の保護の対象となり，他者がそれを利用して利益を得ることは許されないと解するものが存在していた[37]。こうした見解を採る裁判例は，すでにみたアメリカの労力保護を認める裁判例にも多く引用されている[38]。イギリスにおいても，侵害の不成立には被告の独自の労力が要求され，この労力の程度に関し，調査後の確認のために利用する行為のみが許容されるとする裁判例[39]と，調査前に利用したとしても情報の出所にあたってさえいれば利用が許容されるとする裁判例[40]とが混在している。

たとえば，前者のケースにあたる Kelly v. Morris [41] は，辞書，地図，ガ

---

(35) *Social Register Ass'n*, 128 F. 116. 社会的な地位に基いて選択された人々とその家族を掲載したディレクトリの事案であり，原告著作物は既婚女性の旧姓をも記載している点に特色を有している。被告は同様のディレクトリを作成したが，原告著作物には夏の住所のみが記載されているのに対し，被告のディレクトリには夏冬両方の住所が掲載されている点で異なっていた。

(36) Shira Permutter, *The Scope of Copyright in Telephone Directories : Keeping Listing Information in the Public Domain*, 38 J. Copyright Soc'y 1, at 9-10 (1991), Jessica Litman, *The Public Domain*, 39 Emory L. J. 965, 990 (1990), William F. Party, *Copyright Law and Practice* Vol I, 191 n. 307 (1994). イギリス著作権法において，編集者の労力を保護する見解が支配的になった経緯について詳しくは Ira Lurvey, *Verifying from Prior Directories—Fair Use or Theft?*, 13 Bulletin. Copy. Soc'y 271, 273 (1966)を参照。

(37) このような見解は，すでに1839年のLewis v. Fullarton, 2 Beav. 6において明確に述べられていたようである。そこでは，「すべての者は，情報の公共の出所へあたる権利を有するが，誰も著作権の対象として保護を与えられている他者の著作物を自己の利益のために利用することによって，創作の困難や費用を節約する権利は与えられていない」と述べられている (*Sampson & Murdock Co.*, 140 F. at 542を参照)。

(38) 19世紀のアメリカとイギリスの裁判例の関係についてより詳しくは，Lurvey, *supra* note 36, at 273以下，Jane C. Ginsburg, *Creation and Commercial Value : Copyright Protection of Works of Information*, 90 Culum. L. Rev. 1865 (1990) 1875以下参照。

イドブック，ディレクトリにおいて，正確に記述するならば同一の表現にならざるを得ない特定の情報を利用するには，後続者は先行者と同じ作業を行うことが義務づけられるとし，先行著作物の唯一の合法的な使用は自己の獲得した結果を確認することだけであると述べている。Morris v. Ashbee [42] も，何人も，競争関係にある出版物を創作するにあたり他者が労力や費用をかけて創作した結果である著作物を自己の投資を節約する目的で利用する権利はなく，情報源に関する情報を得るために他人の著作物を自己の調査の前に使用することは許されないという。

一方，後者にあたる Moriss v. Wright [43] では，被告が創作の出発点として原告著作物を使用したとしても，当該情報の出所にあたっている場合には合法であると判断された。もっとも，この事件の被告は，情報の確認のために直接戸別訪問を行っており，裁判所もこの事実を重視している。こうした事案の特色が前者2つの裁判例と後者の事件との結論を異なるものとしたと見ることも可能であろう。

しかし，これらの抽象論を継受したアメリカの裁判例において，被告の独自の調査の解釈に混乱が生じていたことは既述のとおりである。

4　小　括

著作権法における創作投資の考慮は，2つの異なった場面で現れ得る。一方は，保護の前提となる原告著作物の著作物性の判断においてであり，他方は，侵害の成立の場面においてである。1909年法以前のアメリカの裁判例は，

---

(39)　Kelly v. Morris, (1866) L. R. 1 Eq. 697（都市ディレクトリ）；Morris v. Ashbee, (1868) L. R. 7 Eq. 34（都市ディレクトリ）；Scott v. Stanford, (1867) L. R. 3 Eq. 718（鉱物に関する統計資料の編集物）；Cox v. Land and Water Journal Company, (1869) 9 Eq. 324（狩猟情報のリスト）；Ager v. Peninsular and Oriental Steam Navigation Company, (1882) 26 Ch. D. 637（テレグラムのコードの編集物）．なお，イギリスの裁判例における労働保護理論について詳しくは，拙稿「イギリスにおけるデータベース保護の変容（一）」法学67巻4号304頁（2004）を参照。

(40)　Morris v. Wright, (1870) L. R. 5 Ch. 279.

(41)　(1866) L. R. 1 Eq. 697.

(42)　(1868) L. R. 7 Eq. 34.

(43)　(1870) L. R. 5 Ch. 279.

前者に関して，適法な権利取得の形式的手続きを満たしていれば著作物性を認めており，著作物性の有無を問題とするものは少ない[44]。まれに，著作物性の判断の場面で労力に言及する裁判例も存在するが，その事案を見る限り，保護要件として創作者の個性を要求したとしても同じ結論となるものが多い。

むしろ，この労力保護の言辞が影響を及ぼしているのは，侵害の判断においてであった。すなわち，原告の著作物を利用することによって被告が自己の創作の投資を節約しているか否かを侵害成立の基準と解することにより原告の費やした労力を保護してきたのである。しかし，どの範囲で労力保護を認めるのか，具体的にいえば，原告著作物の一切の利用を認めないのか，調査後の利用のみを認めるのか，あるいは，被告が独立に調査を行ってさえいれば調査前の利用であっても許されるのか，については見解が一致していない。これは，創作における労力が，原告の費やした労力が保護を付与するに値するか否かという問題としてではなく，被告がどの程度の労力を費やした場合にその利用が不正でないといえるかという被告の抗弁として考慮されていたためであろう。また，アメリカ，イギリスいずれの裁判例においても，侵害は認定するが差止を認めないという柔軟な解決をとるものが存在し，情報の普及や利用と創作の投資保護との調整という点で注目に値する[45]。

この労力保護の法理は，前述のように，当時のイギリス著作権法の裁判例に端を発する。イギリスにおける同法理は，著作権法の理論というよりは不

---

(44) もちろんその中には，著作者の個性が表現されているのが明らかであるために特に著作物性について論じていない裁判例も含まれるため，すべてのケースを創作性を要求していないものと解することは出来ない。しかし，創作者の個性が表現されていると考えるには困難な単純な都市ディレクトリ等のケースにおいても著作物性を認める裁判例は多数ある（前掲注(18)-(20)にあげた裁判例を参照）。

(45) Weatherby & Sons v. International Horse Agency and Exchange Ltd. (1910) 2 Ch. D. 297は，被告が原告と同種の書物（競争馬に関するリスト）を出版する際に原告著作物を利用することによって自己の投資を節約していることを理由に侵害を肯定したが，被告の本が独自の有用性を有することから差止は認めなかった。また，侵害された原告ディレクトリが前年度版であり現在販売されていないことから，被告ディレクトリの差止を認めなかった裁判例として，*Hartford Pub.*, 146 F. 332；Blacklock v. Pearson [1915] 2 Ch. 376がある。

正競争の理論に基づくものといわれているように[46]，これが適用された事案は，原告著作物と被告著作物が同種であり，直接の競業関係にあるものが多数を占める[47]。労力保護の理論が発生した背景として，1911年法以前のイギリス著作権法にはオリジナリティの要件が明記されていなかったことが指摘されているが[48]，むしろ重要であるのは，1911年法以前，著作権は印刷行為に対する権利として規定されており，無許諾の出版を禁止するものとして機能していたということであろう。当時，印刷・出版を行うことができる者はごく一部の事業者のみであったため，この時期の著作権法はこれらの商業的な利用のみを禁止するものであり，一般の利用行為までを規制するものとは認識されていなかった。そうであれば，労力保護の法理も前者にのみ適用されることが前提とされていたことになる。

　最初のアメリカ著作権法である1790年法も，印刷，再版，出版，販売に関する権利のみを著作者に付与するものであったため，イギリス法と同様に，著作物の利用者の行為が規制の対象となるとは考えられていなかった。この点で，アメリカ法も不正競争の理論であった創作投資の保護を取り入れる基盤を有していたといえる。アメリカの労力保護に基づく裁判例に原告・被告著作物が競争関係にある事案が多いことは，こうした法理継受の際の前提をも受け継いだためと思われる。

　そして，1909年法以前のアメリカ裁判例においては，判例集等の学術的な要素の強い著作物とビジネスディレクトリのように実用的な著作物とでは異

---

(46) Permutter, *supra* note 36. イギリスにおいては，額に汗の法理は自然権に基づく思想というよりも，商人間でのルールとして存在することを指摘するものとして，C. D. Freedman, *Shold Canada Enact a New Sui Generis Database Right?*, 13 Fordham Intell. Prop. Media & Ent. L. J. 35 57-58. (2002),

(47) ただし，ディレクトリに関する事件では，原告ディレクトリと被告ディレクトリの年度が異なっているため，厳密には両者に直接の競争関係がないという事案も存在するが，その場合であっても侵害の成立は否定されないと解されている（ただし，差止については前掲注(45)を参照）。

(48) 1911年法（Copyright Act 1911, 1 & 2 Geo. 5, c46）以前の裁判例においても，著作物性の要件としてオリジナリティに言及するものがあったといわれる（Copinger and Skone James on Copyright, §3-26 (14th ed. 1999)）が，条文にオリジナリティの文言が明記されたのは1911年法（s. 1(1)）がはじめてである。

なった扱いがなされている。前者においては，比較的広く情報自体の利用が認められ，原告者作物がほぼ同一の形式で利用された場合にのみ侵害が肯定され，被告が費やした労力についても厳密な検討はなされていない。これは，学問の発展や知識の普及という観点からより多くの著作物の創作および頒布を促進しようとする意図の現われといえよう。一方，後者においては，まさに被告が費やした労力の有無と程度が検討の中心となっている。このことから，労力保護の理論は，創作物の中心的な価値が情報の収集行為にあることが明白な著作物においてのみ実質的な機能を果たしていたということが分かる。

II　1909年法の下での裁判例

1909年法制定後も労力保護を認める見解は存続したが，一方で，編集物においても，著作権保護には創作者の個性の表れという意味でのオリジナリティが要求されることを明示する裁判例が現れた。このため，著作物性や侵害の判断において，著作者が収集・編集に費やした労力や費用を基準とする見解と，素材の組み合わせや選択・配列の創作性を基準とする見解の対立が生じた。前者が後に額に汗（sweat of the brow）の理論，または，勤勉な収集（industrial collection）理論と呼ばれるものであり，後者が，セレクション（selection）理論，または，創作性（originality）理論とよばれるものである[49]。

1　額に汗の理論に基づく裁判例

(1)　著作物性の判断

額に汗の理論に基づく裁判例の代表例とされているのが Jeweler's Circular Pub. Co. v. Keystone Pub. Co.[50] である。この事件の被告は，原告が作成した宝石商のトレードマーク等を掲載した編集物から，トレードマークの

---

(49)　したがって1909年法下において「オリジナリティ」という用語は独立創作を意味するものとしてではなく，創作者の何らかの個性の表れを示す概念として使われることが多い。もっとも後述のように，1976年法に規定される「オリジナル」の文言の解釈については，1991年のFeist判決による判断が下されるまで，裁判例および学説において統一されていない状況にあった。

(50)　274 F. 932 (S. D. N. Y. 1921) *aff'd,* 281 F. 83 (2nd cir. 1922) *cert. denied,* 259 U. S. 581 (1922).

イラストを切り取り，それをトレードマークの使用者（権利者）に確認のため送付した後，返送されたものをもとにして同様の編集物を作成した。変更や訂正を通知する返送がない場合には，原告の編集物に使われていたイラストがそのまま複製され掲載された。裁判所は，著作物性の判断において，「自己の労力を費やして作成した書物の著作権の有無は，その内容が公共財であるかどうか，あるいは，その思考や文章に文学的な技術やオリジナリティが示されているかどうかによるのではない。それは，勤勉な収集以上のものに基づくものではない[51]」との一般論を示した。したがって，たとえば，通りを歩いて各家々の住人の名前，職業，住所を書きとめて編集物を創作した者は，そこで獲得した事項について著作権を有することができるというのである[52]。

このような抽象論を電話帳の事案で採用したものが，Leon v. Pacific Telephone & Telegraph Co.[53]であった。これは，アルファベット順に加入者が配列された原告電話帳を被告が電話番号順に並べ替えたという事案である。判旨はJeweler's事件を引用し，原告が電話帳の作成に費用，労力，技能，調査を費やしたことを理由として著作物性を肯定し，被告の利用を侵害と認めた。

この2つの事件の抽象論は，著作物として保護されるためには情報の収集に労力や費用を費やしたことが必要であり，かつ，それのみで十分であることを明らかにしているという点で，それ以前の裁判例の理論（被告の抗弁として労力を考慮する見解）とは一線を画している。両判決以降，創作にかかる投資は，被告の利用行為の不正性を判断する要素としてではなく保護要件の問題として認識されるようになり，ディレクトリ等，創作的要素が乏しい編集著作物に関する事案を中心に，両判決の理論を踏襲する裁判例が多数生じた[54]。その後の裁判例および学説が「額に汗の理論」と称する投資保護の法理は，この2つの判決において示された理論を指している。そして，

---

(51) 281 F. 83 at 88.

(52) もっとも，本判決には，パブリックドメインを素材とする編集物の保護の対象はその選択，配列にあり，これらが利用されない限り侵害は成立しないとする反対意見が付されている。

(53) 91 F. 2d 484 (9th cir. 1937).

「被告の抗弁」から「保護要件」へと労力保護法理が変化したことは，侵害の場面では考慮可能であった原告被告間の関係および被告の行為態様という要素を排除する起因ともなっていったのである。

(2) 侵害の判断

創作における労力や資本の投下により著作物性が満たされるとしたJeweler's事件では，「何人も著作者がその著作物の出版において費やした労力と費用の結果を利用することはできないし，それによって独立にその結果に到達するために必要な労力と費用を節約することはできない」[55]と判示された[56]。この見解によれば，著作者は自らの資本を投じて収集した情報が他者に利用されることを妨げる権利を有することとなり，前述のLeon事件のように配列が並べ替えられている場合であっても掲載されたデータが利用されている限り侵害が肯定される[57]。

もっとも，侵害が認められた裁判例の多くは，原告著作物がそのままに近い形態（いわゆるデットコピー）で利用されたという事案である[58]。これらのケースでは，当該情報を原告の著作物からコピーしたかどうかが侵害成立の重要な事実とされているが[59]，その際，両著作物の誤りの一致がその証拠として重視されている[60]。共通の誤りが存在することは，被告が独自の調査を行っていないことを立証する事実をなりうるからである。ただし，原

---

(54) Produce Reporter Co. v. Fruit Produce Rating Agency, 1 F. 2d 58 (N. D. Ill. 1924)（製造業者の財務格付けや評価に関する情報の編集物）; American Travel & Hotel Directory Co, Inc. v. Gehring Publishing Co., Inc., 4 F. 2d 415 (S. D. N. Y. 1925)（ホテルをリストした編集物）; Cincinnati & Suburban Bell Telephone Co. v. Brown, 44 F. 2d 631 (S. D. Ohio 1930)（電話帳）; Yale University Press v. Row, Peterson & Co., 40 F. 2d 290 (S. D. N. Y. 1930)（歴史的な出来事に関する写真とその解説の編集物）; Chin Store Business Guide, Inc. v. Wexler, 79 F. Supp. 726 (S. D. N. Y. 1948)（ビジネスディレクトリ。ただし，著作物性の認定において，被告が原告著作物を利用したという事実によって原告著作物の創作性が立証されるとも述べている（at 728)。); Leonard & Co. v. Stephen Stack, 386 F. 2d 38 (7th cir. 1967)（小包み郵便，特急・自動車・鉄道貨物の運賃のディレクトリ）; Southwestern Bell Telephone Co. v. Nationwide Independent Directory Service, Inc., 371 F. Supp. 900 (W. D. Ark. 1974)（電話帳）.

(55) Jeweler's, 281 F. at 95. ただし，調査後の確認のために先行著作物を利用することは合法であるとする。

告の著作物に含まれる誤りが被告の著作物に含まれている事案であっても，被告の独立の調査を認定して侵害を否定する裁判例もあり[61]，誤りの一致が必ずしも侵害を根拠付けるわけではない。そこでは，使用された情報量や，被告の労力の程度と原告の労力との比較が考慮されていると思われ，被告側の労力を考慮してきた従来の裁判例を継承しているといえる。確認や比較のための利用が許されるかどうか[62]，および，被告がどの程度労力を費やした場合に利用が認められるのかについて，この時期の裁判例の見解が依然と

(56) しかし，既に文献において指摘されているように，この事件は，原告が描いたイラストがそのままコピーされた事案であり，労力保護の理論に基づかなくとも，著作物性のあるイラストの利用によって侵害を認めうるものであった（牧野さゆり「米国における編集著作物の保護について―FEISTはなにを変えたのか―」北大法学研究科ジュニアリサーチジャーナル5号142頁注10（1998））。取引カタログの事案で，その写真，イラストの複製を理由に侵害が認められたケースとして，Da Prato Statuary Co. v. Giuliani Statuary Co., 189 F. 90 (D. Minn. 1911)；Amplex Manufacturing Co. v. A. B. C. Plastic Fabricators, Inc., 184 F. Supp. 285 (E. D. Pa. 1960) がある。

(57) *Leon*, 91 F. 2d at 486-487. 被告著作物が原告著作物と異なった目的を有するという点も侵害を否定する理由としては認められていない。

(58) *Chin Store Business Guide*, 79 F. Supp. 726の他，後掲(59)-(62)の裁判例を参照。

(59) Investment Service Co. v. Fitch Pub. Co., 291 F. 1010 (7th cir. 1923)（投資銀行とブローカーのディレクトリ）；Southern Bell Telephone & Telegraph Co. v. Donnely, 35 F. Supp. 425 (S. D. Fla. 1940)（電話帳）。ただし，Markham v. Borden, 108 F. Supp. 695 (D. Mass. 1952) では，100のアイテムのうち9つのみのコピーは実質的ではないとして侵害が否定された。

(60) *Produce Reporter Co.*, 1 F. 2d 58；*American Travel & Hotel Directory Co.*, 4 F. 2d 415；W. H. Anderson Co. v. Baldwin Law Pub. Co., 27 F. 2d 82 (6th cir. 1928). また，Frank Shepard Co. v. Zachary P. Talor Pub. Co., 185 F. 941 (W. D. N. Y. 1911) *aff'd,* 193 F. 991 (2nd cir. 1912) は，被告がエラーの一致があることについて十分に説得的な説明ができない限り侵害が成立すると判示した。

(61) *Leonard & Co.*, 386 F. 2d 38. 原告も被告もフィールド調査はしておらず，既存の資料を調査して創作した事案であり，原告著作物の50の間違いのうち，5つが被告著作物に存在した。

(62) *Produce Reporter Co.*, 1 F. 2d 58は，比較や確認のための使用は認めているが，*W. H. Anderson Co.*, 27 F. 2d 82は，確認のための使用も認めていない。

して一致していない点にも従来の労力保護法理の影響が現われている。

また，Jeweler's 事件が示した額に汗の理論を不正利用（unfair use）の理論に基づくものであるとし，競争関係を規律する法理であると限定して解釈する裁判例として Yale University Press v. Row, Peterson & Co.[63]がある。この事件では，原告著作物が包括的な百科事典であるのに対し被告著作物は学校の教科書用に作られたものであり，両者の目的が一致せず，直接的な競争関係にはないため，差止を認める必要はないと判断された。

以上のようにこの時期の裁判例では保護要件における労力保護の法理の適用が見られたが，侵害の判断においてはそれ以前の労力保護法理を維持するものが存在する。

2　セレクション理論に基づく裁判例

(1)　著作物性の判断

額に汗の理論が裁判例における地位を確実にしつつあった一方で，他の著作物と同様に（著作者の何らかの個性が存在するという意味での）オリジナリティを保護要件として要求する裁判例が存在した。

セレクション理論の下では，創作者の主観的な判断，好み，個性等が表現されているかどうかが基準とされる。たとえば，おすすめのレストランの選択[64]，使い勝手が良いように情報が配されたスケジュール帳[65]，ピアノの楽譜の編集物における楽曲の選択や指遣い・フレーズのきり方の指示[66]には，創作者の個性が表われていると判断された。また，これらの著作物ほど個性の発現が顕著ではない著作物，たとえば，ケーブルおよび電信（telegraphic）コードの編集物[67]，鉄道運賃表のインデックス[68]，判例集[69]等

---

(63)　40 F. 2d 290 (S. D. N. Y. 1930). 原告が9000，被告が520のイラストや写真を掲載しており，そのうちの44のイラストがコピーされた事案である。

(64)　Adventures in Good Eating, Inc. v. Beat Place to Eat, Inc., 131 F. 2d 809 (7 th cir. 1942).

(65)　Edwards & Deutsch Lithographing Co. v. Boorman, 15 F. 2d 35 (7th cir. 1926) *cert. denied,* 273 U. S. 738 (1926).

(66)　Consolidated Music Publishers, Inc. v. Ashley Publications, Inc., 197 F. Supp. 17 (S. D. N. Y. 1961).

(67)　Hertfild v. Paterson, 91 F. 2d 998 (2nd cir. 1937).

(68)　Guthrie v. Curlett, 36 F. 2d 694 (2nd cir. 1929).

についても，その分類分けや配列，表現方法が工夫されている点に著作物性が認められており，要求されるオリジナリティのレベルはそれほど高くない。

一方，アルファベット順に配列した治療製品のカタログとその価格リストのように，誰が行っても同様の結果になる可能性が高い著作物についてはオリジナリティが否定されている[70]。

セレクション理論に基づく裁判例ではほとんどの事件でオリジナリティが認められているが，オリジナリティが認定されにくい単純なデータの収集物に対しては額に汗の理論が適用され，著作者の個性が表れやすい著作物を中心にセレクション理論が適用されていたことの結果であると思われる。

(2) 侵害の判断

セレクション理論のもとでは，オリジナリティのある選択，整理，配列が利用された場合にのみ侵害が成立する。原告の主観的な判断がその選択や組み合わせに表れている場合には，その選択等が実質的に同一である場合に侵害が認められる[71]。被告が原告著作物の一部しか利用していない場合の実質的類似性の判断は微妙となるが，Hertfild事件では，原告著作物のコードのうち21％が被告著作物のコードと一致していた場合に，その系列付けや配列，誤りの一致から実質的な複製があったと認められた[72]。

一方，被告著作物が原告著作物を利用している場合でも，原告著作物にはない有益な目的を有している場合等は，アイディアの利用に過ぎない[73]として侵害を否定する裁判例もある。

---

(69) West Pub. Co. v. Edward Thompson, 176 F. 833 (2nd cir. 1910).
(70) Surgical Supply Service, Inc. v. Adler, 206 F. Supp. 564 (E. D. Pa. 1962) *rev'd on other grounds,* 321 F. 2d 536 (3rd cir. 1963).
(71) *Adventures in Good Eating,* 131 F. 2d 809（傍論ではあるが，同じ地域のレストランのリストは誰でも作成できるが，はじめからその収集，選択，配列は自分で行わなければならないと述べており，侵害基準において若干額に汗の理論との混同がみられる。), *Hertfild,* 91 F. 2d 998, *Consolidated Music Pub.,* 197 F. Supp. 17, *Edwards & Deutsch Lithographing Co.,* 15 F. 2d 35.
(72) *Hertfild,* 91 F. 2d 998.
(73) *Guthrie,* 35 F. 2d 694. この事件では，原告著作物が創作される以前から各鉄道会社ですでに同種の運賃表が作成されていたことも考慮されている (*Id,* at 696)。

3 その他の裁判例

この時期の編集著作物に関する事件には，額に汗の理論とセレクション理論のいずれの見解に基づいているのか明らかではないもの[74]や，2つの理論を混同しているものも存在する。たとえば，Triangle Publications Inc. 判決[75]は，競馬レース表の著作物性を認定するにあたって，調査をする者の労力から生じたオリジナルな結果であるかどうかをその基準としており，一部の著作物について労力や技能，判断を行使していないことを理由に著作物性を否定しているが[76]，侵害の判断においては労力の利用は考慮しないことを明示した。

また，著作物性の判断に混乱が見られるケースとして，New York Times 事件[77]があげられる。判旨は，保護要件としてオリジナリティが必要であるとの抽象論に基づき，結論として原告著作物にオリジナリティを認めた。しかし本件で問題とされた，人物名をアルファベット順に配列したインデックスに，創作者の個性という意味でのオリジナリティを認めることは困難と思われる[78]。この裁判例は，他者が収集した財産的価値を有する情報の競争関係における利用という事案であり，判旨の抽象論においては混乱が見られるが，その事案と結論を見る限り，実質的には情報の収集行為に対する保護を認めたものと位置づけることができよう。

---

(74) New Jersey Motor List Co. v. Barton Radiator Co., 57 F. 2d 353 (D. N. J. 1931).

(75) Triangle Publications, Inc. v. New England Newspaper Pub. Co., 46 F. Supp. 198 (D. Mass. 1942).

(76) *Id.* at 201-203. 原告著作物を情報の収集のために利用し自己の創作の労力を節約することによって利益を得る行為は，著作権法上の問題ではなく，不正競争の問題として検討すべきものであると述べられている。しかし本件に適用されるマサチューセッツ法においては，単なる情報の利用に対しては，不正競争が成立しないと判断されている。

(77) New York Times Co. v. Roxbury Data Interface Inc., 434 F. Supp. 217 (D. N. J. 1977).

(78) 同様に，オリジナリティが認められるには疑問のある電信のコードのリストに対してオリジナリティを認めた裁判例として，American Code Co. v. Bensinger, 282 F. 829 (2nd cir. 1922) がある。原告書籍の複製物が，安価で販売された事案である。

4 小 括

19世紀後半にイギリスから取り入られた労力保護の法理は,「侵害判断」において被告の費やした労力を考慮するものであったが, Jeweler's 判決をきかっけとして,「保護要件」の検討において適用される理論へと変化した。

もっとも, 当初この理論は, 編集著作物, その中でも, 著作者の個性が軽微である著作物に限って適用されていた。選択, 配列にオリジナリティが認められ得る著作物に対しては, セレクション理論に基づいて保護を認めることが可能であったためである。そして, 裁判所がこの法理により保護を認めた事件は, 両著作物が競業関係にあるという事案がほとんどであった。すなわち, 裁判所は, 基本的には編集物にも創作者の個性という意味でのオリジナリティを要求し, それを認めることができないような編集物で, かつ, その創作に多くの投資が必要とされたものについて, 額に汗の理論により, 競争関係にある者の利用に限って規律してきたのである。

しかし, この峻別は, 額に汗の法理が裁判例において繰り返し用いられるにつれて徐々に不明確となっていった。同法理とセレクション理論を混同した裁判例等が現れ始めたことをみても裁判例における同法理の混乱は明らかであろう。

セレクション理論と額に汗の理論との棲み分けがあいまいとなったことにより, 両理論の関係が問題視されるようになり, 裁判例上, いずれの理論に基づくべきかについて見解の対立が生じることとなった。その後, Feist 最高裁判決によって額に汗の理論が明確に否定されるまでこの点に関する論争は続いたのである。

III 1976年法の下での裁判例

1 Feist 判決

1976年法において, 保護要件としてオリジナリティの要件が明文で規定されたが, その後も裁判例において額に汗の理論とセレクション理論の対立は続いた[79]。この状況は, 1991年に, Feist Publications, Inc. v. Rural Telephone Service [80] において, 連邦最高裁が額に汗の理論を明確に否定した

---

(79) 新法の成定経緯において, 要件の明文化は旧法におけるオリジナリティの解釈を何ら変更するものではないことが確認されている (H. R. Rep. 94-1476, 94th Cong., 2d. Sess. at 51)。

ことによって解決されることになる。

　Feist判決の原告は電話会社であり，毎年ホワイトページ電話帳（個人別電話帳）とイエローページ電話帳（職業別電話帳）を発行していた。被告は11のエリアを含む包括的な電話帳の出版を企図し，原告を含む11の電話会社に電話帳に掲載された情報の使用許諾を求めたが，原告だけが許諾を拒否したため，原告のホワイトページ電話帳に記載された情報の確認，訂正を行った後，それらを自己の電話帳に掲載した。第一審，控訴審はともにホワイトページ電話帳の著作物性を認め侵害との判断を下したが，最高裁は著作物性を否定した。著作権は事実を保護するものではなく，「著作物であるために要求されるオリジナリティには，独立の創作の他に最小限のクリエイティビティ（creativity）が必要であり，」これは憲法上要請される要件であるとの解釈を示したのである。したがって，加入者すべてをアルファベット順に掲載したホワイトページ電話帳にはオリジナリティを認めることはできないと判断されたのである。

　Feist判決は，額に汗の理論を明確に否定したという点で事実の収集に相当の労力を要する事実的著作物，特にデータベースの保護に関して重大な影響力を有する[81]。これらの著作物の本質的な価値は，その選択，配列のオリジナリティにあるのではなく，情報の集積，ひいては，その収集に費やした投資にあるからである。

　もっとも，Feist判決は，ホワイトページ電話帳という著作物性の否定に躊躇を感じることのない創作物に関する事案であったため，本判決がいうオリジナリティ（クリエイティビティ）には高いレベルが要求されるものではないとしてその射程を限定することは可能である。しかし，多くの編集物に

---

(80)　499 U. S. 340（1991）. Feist判決に言及した邦語文献として，判例紹介・岡崎洋[1992]アメリカ法386頁，白石忠志「データベース保護と競争政策」公正取引562号46-48頁（1997），牧野さゆり「米国における編集著作物の保護について―FEISTはなにを変えたのか―」北大法学研究科ジュニアリサーチジャーナル5号127頁（1998），梅谷眞人『データベースの法的保護』44-47頁（信山社，1999）。

(81)　Feist判決は，アイディアと表現のマージ理論によっても同様の結論を導けた事案であるが，額に汗の理論を明確に否定するためにオリジナリティの解釈による判断を下した点に意義を見出す見解として，William S. Strong, *Database Protection after Feist v. Rural Telephone Co.*, 42 J. Copy. Soc'y 39（1994）がある。

著作物性を認め得るとしても，Feist 判決が示した理論の下で侵害が成立するのはオリジナリティ（クリエイティビティ）のある要素が利用された場合のみであり，情報そのものの利用行為に対しては何ら保護を与え得ないこととなる。この点で，額に汗の理論を否定した Feist 判決は，従来の裁判例上認められていた保護範囲を大きく減少させるものだったのである。

　以下では，Feist 判決以前における額に汗の理論とセレクション理論のそれぞれの適用状況を分析することにより，同判決がこうした抽象論を明示するに至った背景を明らかにした上で，その後の裁判例の判断を見ていくものとする。

2　Feist 判決以前の裁判例
(1)　額に汗の理論に基づく裁判例
(i)　オリジナリティの判断

　創作者の個性の生じる余地が少ない電話帳[82]，ディレクトリ[83]，レファレンスブック[84]については，その創作に勤勉な収集が行われたことをもって著作物性が肯定されている。

　ところが，1976年法において，条文にオリジナリティの要件が明記されたため，投資保護を図る裁判例の中にも，創作に費やした労力を直接の根拠とすることを躊躇するものが現れる。これらは，情報の収集のプロセスに創作者のオリジナリティが存在すると解することにより，事実上，情報収集にかかる労力の保護を維持している。たとえば，特定の地域間の距離をまとめた表に関して，そのデータの計測のために特別な技能と判断が行使されていることを理由にオリジナリティを認める裁判例がそれである[85]。

---

(82) Northwestern Telephone Systems, Inc. v. Local Publications, Inc., 208 USPQ 257 (D. Montana, Missoula 1979)；Central Telephone Co. of Virginia v. Johnson Publishing Co., Inc., 526 F. Supp 838 (D. Colo. 1981)；Hurchison Telephone Co. v. Fronteer Directory Co. of Minnesota, Inc., 770 F. 2d 128 (8th cir. 1985)；Illinois Bell Telephone Co. v. Haines and Co., Inc., 905 F. 2d 1081 (7th cir. 1990)；United Telephone Co. of Missouri v. Johnson Publishing Co., Inc., 855 F. 2d 604 (8th cir. 1988).

(83) Schroeder v. William Morrow & Co., 566 F. 2d 3 (7th cir. 1977).

(84) National Business Lists, Inc. v. Dun & Bradstreet, Inc., 552 F. Supp 89 (N. D. Ill. 1982).

一方，著作物性を否定した裁判例の中に，額に汗の理論に基づくもの[86]が現れた。原告が付した一連の製品番号の著作物性が争われた事件では，オリジナリティの判断基準として額に汗の理論が引用され，これらの製品番号の決定にあたって創作者が投資や判断を行っていないことを理由にオリジナリティが否定されたのである。この事件で問題とされた創作物は，セレクション理論に基づいても，あるいは，アイディアと表現の区別の理論[87]に基づいても保護を否定しうるものであり，オリジナリティを否定した結論自体は正当と思われる。しかし，従来，相当の投資が要求される著作物に対して適用されてきた額に汗の理論が，こうした性質を有しない著作物にもその適用の範囲を拡大している点には留意する必要があろう。

(ⅱ) 侵害の判断

額に汗の法理の保護対象は編集者の労力であるから[88]，その利用が認められる場合に侵害が成立する。被告が独立に調査を行うことなく，原告著作物とほぼ同一の複製物を作成した場合[89]や，わずかに配列を変化させただけで利用した場合[90]，原告の書物に表示されたデータをデータベースにそっくり入力した場合[91]はもちろんのこと，原告著作物に記載された情報に加えて，被告自身が独自に調査した情報を付加している場合であっても[92]侵害が認められている。被告が原告著作物から得た情報を利用している限り，その部分に関しては原告の情報収集の労力へのフリーライドが肯定されるからである。

---

(85) Rand McNally & Co. v. Fleet Management Systems, Inc., 600 F. Supp. 933 (N. D. Ill. 1984) *reconsideration denied*, 634 F. Supp 604 (1986).

(86) Toro Co. v. R & R Product Co., 787 F. 2d 1208 (8th cir. 1986).

(87) 17 U. S. C. §102 (b). 判旨においても，数字自体はパグリックドメインであることに言及されている。

(88) *Rand McNally & Co.*, 600 F. Supp. at 941.

(89) *Northwestern Telephone Systems*, 208 USPQ 257. 最初に独立の創作をした後，確認のために使用することは認めている。

(90) *Illinois Bell Telephone Co.*, 905 F. 2 d 1081 ; *Rand McNally & Co.*, 600 F. Supp. 933.

(91) *National Business Lists*, 552 F. Supp. 89.

(92) *Central Telephone Co. of Virginia*, 526 F. Supp. 838 ; *United Telephone Co. of Missouri*, 855 F. 2d 604 ; *Schroeder*, 566 F. 2d 3.

額に汗の理論においては，労力の利用の有無が侵害の成否の決定的な事実となるため，直接のコピー行為の立証がなされた場合には，実質的類似性の検討は必要ないと解する裁判例も存在している(93)。

(2) セレクション理論に基づく裁判例

(i) オリジナリティの判断

1976年法においてオリジナリティの要件が明記されたことをうけて，編集著作物に関しても，創作における労力や費用は著作権の保護を根拠付けるものではないとし，額に汗の理論を明確に否定する裁判例が増加した(94)。こうしたケースは，著作権法は個々の事実やデータではなく，あくまでも，その選択，整理，配列のオリジナリティを保護するものであることを説く。

(a) オリジナリティを肯定した裁判例

では，具体的にどのようなものにオリジナリティが認められているだろうか。

まず，素材の選択に関して著作者が主観的な判断をしている場合にはオリジナリティが肯定されている。代表的なものとして，Eckes v. Card Prices Update (95)があげられる。原告の著作物は，ベースボールカードの市場価格を示したディレクトリで，プレミアムカードと一般のカードに分けて編集されている。裁判所は，原告のプレミアムカード部分の創作性について検討し，「プレミアム」と評価されるカードの選択に創作者の主観的判断が認められるとしてオリジナリティを肯定した(96)。すなわち，情報自体はオリジナリティを有しないため保護されないが，掲載し得るデータが多数あり，そこから特定のものを選択する方法が多数存在し得る場合には，その選択に対して創作者の個性が認められる。

---

(93) *Illinois Bell Telephone Co.*, 905 F. 2d 1081.

(94) Financial Information, Inc. v. Moody's Investors Service, Inc., 751 F. 2d 501 (2nd cir. 1984) (社債に関するインデックスカードとその年間の編集物。著作物性とフェアユースの検討のために差戻しが命じられたが，その後の第2次控訴審 (808 F. 2d 204 (2nd cir. 1986)) でも額に汗の理論が否定された)；Fred L. Worth v. Selchow & Righter Co., 827 F. 2d 569 (9th cir. 1987) *cert. denied*, 485 U. S. 977 (1988) (雑学の百科事典)；Black Guide, Inc. v. Mediamerica Inc., 16 USPQ 2d 1769 (N. D. Cal. 1990) (賃貸オフィスに関する情報のリスト)。

(95) 736 F. 2d 859 (2nd cir. 1984).

また，情報の選択だけではなく，その表示の形態，あるいは，情報と表示方法の組み合わせ等に著作者の創意工夫が見られるとしてオリジナリティを肯定する裁判例もある[97]。

(b) オリジナリティを否定した裁判例

逆に，オリジナリティが否定されるのは，その情報の選択や配列方法に主観的な判断が行使されていない場合である。

具体的事例では，新聞から該当する情報を抽出し作成された社債に関するデータカード[98]，データを機械的に並べただけの競馬レース結果表[99]についてオリジナリティが否定されている。また，資金回収の内部比率を予測した指数表に関する事件では，その数値は特定の分析方法に基いた数学的な計算式によって決定されたものであるから「事実」であり，原告の主観的な判断によるものではないと評価された[100]。

これらの著作物とオリジナリティが認められている著作物の差異はごくわ

---

[96] 同様に，情報の選択に著作者の主観的な判断が行われていることを理由としてオリジナリティが認められたケースとして，Dow Jones & Co., Inc. v. Broad of Trade of the City of Chicago, 546 F. Supp 113 (S. D. N. Y. 1982)（株式市場情報のインデックス）；Cooling System and Flexibles, Inc. v. Stuart Radiator, Inc., 777 F. 2d 485 (9th cir. 1985)（ラジエーターのカタログ）；Wabash Publishing Co. v. Flanagan, 10 USPQ 2d 1714 (N. D. Ill. 1989)（競馬レースの予測表）がある。ただし，後者の2つの事件では，著作権表示が付されていないことを理由に保護が否定された。

[97] Harper House, Inc. v. Thomas Nelson, Inc., 889 F. 2d 197 (9th cir. 1898)（オーガナイザー（organizer）と呼ばれる，カレンダーやアドレス帳等から構成されている情報の収集，整理のための手帳についてオリジナリティを認定）；Lane v. First National Bank of Boston, 687 F. Supp. 11 (D. Mass. 1988) aff'd 871 F. 2d 166 (1st cir. 1989)（情報をユーザに使いやすく構成した点にオリジナリティを認定）.

[98] *FII*, 751 F. 2d 501.

[99] Triangle Publications, Inc. v. Sport Eye, Inc., 415 F. Supp. 682 (E. D. Pa. 1976)．原告の表が生のデータの集まりであるのに対し，被告の方はカテゴリーの選択をしている事案である。

[100] New Haven Copper Co. v. Eveready Machinery Co., Inc., 229 USPQ 838 (D. Conn. 1986)．表のコラムの見出しについても典型的でありオリジナリティはないとされている（*Id.* at 841）.

ずかであるようにも思われるが，選択肢の多寡を斟酌することによって，他者の表現活動を阻害するかどうかについての慎重な判断がなされた結果であると理解できよう。

(ii) 侵害の判断

セレクション理論のもとでは，オリジナリティが認められた選択，配列等を被告が利用している場合に限り侵害が肯定される。したがって，配列が変更されている場合(101)，または，被告自身の基準により選択が行われている場合には，たとえ原告著作物に含まれている情報を利用している場合であっても，侵害は否定されている(102)。なお，Black Guide Inc. 事件(103)は，共通の情報がその種のガイドに必要不可欠なものであり，その選択の幅が制限されていることに言及し，オリジナリティの類似性はないとした。このように，オリジナリティのレベルが低い著作物に関しては保護範囲は狭く解され，デッドコピーに近い態様でない限り侵害が認められることは困難である。

一方，侵害の肯定事例では，両著作物の類似性が，同一の情報が含まれていることから生じるのではなく，オリジナリティが存する部分によるものかどうかについて注意深く検討が行われている。

たとえば，バージニアの地区にある軍事基地の全ての電話番号を掲載した電話帳に関して侵害を認めた Konor Enterprises, Inc. 判決(104)は，被告が原告著作物に掲載されている多量のデータを利用したことではなく，広告の配置等に著作物性が存する特定のページをそのままコピーしたことに侵害成立の根拠を見出している。原告の工業，金融，公益事業，鉄道会社についての分析レポートに関する事件(105)においても，データや事実の利用ではなく，それを伝達するために使われた言葉や順序，表現形式までが同一であること

---

(101) *Worth*, 827 F. 2d 569（被告が，原告の百科事典からゲームに使用する質問カードと答えのカードを作成した事案である。個々の表現はその事実を表現するには避けられないものであると判断されている）。

(102) *New Haven Copper*, 229 USPQ 838（被告は原告著作物を利用してはいるが，独自に掲載するデータを決定していることを認め，侵害を否定）。

(103) *Black Guide Inc.*, 16 USPQ 2d 1769（配列はコピーされていなかったため，選択のオリジナリティの侵害のみが争点とされた事件である）。

(104) Konor Enterprises, Inc. v. American Publications, Inc., 878 F. 2d 141 (4th cir. 1989).

を理由に侵害が認定されている。

(3)　その他の裁判例

1909年法下の裁判例には，上記2つの理論の混乱が生じているものが存在したが，1976年法制定後もこのようなケースは存在し，その状況はより複雑化している。

抽象論としてはセレクション理論に基づきながら，事実上，額に汗の理論に基づいたのと同様の結論を導く判決にWest Publishing Co. v. Mead Data Central, Inc.[106]がある。被告は，自社の出版する判例集にWest社の判例集における掲載ページが分かるようにページ数を表示した。West社の判例集においてページが変わる位置にあたる判決文中に該当ページ数を挿入していったのである[107]。裁判所は，West社の判例集におけるページ数の著作物性を検討するにあたり，まず，裁判例の配列にオリジナリティを認め，ページ数は配列の重要な要素であるから同様にオリジナリティを有すると判断した。しかし，ページ数自体は1から順番に数字を当てはめることによって機械的に決定されるものであるから，セレクション理論に基づく限りオリジナリティが否定されるはずである。判旨がページ数の利用によって配列のオリジナリティが侵害されたとする根拠は，この行為が原告の編集に費やした努力と労力を利用するものであり，原告著作物の需要の減少をまねくという点にある。したがって，この裁判例は，実質的には労力保護を図ったものといえよう。

反対に，著作物性の判断においては額に汗の理論に基づいてオリジナリティを認定したにもかかわらず，侵害の判断においてはセレクション理論の基

---

(105)　Wainwright Securities, Inc. v. Wall Street Transcript Corporation, 558 F. 2d 91 (2nd cir. 1977).

(106)　799 F. 2d 1219 (8th cir. 1986). なお，その後のMatthew Bender v. West Publishing Co., 158 F. 3d 693 (2nd cir. 1998) によってこの判断は否定されていることについて後掲注(129)-(133)に該当する本文，および，拙稿［判批］アメリカ法［1999-2］339頁参照。

(107)　このシステムは，star paginationとよばれている。法律の分野においては，West社の判例集におけるサイテーションを付すことが一般的な慣行となっているので，競争者はstar paginationを付加することによって，West社の判例集と競争することが可能となる。

準を援用し，選択・配列の類似性がないとして侵害を否定した裁判例[108]も存在する。

また，侵害判断において基準の混乱が見られるケースもある。Marling v. Ellison[109]は，依拠を認定する場面ではオリジナリティのある要素の一致の有無を基準としているが，類似性判断の場面では額に汗の理論を支持する裁判例を引用し，競合する著作物を作成するために原告の労力を利用する被告の行為は侵害を構成すると結論付けた[110]。

さらに，デジタル技術下における投資保護を考える素材として，電子的データベースに関する Telerate Systems, Inc. v. Caro[111]も注目される。この事件の原告は，ネットワークを介した金融情報データベースの利用サービスを提供していた。原告が提供している様々な利用方法のうち，Standard Telerate Network（以下，STMとする）を使用するアクセス方法は，個人のパソコンからはアクセスできず，16の決められた端末からのアクセスのみが許容され，データのダウンロードも許されないというものであった。STMは，STM以外の方法（個人のパソコンを使用したアクセス方法や，データの蓄積も可能であるアクセス方法）よりも安価で提供されている。個人のパソコンからアクセスするためには専用プログラムが別途必要であったが，被告は，STM契約者であっても個人のパソコンからのアクセスやデータのダウンロードを可能にするソフトウェアを販売した。裁判所は，被告のソフト

---

(108) Regents of the University of Minnesota v. Applied Innovations, Inc., 685 F. Supp. 698 (D. Minn. 1987)（精神分析テストの対比表）.

(109) 218 USPQ 702 (S. D. Fla. 1982). ドイツとスペインのレストランのメニューにおいて使用される用語と料理に関する書物の事案である。原告は，情報を収集するために各都市の何百ものレストランを訪ね歩き，そこで得た知識に基づいて用語集を創作した。

(110) この他，中古車情報の編集物に関して，その著作物性については何ら触れることなく，両著作物が競争関係になく，損害が発生していないことを理由として侵害を否定したN. A. D. A. Services Corp. v. Business Data of Virginia, Inc., 651 F. Supp. 44 (E. D. Va. 1986) がある。

(111) 689 F. Supp. 221 (S. D. N. Y. 1988). その他，ソフトウエアに蓄積されたデータベース部分の著作物性については特に検討せず，そのままの複製行為に対し著作権侵害を認めたケースとして，Koontz v. Jaffarian, 787 F. 2d 906 (4th cir. 1986) がある。

ウェアの提供行為が寄与侵害にあたると結論付けるために，STM 契約者が本件ソフトウェアを介して行うデータベースの利用行為が著作権侵害を構成すると判断したのである(112)。

しかし，ユーザーは自己に必要な一部の情報のみを利用することが通常であるから，データベースの選択や配列を利用したといえるほどの大量の情報が複製されることはまれであろう。そのため，セレクション理論に基づく限り，本件で侵害を認定することは困難と思われる。本件は，創作者の経済的利益の確保を図っているという点では額に汗の理論と同様の根拠に基づいたものと位置付けられるかもしれない。ところが，本件は次の2点において従来の労力保護の裁判例と大きな差異を有していることに留意すべきである。まず，著作権法では規制の対象とはされていないアクセス行為を規制するに等しい結果を生じさせていることである(113)。そして，従来の額に汗の理論が主に競業者の利用に対する保護を付与してきたのに対し，本件はユーザーの利用行為に対してもその適用を拡大している点である。本判決は，デジタル環境下における額に汗の理論が情報そのものをコントロールする手段となりうる危険性を有していることを示しているように思われる。少なくとも本件の判旨は寄与侵害を根拠付けるために述べられたものであるから，その一般化は否定するべきであろう。

(4) 小 括

1976年法において，著作物であるためには当該創作物がオリジナリティの要件を満たしていることが要求されることとなった。しかし，額に汗の理論に基づく裁判例は，著作権法にいうオリジナリティとは独立創作以上のことを意味するものではないと解することによって(114)，創作に費やした労力の保護を76年法下においても存続させてきた。76年法制定時の下院報告書において，オリジナリティ要件の明記は従来の裁判例で採用されてきたオリジナ

---

(112) *Telerate Systems, Inc.*, 689 F. Supp. at 228.

(113) もっとも，本件の被告の行為は技術的保護手段の迂回装置の提供にあたるため，この行為を許容しないとした結論自体は妥当と評価する余地もあろう。

(114) *Hurchison Telephone Company*, 770 F. 2d 128；*Schroeder*, 566 F. 2d 3を参照。

(115) H. R. Rep. 94-1476, 94th Cong., 2d Sess. at 51.

第 1 節　アメリカ著作権法

リティの基準を何ら変更するものではないと記述されていることも(115)，額に汗の理論が現行法の下でも同様に妥当しうるという解釈を肯定する要因となっている。

　しかし，「オリジナリティ」という用語が様々な意味で使用されるようになったことで，裁判例においてセレクション理論と額に汗の理論を混同するケースは増加し，さらには，額に汗の理論自体に変化が生じている。

　こうした混乱が生じた要因の1つに，額に汗の理論が適用される著作物の拡大があげられる。同理論は，主にオリジナリティの要件を満たすことが困難である電話帳のような単純な情報収集物に適用されてきたが，その後，編集著作物一般，さらには，編集著作物以外のものにまでその適用範囲を広げている(116)。理論の混同が生じているのは，主にこの拡大された分野に属する裁判例においてである(117)。

　混乱のもう1つの要因は，76年法下で急速に進展したデジタル技術の普及である。技術の発展によって現行の著作権法では念頭におかれていなかった新しい著作物の利用態様が生じ，その利用に対する保護をいかに図るべきかという問題が浮上した。その際，従来の額に汗の理論に基づく裁判例が示してきた労力に対するフリーライドの禁止という理論が，著作権法による創作者保護を著しく拡大させる1つの要因となったのではないかと思われる(118)。これにより，額に汗の法理は競業的な利用に着目したものから，創作者の利益の確保を図るものへと変容する可能性をみせることになった。しかし，そうした保護の必要性の根拠については必ずしも明確にはされておらず，また，同理論の拡大の可能性は，著作権によるアクセス規制や情報の独占の危険性を際立たせたといえるのではないだろうか。この点を認識した裁判所がセレクション理論の正当性を主張し，額に汗の理論との対立をより深めたの

---

(116) たとえば，テレビ番組といった著作物にまで労力保護の法理が適用されている（Apple Barrel Productions, Inc. v. Beard 730 F. 2d 384 (5th cir. 1984)）。

(117) その結果，本来，オリジナリティの基準では保護されない著作物を救うために活用されてきた労力保護の法理が，著作物性を否定するための論拠として利用されるケースも現れている（*Toro Co.*, 787 F. 2d 1208参照）。

(118) 額に汗の理論を明確に採用したものではないが，*Telerate Systems, Inc.*, 689 F. Supp. 221がその代表的な事例といえよう。

は当然の流れであるといえよう。そして，この対立は，巡回区裁判所ごとに額に汗の理論に対する対応が異なるという結果を生じさせ，いずれの裁判所を選択するかによってその結論が左右されるという状況をも生み出したのである[119]。

こうした問題点が噴出しつつある中で下されたのが Feist 最高裁判決である。同判決が額に汗の理論を否定したことは，同理論の無制限な拡大から生じる過保護の危険性を排除すると同時に，巡回区ごとの保護の統一を図るという点で評価できるものと思われる。

3 Feist 判決以後の裁判例

(1) オリジナリティの判断

(a) オリジナリティを否定した裁判例

Feist 判決以後は，従来，額に汗の理論によって保護が認められてきた電話帳について，著作物性を否定する裁判例が相次いだ。Bellsouth 事件控訴審[120]は，イエローページ電話帳について，掲載地域，情報の確定日，ビジネス分類の選択，適切なカテゴリーの下での配列にオリジナリティがあると認め，Feist 事件以前に判断された原審[121]を認容した[122]。しかし，この事件は，その後再審理が認められ[123]，第 2 次控訴審[124]においてはオリジナリティが否定された。その理由として，整理，配列がこの種のディレクトリにはありふれたものであること，掲載地域の選択にオリジナリティを認めることはすべての編集物にオリジナリティを肯定することと等しい結果を生じさせること，そして，事実の発見の手段が工夫に富んだものであったとし

---

(119) 第 7，第 8 巡回裁判所においては額に汗の理論が支持される傾向にあり，第 2，第 9 巡回裁判所においては同理論が否定される傾向にある。

(120) Bellsouth Advertising & Publishing Corp. v. Donnelley Information Publishing, Inc., 933 F. 2d 952 (11th cir. 1991).

(121) 719 F. Supp. 1551 (S. D. Fla. 1988).

(122) さらに，被告がイエローページに掲載する広告の勧誘のために作ったセールスリードシート（sales lead sheet）についても，配列は異なるが，リストの情報の整理とカテゴリーのフォーマットを利用しているので侵害を構成すると判断されている。

(123) 977 F. 2d 1435 (11th cir. 1992).

(124) 999 F. 2d 1436 (11th cir. 1993) *cert. denied,* 510 U. S. 1101 (1993).

第1節　アメリカ著作権法

てもそれは著作権によっては保護されないことが挙げられている(125)。

　電話帳以外のケースにおいても，陳腐な方法によって表現されたものについてはオリジナリティが否定されている。競馬レースの統計を示した表に関しては，縦に月を，横に日を並べたフォーマットはありふれており，配列にもデータの選択にもクリエイティビティがないと判断された(126)。特定の州の弁護士リストについても，退職者を除くという程度の選択ではオリジナリティは認められないとされている(127)。

　電子的データベースに関して争われた事件においては，ヘブライ聖書のデータベースについて，機械的な文字の置き換え，真正バージョンの付加がなされていたとしても，オリジナリティを認定するには不十分であるとの判断がなされている(128)。

　またMatthew Bender v. West Publishing Co.(129)はそれ以前の裁判例(130)が侵害と判断していた判例集へのページ数の挿入（star pagination(131)）について，著作権法によっては禁止し得ないことを明確にした(132)。ページ

---

(125) 同じく職業別電話帳の事件であるSouthern Bell Telephone and Telegraph Co. v. Associated Telephone Directory Publishersも，Feist事件前に出された第一審では，侵害が認められていたが（756 F. 2d 801（11th cir. 1985）），Feist判決後に再審理が認められ（499 U. S. 944（1991）），被告勝訴の判断をすべきであるとの判断が下された（932 F. 2d 610（7th cir. 1991））。この他，シュリンクラップ契約の有効性に関して争われた事件であるが，3000の電話帳を含んだデータベースには著作物性がないとされた事件としてPro CD Inc. v. Matthew Zeidenberg, 86 F. 3d 1447（7th cir. 1996）がある。

(126) Victor Lalli Enterprises, Inc. v. Big Red Apple, Inc., 936 F. 2d 671（2nd cir. 1991）.

(127) Skinde-Strauss Ass'ns v. Massachusetts Continuing Legal Education, 914 F. Supp 665（D. Mass. 1995）. 銃規制法の州議会の立法者リストに関しても同様の判断が下されている（National Rifle Ass'n of America v. Handgun Control Federation of Ohio, 29 USPQ 2d 1634（6th cir. 1994））。

(128) Torah Soft Ltd. v. Dorson, 136 F. Supp. 2d 276（S. D. N. Y. 2001）.

(129) 158 F. 3d 693（2nd cir. 1998）.

(130) West Publishing Co. v. Mead Data Central, Inc., 799 F. 2d 1219（8th cir. 1986）（前掲注（106）にあたる本文を参照）。

(131) 他の判例集における掲載ページ数が分かるように，判決文中に該当ページ数を挿入していくシステムである（前掲注（107）とその本文も参照）。

37

数は，裁判例の配列が決まれば機械的に決定されるものであるからである(133)。しかし，同じく star pagination とよばれる行為の著作権法上の可否が争われた Oasis Publishing 事件(134)は，侵害成立との判断を下している。ただし，後者の事件の判旨は，ページ数へのオリジナリティの認定と侵害の判断において，労力保護に基づく裁判例を引用しており，Feist 判決によって額に汗の理論が否定された後はこの理論は維持し得ないであろうと思われる。

次に，著作物の利便性を考慮すれば，その種の表現に集約せざるを得ないという事情が存在する場合にもオリジナリティは認められていない。たとえば，住宅区画の土地の権利情報を記した編集物のように，その業界の標準的な方法により創作されたもの等がそれにあたる(135)。

また，アイディアが新規性を有していることは，その表現にオリジナリティがあることを意味するものではないとされる。ケーブルテレビのデータを収集したディレクトリの事件がその好例である(136)。原告は，州ごとにデータを掲載していたが，複数地域にまたがるケーブルシステムについては，そのシステムがサービスを行っている主要な地域の下にだけデータをリストし，主要地域以外についてはクロスレファレンスを付するという手法を採用した

---

(132) この事件では，West社の判例集に掲載された全ての裁判例が複製されておらず，またシラバス，ヘッドノート，キーナンバーも利用されていない。仮に，これらの要素が利用された場合には侵害が認められる可能性がある。

(133) ランダムに付された4桁のコンピュータコードについても，オリジナリティが否定されている（Mitel, Inc. v. IQtel, Inc., 124 F. 3d 1366(10th cir. 1997)。

(134) Oasis Publishing Co., Inc. v. West Publishing Co., 924 F. Supp. 918 (D. Minn. 1996).

(135) Mid America Title Co. v. Kirk, 59 F. 3d 719 (7th cir. 1995). また，American Message Therapy Ass'n. v. Maxwell Petersen Assocs. Inc., 209 F. Supp. 2 d 941 (N. D. Ill. 2002) では，メンバーの情報をまとめたディレクトリの情報のうち，名前と住所はこの種のディレクトリにとって基本的情報でありその選択にオリジナリティはないので，これらを利用する行為は侵害を構成しないと判断された。

(136) Warren Publishing, Inc. v. Microdos Data Corp., 115 F. 3d 1509 (11th cir. 1997) *cert dinied,* 522 U.S. 963 (1997). 本件のディレクトリは，各システムの名前，住所，電話，オペレーター，加入者数，価格等の情報を，州ごとに，各地域をアルファベット順にリストしている。

(137)。この記載方法は従来のディレクトリにおいて使用されていない新規なものであったが，判旨は，102条(b)に規定されているように選択のシステム自体への保護は認められないこと，さらに，どの地域を主要地域とするかについては各ケーブルテレビ会社が決定しており，原告が自らの判断によって掲載するシステムやその主要地域を選択していないことを理由としてオリジナリティを否定している(138)。

(b) オリジナリティを肯定した裁判例

次に，オリジナリティが肯定された事案をみておく。

まず，選択に関しては，創作者の主観的な判断が行われていることが必要であるとされている。たとえば，中国系企業のディレクトリに関するKey Publications事件(139)では，掲載企業の選択において，長く存在しないだろうと思われる企業を排除したという点に主観的判断が含まれているとしてオリジナリティを認定している(140)。

各データの選択ではなく，より抽象度の高いカテゴリーの選択にオリジナリティが認められる場合もある。野球のピッチャーの統計表に関するKregos事件(141)では，無数のカテゴリーから9つを選択したこと，および，この9つのカテゴリーをリストした形式は原告の編集物以外に存在していなかったことを理由にオリジナリティを認めている。もっとも，無数のカテゴリーがあり得るとしても，通常，この種の統計表に含まれるのが当然とされ

---

(137) ただし，データの選択にオリジナリティが認められるとの反対意見が付されている。なお，第1次控訴審では，主要地域の選択にオリジナリティ（クリエイティビティ）が認められた。この選択は，アンケートと各システムのオペレーターへのインタビューによって決定されているが，編集者によって判断が異なりうるものであるというのがその理由である（52 F. 3d 950（11th cir. 1995））。

(138) 同様に，留め具製品に付された9桁の製品番号について，番号付けのシステム自体に創意工夫が存するとしても，製品番号自体は当該システムに基づいて機械的に決定されることを理由にオリジナリティを否定した裁判例として，Southco, Inc. v. Kanebridge Corp., 258 F. 3d 148 (3rd cir. 2001)がある。一般論として，原告の作成した教材が多くの時間と労力を費やされたものであり，その創作のプロセスにオリジナリティがあるとしてもプロセス自体は著作権により保護されないと述べたものとして，Pal v. Braun, 287 F. 3d 1325 (11th cir. 2002)も参照。

(139) Key Publications, Inc. v. Chinatown Today Publishing Enterprises, Inc. NY, 945 F. 2d 509 (2nd cir. 1991).

るというものは存在するであろうから，この結論には疑問がないわけではない。

また，限られたスペースに掲載するため，選択，配列に工夫をした点にオリジナリティが認められた事件もある。研究結果を示した棒グラフ等の図や表[142]，政府のレポートにある膨大な情報から必要な情報を選択し，さらに独自のタイトルや見出しを付した医療補助計画に関する表[143]，膨大な資料を読みやすいコンパクトな形式にまとめたコイン式電話の市場に関するリファレンスブック[144]，800あるクリップアートから168を選択し，ユーザーに使いやすいように配列した編集物[145]等がそれである[146]。

以上のように，Feist 判決後のオリジナリティの判断においては，著作者の主観的判断の有無が検討されるようになった。ところが，数学的データに

---

(140) 配列についても，いくつかのカテゴリーが本件ディレクトリに特有のものであることを理由にオリジナリティが肯定されている。同様に，カテゴリーの選択と，その名称の選択，各カテゴリーに配置する情報の選択に著作者の判断が行使されているとして，著作物全体的にオリジナリティを認めたケースとして，EPM Communidations, Inc. v. Notara, Inc., 2000 U. S. Dist LEXIS 11533, 56 U. S. P. Q. 2 d 1144 (S. D. N. Y 2000) がある。また，タクシードライバー用のガイド冊子に含まれた，ストリートとその交差点のナンバーをリストした表に関して，掲載スペースの都合から，重要で有益な交差点だけを選択しており，その交差点のナンバーも原告が便宜性を考慮してつけたものであることを理由として，オリジナリティを肯定するものがある（Nester's Map & Guide Corp. v. Hagstrom Map Company, 796 F. Supp. 729 (E. D. N. Y. 1992)）。

(141) Kregos v. The Associated Press, 937 F. 2d 700 (2nd cir. 1991).

(142) University of Colorado Found v. American Cyanamid, 880 F. Supp. 1387 (D. Colo. 1995).

(143) Budish v. Gordon, 784 F. Supp. 1320 (N. D. Ohio 1992).

(144) U. S. Payphone Inc. v. Exectives Unlimited of Durhom Inc., 18 USPQ 2d 2049 (4th cir. 1991).

(145) Maroble-Fl., Inc. v. National Ass'n. of Fire Equipment Distributers & Northwest Nexus, Inc., 2000 U. S. Dist. LEXIS 11022 (N. D. Ill. 2000).

(146) その他，歯科治療の処理を分類し，コードや簡易な説明を付した編集物（American Dental Ass'n. v. Delta Dental Plans Ass'n., 126 F. 3d 977 (7th cir. 1997)），狩猟の用語集（Lipton v. The Nature Co., 71 F. 3d 464 (2nd cir. 1995)）についても選択・配列にオリジナリティが認定されている。

もかかわらず，そのデータの決定にあたって主観的な判断を要したことをもってオリジナリティを認める裁判例がある。中古車の見積もり額（CCC事件）[147]や，建築物の料金査定（Marshall & Swift 事件）[148]，コインの価格リスト（CDN 事件）[149]において表示されている金額は，原告の経験や専門的知識，収集した様々な情報を考慮して決定された主観的な判断，評価の産物であるから，この数値を選択したことにオリジナリティが認められるというのである[150]。

　これら3つの裁判例は，価格決定のプロセスにおいて著作者が費やした労力や時間を直接に考慮するものではないが，こうしたオリジナリティの判断によって事実上，情報自体の保護が可能となる。しかし，数値自体が保護されるということになると，著作権法がアイディア自体は保護せず，その表現のみを保護しているという原則との緊張関係が生じる。というのは，特定の数値を表すための表現自体には何らオリジナリティが認められないからである。この点に関し，CCC判決は，アイディアを自由利用とすべき必要性の程度は，当該アイディアが問題の理解や解決を促進するためのアイディアであるのか，著作者の好みや見解を示すアイディアであるのかで異なり，後者の場合にはアイディア不保護の原則の適用範囲が狭くなると述べている[151]。

---

(147)　CCC Information Services, Inc. v. Maclean Hunter Market Reports, Inc., 44 F. 3d 61 (2nd cir. 1994). 表示するオプションの選択やその表示方法，走行距離の評価の仕方等にもオリジナリティが認められている。

(148)　Marshall & Swift v. BS & Software, 871 F. Supp. 952 (W. D. Mich. 1994) （表がデッドコピーされた事案である）。

(149)　CDN Inc. v. Kapes, 197 F. 3d 1259 (9th cir. 1999). 掲載すべき価格の選択やその配列が利用されていない事案であったため，価格自体にオリジナリティが認められるかどうかが争点となった。

(150)　また，木材に関する原告データベースに含まれる数値について，その選択および算定方法によってオリジナリティを認めた裁判例として，Lynx Ventures, LLC v. Miller, 190 F. Supp. 2d 652 (D. Vt. 2002)，電子化された不動産物件のディレクトリに関し，独特な評価システムを使用していることをオリジナリティ肯定の際に考慮したものとして，Montgomery Country Ass'n. of Realtors, Inc. v. Reality Photo Master Corp., 878 F. Supp. 804 (D. Md. 1995) がある。ただし，前者のケースでは，被告が自己の評価方法に基づいて数値を算定していることから類似性がないと判断されている。

また，CDN 判決は，アイディアと表現との線引きは，競争と保護のバランスによって決定されるものであるとの見解に基づき(152)，編集者が独自に決定した価格を保護することはこの種の価格ガイドブックの創作にインセンティブを付与するものであるから，価格自体はアイディアには該当しないとの判断を示した。

たしかに，「アイディア」や「事実」は一義的に決定されるものではなく，問題となっている著作物の性質を考慮して法的に判断されるものであること自体は否定されるものではない。しかし，数値自体が保護されるという結論は，他者が自己の評価として同様の数値を選択した場合であっても，原告著作物への依拠が認められる限り，それを表現することが許されないということを意味する。また，数値の確定のプロセスにオリジナリティを認めるとすれば，一つの数値だけが利用される場合でも著作権侵害が成立することにもなり，他者の表現活動を抑制する危険性は甚大である(153)。上記の3つの裁判例は，原告著作物のデータ全てが利用されている事案，もしくは，著作物そのものがコピーされた事案であり(154)，一つの数値が利用された場合にも侵害を認める意図はないように思われるし，そのように理解することは上記の理由から妥当ではなかろう。これらの裁判例は，実質的には情報の集積自体への保護を試みたものということができ，Feist 判決後のオリジナリティの基準としてその妥当性には疑問がある(155)。

(2) 侵害の判断

選択にオリジナリティが認められているケースでは，素材の一部のみが類似しているだけでは侵害の成立に不十分であるとされる。Kregos 事件(156)では，被告の採用した10のカテゴリーのうち，原告の9のカテゴリーと共通しているのは6つだけであるから実質的類似性はないと判断された。また，

---

(151) *CCC Information Service, Inc.*, 44 F. 3d at 61.

(152) *CDN Inc.*, 197 F. 3d 1262 (quoting Herbert Rosenthal Jewelry Corp. v. Kalpakian, 446 F. 2d 738, 742 (9 th cir. 1971)).

(153) こうした創作性判断に疑問を示す見解として，Jane C. Ginsburg, *Copyright, Common Law, and Sui Generis Protection of Databases in the United States and Abroad*, 66 U. Cin. L. Rev. 151, 154 (1997).

(154) *CCC Information Service, Inc.*, 44 F. 3d at 61；*Marshall & Swift*, 871 F. Supp. at 952；*Montgomery Country Ass'n of Realtors, Inc.*, 878 F. Supp. at 804.

原告が9000のデータをリストしているのに対し，被告は2000しか掲載しておらず，重複している1500のデータもこの種のディレクトリにおいては重複が避けられないものであることを理由に類似性を認めない裁判例もある[157]。

また，公立学校に関する統計資料を集積したデータベースに関する事件では，原告データベースの74のトピックのうち，被告のウエッブサイトには56が集積されていたという事案で，その種のデータベースに通常存するトピックを除いて比較した場合，類似性は認められないとの判断がなされている[158]。この事件は，配列の類似性についても，共通するカテゴリー分けや見だしがありふれたものである場合にはオリジナリティは認められないとし，両者の具体的フォーマットが異なっている本件では類似性は認められないと結論付けている。

一方，被告の表に含まれたデータ数が，原告データの半数に満たない事案であっても，個別の表ごとに比較すれば，被告の選択は原告の選択に完全に依拠しており，独自の判断を行っているとは認められないとして侵害を肯定した裁判例も存在する[159]。

いずれにせよ，両著作物に収録されたデータが重複しているという事実だけでは類似性は認められないということは，裁判例上確立した基準となっている。

---

(155) もっとも，個々のデータの確定に行使された作成者の判断のみではオリジナリティが充足されないとしても，そうした情報が膨大に集積された場合には，全てにおいて全く同じ数値が採用される可能性は少ないことを理由に，Feist判決の理論のもとでも，創作物全体に対してオリジナリティを認める可能性は残されていよう。しかし，上記の事案においては，選択しうる数値の幅が非常に限定されていると考えられるため，こうした理由付けによってもオリジナリティを認めることは困難であるように思われる。同様に，オリジナリティの要件を不適切に解釈し，創作投資の保護を図ろうとした努力が見られるケースとして，Oasis Publishing Co., Inc. v. West Publishing Co. 924 F. Supp. 918 (D. Minn. 1996)（前掲注(134)に該当する本文を参照）がある。

(156) *Kregos*, 937 F. 2d 700.

(157) *Key Pub. Inc.*, 945 F. 2d 509.

(158) Schoolhouse, Inc. v. Anderson, 275 F. 3d 726 (8th cir. 2002) なお，原告データベースがオリジナリティを有することについては当事者間で争いがない。

(159) *Nester's Map & Guide Corp.*, 796 F. Supp. 729.

この判断手法は文章により記述された編集物についても適用されている。たとえば，日経新聞の記事を要約・翻訳して発行した被告の行為が著作権侵害を構成するかどうかが争われた事件(160)では，事実が同じであることから生じる類似性ではなく，オリジナリティのある要素の類似性の有無を検討すべきであるとされ，言葉の使い方や，記述の順番，段落分け等が同じである新聞記事に関してのみ著作権侵害が認められた。本件は，被告がある一年間に配布した17000の記事のうち，1/3が原告新聞記事の要約・翻訳であった事案であり，本質的な問題は，情報収集に費やした労力の流用にあると思われるが，裁判所は，事実等，著作権法上保護されない要素を多く含む著作物において実質的類似性が肯定されるためには，オリジナリティの高い著作物の場合よりも多くの量がコピーされたことが必要であるとして，厳密な類似性判断を行っている(161)。

(3) 小　括

Feist判決以後，各裁判所が保護要件として要求しているオリジナリティの基準は高いものではなく，ありふれたもの，表現方法が制限されているもの，その著作物の性質上そのような表現とならざるを得ないものにのみオリジナリティが否定されている。そして，オリジナリティの程度が低い場合には，保護範囲を制限的に解することで後続者の創作行為の妨げとならないよう配慮されている。

しかし，こうした基準に立つ場合，オリジナリティのある部分が利用されていない限り，原告の著作物からどんなに膨大な量の情報が抽出されたとしてもその行為を禁止し得ないという結論にならざるを得ない。このことは，事実的編集著作物，特にデータベースの中心的価値には著作権法上の保護が

---

(160) Nihon Keizai Shinbun, Inc. v. Comline Business Data, Inc., et, 166 F. 3d 65 (2nd cir. 1999).

(161) Id. at 71. 事実のみがコピーされた場合に侵害を否定する裁判例として，この他にProjector-Recorder Belt Corporation v. Consolidated Electronics, Inc., 972 F. 2d 348 (6th cir. 1992)；Ticketmaster Corp. v. Tickets. com, Inc., 2000 U. S. Dist. LEXIS 12987 (C. D. Cal. 2000) がある。他方，リスト中に含まれる記述的文章にオリジナリティがあり，その表現が利用されていることを理由として仮差止めを認めたケースとして，BUC International Corp. v. International Yacht Council Ltd., 2002 U. S. Dist. LEXIS 20609 (S. D. Fla. 2002) がある。

与えられないということを意味する。Feist 判決は，こうした帰結は法律上予想されていたのものであり，著作権の本質であると述べているが[162]，特に直接の競争関係にある者の利用にかかる事案では，何ら保護を認めないという結論の妥当性について疑問が生じることは否めない。

そのため，一部の裁判例においては，創作過程を考慮することによって事実やアイディアの領域に保護を与えようとの努力がなされているが，このような解釈は，他者の利用行為や創作行為に対する弊害が大きいと思われ，その妥当性については学説上も議論がある（詳しくは第3款において検討する）。

第2項　地図に関する裁判例

多くの情報が収集されているという性質を有する著作物は編集著作物だけではない。地図や歴史的著作物も，それ自体は著作物性のない事実や出来事を選択，配列することによって創作された著作物である。

しかし，地図や歴史的な著作物においては，一般には，視覚的な美しさや構成，文体，言葉の選び方等，編集著作物と比較して著作者の個性を表現する余地が多い。もっとも，事実をできるだけ正確に表現するとなると，その表現方法はかなり限定されることとなり，特に，地図の場合にはその配置はあらかじめ確定されているため，創作性を発揮する要素は制限される。また，仮に，視覚的，文学的要素によってオリジナリティを有するとしても，オリジナリティを保護対象とする基準のもとでは，そこに含まれている事実自体の流用に対しては保護が与えられない。しかし，これらの著作物においても，情報の収集には多くの労力や時間を必要とし，その情報自体が中心的価値となっているため，それを他者に自由に利用されることに対しては編集著作物においてと同様の問題が存在している。

以下では，地図や歴史的な著作物において，創作投資の保護について裁判所がどのような対応を行ってきたのかを見ていく。そして，これらの裁判例と前述の編集著作物に関する裁判例とを比較することによって，編集著作物において発展してきた額に汗の理論の特殊性とその問題点とを明らかにしたい。

---

(162) *Feist*, 499 U. S. at 349.

第1章　著作権法による保護

　本項では，まず，地図の裁判例について概観する。

Ⅰ　1909年法の下での裁判例

(1)　初期の裁判例

　初期の地図のケースでは，著作物性の要件を満たすためには，創作者の個性という意味でのオリジナリティが必要であると解されていた。オリジナリティが認められているのは，バラバラにしか存在しなかった既存の地図を統合し新しい組み合わせをしている場合や[163]，地図に掲載する情報の取捨選択，あるいは，情報を示すラインの分類の工夫等によってベースとなっている地図とは全く異なった地図を創作した場合[164]等である。

　しかし，政府刊行の地図を簡略化し，選択した都市に人口数に対応した記号をつけて表示した程度では，都市の選択にも表現にもオリジナリティはないと判断されている[165]。なお，オリジナリティを認めるについて，裁判所は，著作者が何らかの新しい寄与を実質的に付加したことで十分と解しており，完全に独立した事実の調査を要求してはいない[166]。

　また，侵害の判断においては，地図であれば通常記載される要素が一致しているとしても，そのことだけでは侵害の成立を根拠付けないとされている。したがって，地形のアウトラインや地域分類が類似しているだけでは侵害は成立しないとされる[167]。さらに，地図は本来的に類似せざるを得ないことを考慮し，原告地図が特別な特徴を有していない場合には，コピー行為を立証するだけの類似性がないと判断したケースもある[168]。

　他方で，被告が何らの努力を行ったかどうかを考慮し[169]，被告の抗弁としての労力保護を認める裁判例も少数ながら存在している。

(2)　Amsterdam 判決

　しかし，1950年代に入り，地図の裁判例においても明示的に額に汗の法理

---

[163]　Woodman v. Lydiard-Peterson Co., 192 F. 67 (D. Minn. 1912).

[164]　General Drafting Co., Inc. v. Andrews, 37 F. 2d 54 (2nd cir. 1930).

[165]　Andrews v. Guenther, 60 F. 2d 555 (S. D. N. Y. 1932),

[166]　*Woodman*, 192 F. 67；*General Drafting Co*., 37 F. 2d 54；*Andrews*, 60 F. 2d 555；Christianson v. West Pub. Co., 149 F. 2d 202 (9th cir. 1945).

[167]　*Christianson*, 149 F. 2d 202.

[168]　Chamberlin v. Bekins Van & Storage Co., 23 F. 2d 541 (S. D. Cal. 1928).

が採り入れられることとなる。Amsterdam v. Triangle Publication Inc.(170)がその代表的なケースである。この事件は，被告が原告の地図を直接複製したという事案であったため，原告地図の著作物性が争点となった。判旨は，情報の表現はその情報が創作者の「額に汗」によって独自に獲得された場合にのみ保護されるものであるとの抽象論を示した。そして，ここで要求される「額に汗」とは，多くの既存の地図等からの情報の収集，それらの整理・編集・統合に相当の労力や時間を費やしたというのみでは足りず，実際に現地に赴いて調査を行うことを意味すると解し，本件ではこうした調査は行われていないとして著作物性を否定したのである。

このAmsterdam判決で示された労力保護の法理は，編集著作物に適用されてきた額に汗の理論とは異質のものである。編集著作物における同理論は，労力を費やしたという事実によって保護要件が満たされるとするものであったが，ここでいう「労力」には，分散している情報の集約や編集における労力も含まれると解されており，現地調査までを要求するものではなかった。これに対し，Amsterdam判決における額に汗の理論は，現地調査による事実の発見・確認という限定された労力のみを保護するものである。加えて，編集物における同法理はセレクション理論では保護が困難な著作物を保護するために適用されてきたのに対し，Amsterdam判決のそれは，著作物性を否定するために援用されている。同判決の下では，現地調査を行って作成された地図以外に保護が認められないため，その保護対象は従来より限定されることになり，新しい地図を作成するインセンティブが害される危険性が生じ得る。

Amsterdam判決以後は，同判決の示した厳格な額に汗の理論を採用する

---

(169) 著作権が認められることは当然の前提とした上で，全ての利用が禁止されるわけではないが，不注意や故意で実質的な部分をコピーした場合には侵害になると述べるケースとして，*Towle v. Ross*, 32 F. Supp. 125 (D. Or. 1940)がある。また，1909年法以前の裁判例であるChapman v. Ferry, 18 F. 539 (D. Or. 1883)では，他者が同様の労力をかけさえすれば先行する地図と同じものを作成することは許されるが，先行者の地図をコピーすることによってその地図の創作に必要な技術，時間，調査にフリーライドすることはできないと述べられている。

(170) 189 F. 2d 104 (3rd cir. 1951).

裁判例⁽¹⁷¹⁾と，従来どおり選択・配列・組み合わせのオリジナリティを検討する裁判例⁽¹⁷²⁾が混在している。ただし，後者のケースにも，原告が何らかの独自の調査を行っていることが同時に認定されているものが多い。また，Amsterdam 判決を引用している裁判例の中にも，具体的なオリジナリティの判断にあたっては厳格な額に汗の理論と異なった基準で判断を行うものも存在し⁽¹⁷³⁾，裁判例の判断基準はかなり混乱している。

他方，従来のオリジナリティ基準に基づく裁判例における侵害の判断は，被告も原告と同様の情報源を調査していること等を考慮し，相当に類似性の高い事案を除いては侵害が否定されており，保護範囲は，狭く解されている⁽¹⁷⁴⁾。

II 1976年法の下での裁判例

Amsterdam 判決が示した厳格な額に汗の理論は，その後，United States v. Hamilton⁽¹⁷⁵⁾において明確に否定されることとなる。判旨は，ほとんどの地図の著作物性が否定される結果となる Amsterdam 判決の理論は，地図

---

(171) Haydon v. Chalfant Press, Inc., 281 F. 2d 543 (9th cir. 1960)（パブリックドメインにある地図には表示されていない多くの情報の調査があることを理由にオリジナリティを肯定したが，依拠の立証がないため侵害は認められていない）；Alaska Map Service, Inc. v. Roberts, 368 F. Supp. 578 (D. Alaska. 1973)（政府刊行地図の単なる統合によって作成された地図は，かなりの時間，費用，労力が費やされたとしてもオリジナリティの要件を満たさないと判断された）。

(172) Country of Ventura v. Blackburn, 362 F. 2d 515 (9th cir. 1966)（地図上のすべての情報は公共の記録，地図，書類から入手可能なものであったがオリジナリティが認められた）；Hammond & Co. v. International College Globe, Inc., 210 F. Supp. 206 (S. D. N. Y. 1962)（地名の選択や配置に主観的判断を行っていることに基づき著作物性が認定される）；Newton v. Voris, 364 F. Supp. 562 (D. Or. 1973)（読みやすく見やすいよう表示を工夫している点にオリジナリティが認められる）。

(173) Merken & Bielfeld, Inc. v. Baughman Co., 162 F. Supp. 561 (E. D. Va. 1957)；Carter v. Hawaii Transportation Co., 201 F. Supp. 301 (D. Haw. 1961)。いずれの裁判例においても，当該地図が，既存の地図に十分な改変が為されたものといえるかどうかを検討している。

(174) 侵害を否定したケースとして *Hammond*, 210 F. Supp. 206，肯定するものとして *Newton*, 364 F. Supp. 562。

(175) 583 F. 2d 448 (9th cir. 1978)。

の作成のインセンティブを害するものであると批判し，著作物性の要素は，素材の選定・配列・表示のオリジナリティにあることを明言した[176]。

さらに，編集著作物において適用されていた従来の額に汗の理論も，Rockford Map Publishers, Inc. v. Directory Service Co. において否定された[177]。この事件の原告は，農政省の配布する写真をもとにして町の地形と区画を再現し，登記簿からその土地の権利者等の情報を書き込んで地図を完成させた。裁判所は，著作権は著作者の寄与に対して保護を与えるものであって労力を保護するものではないことを明言し，情報の収集における寄与は，情報そのものではなくその表示の方法に認められるべきとした。

1976年法制定以後，上記の2つのタイプの額に汗の法理はほぼ姿を消し，地図の裁判例の多くは，表示する事項の選択やその具体的表現にオリジナリティが認められるかどうかを保護要件の判断基準としている。

たとえば，土地の所有権者等の情報を記載した地図の著作物性が争われた事件[178]では，原告地図は州法等が定める既定のフォームや掲載内容に従って作成されたものであるからオリジナリティは認められないという被告の主張に対し，掲載する事実，その配置や順序，色彩の選択等に創作者の判断がなされているとして，著作物性が肯定された[179]。このように，要求されるオリジナリティのレベルはさほど高いものではない。

しかし，具体的な事案においてオリジナリティを認定するかどうかの判断は難題である。不動産地図の事件であるMason事件の第1審[180]は，原告

---

(176) このほか，既存の地図を収集して作成された地図にオリジナリティが認められたものとして，Andrien v. Southern Ocean County Chamber of Commerce, 927 F. 2d 132 (3rd cir. 1991) がある。

(177) 768 F. 2d 145 (7th cir. 1985) cert. denied, 106 S. Ct. 806 (1986). ただし，結論としてはオリジナリティが認められている。

(178) County of Suffolk N. Y. v. First American Real Estate Solutions, 261 F. 3 d 179 (2nd cir. 2001).

(179) また，被告は，原告地図はパブリックドメインであるとの主張しているが，裁判所は，地図に含まれている事実情報がパブリックドメインであるとしても，それを編集したものまでがパブリックドメインに属することを意味するものではないとしてこれを退けている。この他，同様の理由により著作物性を認めたものとして，Streetwise Maps, Inc. v. Vandam, Inc., 159 F. 3d 739 (2nd cir. 1998) がある。

の地図は情報を正しく判断した結果であり，アイディアと表現を区別することができないとしてオリジナリティを否定したが，控訴審[181]は，多くの情報源から収集した情報が一致しない場合に，どの情報を掲載するかについて創作者が判断を行っていることに着目し，素材の選択にオリジナリティを認めている[182]。

侵害の判断の場面では，両者に共通点が存在するという事実のみでは侵害を肯定するのに十分ではなく，原告のオリジナリティのある要素が利用されたかどうかが検討される。

たとえば，ツアーリスト用の携帯用地図に関する事件では[183]，サイズの同一，水の描写にパープルを使用したこと，道路の表示に白い線を利用したことという共通点が存在したが，裁判所は，これらの色の使用法は一般的に行われているものであり，両者の地図全体の色使いが異なっていることを理由に請求を棄却した。

一方で，被告が原告地図をほぼそっくりにコピーしている事案では，特に著作物性を問題とせず侵害を認める裁判例もある[184]。

第3項　伝記，歴史的著作物に関する裁判例

I　1909年法の下での裁判例

歴史的著作物や伝記においては，その文学的表現に著作者の個性が表れるものと考えられるため，オリジナリティの有無が問題となることはほとんどない。検討の中心となるのは侵害の成否であり，被告著作物が原告著作物に含まれた事実や情報のみを利用したのか，あるいは，その表現を利用したの

---

(180)　Mason v. Montgomery Data, Inc., 765 F. Supp. 353 (S. D. Tex. 1991).

(181)　Mason v. Montgomery Data, Inc., 967 F. 2d 135 (5th cir. 1992).

(182)　区画開発のプラントを示した地図に関しても著作物性が認められている（Del Madera Properties v. Rhodes & Gardner, Inc., 820 F. 2d 973 (9th cir. 1987)）。他方，ガスのパイプラインを示した地図については，パイプラインのルートの位置を示すというアイディアには他の表現方法が考えられないので，アイディアと表現がマージしていると判断された（Kern River Gas Transmission v. Coastal Corp., 899 F. 2d 1458 (5th cir. 1990) *cert. denisd,* 498 U.S. 952 (1990)）。

(183)　*Streetwise Maps, Inc.*, 159 F. 3d 739.

(184)　Taylor v. Meirick, 712 F. 2d 1112 (7th cir. 1983).

かが争いとなる。

　1909年法下の初期の裁判例では，歴史的事実はパブリックドメインであってそれに対して独占権を主張することはできないとし，被告と原告の記述が同じ内容となることは必然的であるから，著作物全体において同じ言葉が使用されたというような実質的複製が行われたのでない限り侵害ではないとするものが多かった[185]。

　しかし，編集物のケースで発展した額に汗の理論は，1950年代にToksvig v. Bruce Pub. Co.[186]において，伝記や歴史的著作物のような調査に相当の労力が要される著作物にも拡大された。この事件の事案は，原告がデンマーク語の情報源から3年以上の時間をかけてリサーチを行って完成した伝記を，被告が小説を創作する際に利用したというものである。被告は自己の小説の中で，原告が書いた伝記の特定の節をそっくりそのまま複製していた。被告はパブリックドメインのものを利用しただけであると抗弁したが，裁判所は，パブリックドメインであっても，その翻訳や改変には新たな著作権が付与されるため，侵害を免れることはできないとした[187]。侵害を認定するにはこれで十分であったにもかかわらず，判旨はさらに，侵害の成否は，被告が原告と同じ出所にあたって同じ情報を獲得し得たかどうかではなく，被告が実際に同じ出所にあたって独自のリサーチを行ったかどうかで決せられると述べたのである[188]。さらに，制限規定であるフェアユースの抗弁を検

---

(185)　Echevarria v. Warner Bros. Pictures, Inc., 12 F. Supp 632（S. D. Cal. 1935）; Oxford Book Co., Inc. v. College Entrance Book Co., Inc., 98 F. 2d 688（2nd cir. 1938）; Eggers v. Sun Sales. Corp. 263 F. 373（2nd cir. 1920）. ただし，19世紀の裁判例であるGilmore v. Anderson, 38 F. 846（S. D. N. Y. 1889）は，史実として記載されているスピーチや手紙，会話（議論）等が著作権の対象とならないことを認めながら，引用としてそれらを利用することにより，原告書物の実質的な部分を複製したと認められる場合には侵害が成立すると判断した。被告が創作開始前に原告の本を入手し，常にそれを参照しながら執筆していることを考慮しており，労力保護に重点をおいた判断と理解されよう。

(186)　181 F. 2d 664（7th cir. 1950）.

(187)　ただし，これは侵害の意図に関する議論において述べられている（Id. at 666）。

(188)　Id. at 667.

討するにあたっても同様の基準を採用している。そして，被告がデンマーク語を読むことができないこと，原告の伝記から多くの情報を獲得していること，原告の約3分の1の時間で自己の小説を完成していることという事実から，独自の調査は行われていないとして侵害の成立を認めた。

この判決以外にも，他者の労力や判断の成果を利用することにより，独立に創作するよりも低いコストで競業製品を作成する行為は侵害を構成すると解する裁判例は少なくない[189]。

しかし，他方で，編集著作物における裁判例と同様に，著作権による労力保護を批判する裁判例も存在する。

Rosemont事件[190]は，額に汗の理論を明確に否定したケースとして有名である。これは，ある公人に関する原告の記事を，被告が伝記の作成に利用したという事案である。被告は原告の膨大な調査に立脚して著作物を完成させているが，原告の記事の表現を利用したのは，直接の引用が二箇所と，言い換えての利用が8行だけである。これは，原告，被告いずれの著作物においても実質的な部分ではない。この利用がフェアユースにあたるかどうかの判断において，裁判所は，額に汗の理論を採用した地裁の判断を否定し，次のように述べた。「われわれは，著作者が先行出版されたものに言及したり基づいたりすることによって時間や労力を節約することを無条件に禁止される，という見解を認めることはできない……これは，アイディアや事実に対する著作権の禁止，および，フェアユースの範囲の縮小の禁止を妨げようという無駄な努力である」[191]。

---

(189) Oragal v. Clark Boardman Co., 301 F. 2d 119 (2nd cir. 1962) *cert. denied*, 371 U. S. 817 (1962)；Grove Press, Inc. v. Collectors Publication, Inc., 264 F. Supp. 603 (D. Cal. 1967). これに対し，Huie v. National Broadcasting Co., Inc., 184 F. Supp. 198 (S. D. N. Y. 1960) は，他者の調査の結果を利用することは侵害を構成するとの一般論に基づきながら，両者に共通に存する表現は，同じ対象を扱うのに必要なデータを利用しているために避けられないものであるとし，結論として仮差止を認めなかった。抽象論としては労力保護に基づきながら，実質は，創作的表現の利用の有無を検討した裁判例といえよう。

(190) Rosemont Enterprises, Inc. v. Random House, Inc., 366 F. 2d 303 (2nd cir. 1966) *cert. denied*, 385 U. S. 1009 (1967).

(191) *Id*. at 310.

多数の裁判例では，この判決と同様の立場を採り，事実が共通する以上，表現が類似せざるを得ないことが考慮されて侵害が否定されている(192)。

II　1976年法の下での裁判例

76年法制定後，額に汗の理論の否定は，Hoehling 事件(193)や，Miller 事件(194)でも確認された。前者は，飛行船の爆発事故という歴史的事件について，詳細な調査に基づき，事故原因に関する原告の解釈を記した書物に関する事件である。被告はこの書物に依拠して同様の解釈を示した書物を出版した。裁判所は，歴史的事実に対する解釈や調査によって得た多くの事実はパブリックドメインであり，これらが利用されただけでは侵害の成立に十分ではないと判断した(195)。

後者の裁判例の事案は，誘拐生き埋め事件に関し，救出された被害者の女性の協力を得てまとめられた書物を，被告がテレビ放送用に映画化したというものである。裁判所は類似性を理由に原告勝訴の可能性を認めたが，原審の陪審に対する「リサーチは著作権の保護を受ける」という説示が誤りであるとし，再審理を指示した。判旨は，事実自体は保護されないという原則が額に汗の理論に基づくディレクトリや電話帳のケースでは無視されていることにも触れたが，この種の労力保護の法理は，ディレクトリ等の著作物に特有のものと扱うのが妥当であると述べている。歴史的著作物においては，公

---

(192)　Eisenschiml v. Fawcett Publications, Inc., 246 F. 2d 598 (7th cir. 1957) *cert. denied*, 355 U.S. 907（1957）（リンカーン暗殺に関する書物）；Axelbank v. Rony, 277 F. 2d 314 (9th cir. 1960)（ロシア革命に関するフィルム。ただし，依拠が認められなかった事件である）；Consumers Union of U. S., Inc. v. Hobart Manufacturing Co., 199 F. Supp. 860 (S. D. N. Y. 1961)（ニュースレポート。当該事実の他の表現方法は考えられないとして著作物性自体が否定されている）；Gardner v. Nizer and Doubleday & Co., Inc., 391 F. Supp. 940 (S.D.N.Y.1975)（歴史的著作物）。

(193)　Hoehling v. Universal City Studios, Inc., 618 F. 2d 972 (2nd cir. 1980) *cert. denied*, 499 U.S. 841（1980）.

(194)　Miller v. Universal City Studios, Inc., 650 F. 2d 1365 (5th cir. 1981).

(195)　歴史的事実に関しては，公衆に共有される必要性が高いことにも言及された。

(196)　この他，労力保護を否定した裁判例として，Suid v. Newsweek Magagine, 503 F. Supp. 146 (D.C. 1980)；Narell v. Freeman, 872 F. 2d 907 (9th cir. 1989) がある。

衆のアクセスを確保する必要性が重視されることを示した判決といえるであろう(196)。

第4項　裁判例の比較

地図や伝記・歴史的著作物の中にも，創作に相当の労力を費やしたものが存在する。しかし，一部の裁判例では額に汗の理論に基づくものがみられるものの，多くの裁判例においては同理論は否定されており，この種の著作物において有力な見解とはなっていない。

地図や歴史的著作物に関する裁判例の判断を編集著作物におけるそれとの比較という観点からまとめると以下のようになる。

まず，オリジナリティの有無によって著作物性の判断を行う裁判例の多くは，いずれの著作物においてもその基準として高いレベルを要求していない。特に地図のケースでみられる類型は，著作者の判断，創意工夫が何らかの形で表れていることで十分とし，既存の地図の組み合わせ方に創作者の手腕や判断が認められること，地名の採録に主観的判断が行われていること，地名等の表示方法に工夫をしたこと，色彩の使い方に著作者の判断が表れていること等によってオリジナリティを認めるというものである。しかし，そうした裁判例も，地図を作成する場合に不可欠な基本的な表現方法や，通常の地図には当然含まれる地名の採録等に関してはオリジナリティを否定することによって，後続者に情報の自由な利用を確保し，新たな地図の創作を妨げないように保護と利用のバランスをとっている。

また，侵害の判断においても，パブリックドメインである情報や出来事に対して独占を生じさせることのないよう注意が払われており，保護範囲は狭く解されている。そのため，被告が，特に著作者の個性が表れた要素を利用しているか，もしくは，全体としてほぼ同一に近い形で利用している場合，例えば，わずかな情報の省略や単なるサイズの縮小といった些細な改変の場合にのみ侵害が認められている。

他方，地図に関する裁判例のうち額に汗の理論に基づくものの中には，編集著作物におけるそれとは異なった見解を示すものがある。すなわち，編集著作物における額に汗の理論は，オリジナリティの基準の下で保護されない編集物について，その創作にかかる労力や費用の回収を可能とするために適

用されたのに対し、一部の地図の事件においては著作物性を否定する理論として機能していた。後者では、著作物たるに必要な労力として、実際に現地に赴き事実を調査することが要求されており、編集物に対して要求されるよりも厳格なものが必要とされている。したがって、裁判例に現れた労力保護の法理には著作物の類型によって2つのものがあるということができる[197]。この二種の額に汗の理論が生じた理由として、次の点を指摘しておくべきであろう。

　まず、厳格な額に汗の理論の発生のきかっけとなったのは、編集著作物における労力保護の法理の変化であると思われる。既に見たように、この法理は、もともとは被告側の抗弁として機能していた。すなわち、被告の利用行為が侵害に値するかどうかの判断要素として、被告がいかなる労力を費やしたかということを考慮していた。しかし、著作物性の要件として創作にかかる労力が検討されるようになったことにより、投資の程度の問題は、原告側の事情として検討されることとなった。この時点で要求される労力の程度に見解の相違が生じたのである。すなわち、編集著作物においては何らかの労力があることで十分であると解されたのに対し、地図においては現地調査によって情報を獲得したことという厳格な基準が採用されたのである。

　そして、このように著作物の類型ごとに解釈が異なった理由には、地図に示された情報にはその利用に公共の利益が大きく関わっていると考えられており、一般の編集著作物におけるよりも情報の普及や利用を確保することに注意が払われていたということがあげられよう。

　地図や歴史、科学にかかわる領域は、先行者の成果を参照し、その上にさらに研究を重ねていくことによって発展していくものであり、先行者の成果の利用は不可欠である。そのため、後続者に対し独自にその成果の獲得を要求することは、学問の発展の面でも社会的なコストの面でも不合理である。したがって、この種の著作物においては、保護要件である労力の基準を高く解することによって、事実に対する独占権の付与を回避したと考えられる。結局、労力保護の法理は、地図や歴史的著作物に関して有力な見解となるこ

---

(197)　Richard L. Brown, *Copyright and Computer Databases : The Case of the Bibliographic Utility,* 11 Rutgers Com. & Tech. L. J. 17 (1985).

とはなかったが，この帰結にもこうした理解が反映されたものと思われる。

これに対し，編集著作物の裁判例において発展した額に汗の理論では，こういった公益的観点は明確に示されていない。同理論が，本来は不正競争に基づくものであったことがその一因といえるのかもしれないが，その適用範囲や保護範囲が直接の競争関係以外の事案にまで拡大されたことにより，情報の自由利用における公衆の利益との対立は無視し得ないはずである。

たしかに，創作の労力へのフリーライドを許容することは社会にとって有益な情報収集物の創作を害する要因となりかねないため，創作の促進のために投資へのフリーライドを禁止すべきであるとの見解は傾聴に値する。しかし，額に汗の理論に対してこうした役割が期待されているとしても，情報へのアクセスの確保や情報の普及といった公益的側面とのバランスが無視されてよいわけではない。過大な保護は，創作のインセンティブとして不適切なだけではなく，われわれの社会生活にとって重要な知識，事実の普及や利用までも妨げてしまう危険があるからである。裁判例における見解の対立も，創作のインセンティブの付与と情報の自由利用のいずれを重視すべきかという見解の違いにあるものということができ，次節で検討する学説における意見の対立も，両者の適切なバランスをめぐる見解の相違に端を発していると思われる。

第3款　学　説

第1項　事実的編集物をめぐる学説の対立

学説においても，裁判例と同様に，額に汗 (sweat of the brow) の理論を支持する見解とセレクション (selection) 理論を支持する見解の対立が存在する。前者は事実的編集物の創作にインセンティブを付与することの必要性を説き，後者は過度の独占権の付与がそのインセンティブとしては逆効果であることを主張する。

本項では，まず，それぞれの学説の主張を概観して両者の対立点を抽出し，分析を加える。その上で，額に汗の理論に内在する問題点が著作権法の諸原則の活用によって解消し得るとする解決策の当否について検討を行う。

I　額に汗の理論を肯定する学説

1　Feist 判決以前の状況

額に汗の理論を支持する学説は，創作投資の保護を根拠付けるにあたり，芸術的，文学的著作物と事実的著作物とでは著作者の寄与の性質が異なっていることに着目する。すなわち，オリジナリティを基準とする保護のあり方は，前者の著作物に適合したものではあるが，情報収集に著作者の中心的寄与が存する後者に対しては必ずしも適切なものとはなっていないため，事実的著作物に対してはそれに適した基準を採用すべきであるという。

こうした見解は，Gorman の1963年の論文[1]で明確に示されている。Gorman は，著作物性には，（独立創作という意味での）オリジナリティの他に（何らかの個性が表現されているという意味での）クリエイティビティが必要とされるという前提にたちながらも，要求されるクリエイティビティのレベルは著作物の類型ごとに異なり，著作者の利益と公衆の利益の調整から判断されるべきであるとする。そして，著作物には，文学的，芸術的著作物 (creative work) と事実的著作物 (fact work) という2つのタイプがあり[2]，後者の社会的価値は個性 (personality) にあるというより創作に費やした労

---

[1] Robert A. Gorman, *Copyright Protection for the Collection and Representation of Facts,* 76 Harv. L. Rev. 1569 (1963).

力，時間，費用にあるから，著作権法の適用にもそのことが影響を与えてしかるべきことを主張した(3)。つまり，事実的著作物においては，情報収集の労力によってオリジナリティが認められるべきであるという(4)。ただし，創作投資の保護の必要性は，後続者が先行者と商業上の競争関係にあるかどうかによって異なるため，編集著作物に関してむしろ重要となるのは，著作物性の判断よりも侵害やフェアユースの成否の判断であり，侵害の場面に焦点を当てることによって，より柔軟に問題を解決することが可能となるというメリットを強調する。その判断の際には，事実へのアクセスの確保，確認による事実の正確性の確保，経済的損失と労力の重複の回避という3つの点が考慮されると主張している(5)。

同様に，著作物の性質に適合した著作物性の判断を行うべきであると主張する主な論者に，GinsburgやDenicola (6)がある。

たとえば，Ginsburgは，1990年の論文(7)において，著作権の基礎として，

---

(2) 1976年法成立後の論文においても，事実的著作物には，①公衆の事実へのアクセスの利益がより多く存在する，②基礎にある情報の表現方法が限定されている，または，情報とその表現が分離できないことから保護と利用との緊張関係が存在する，③表現方法が限られているため複製行為によってではなく偶然によっても類似性が生じうる，④言論の自由とフェアユースのポリシーから著作物の頒布の要請が大きい，⑤著作者の寄与が表現よりも創作に貸した時間，労力や費用にある，という5つの特徴があるとし，事実的著作物とその他の著作物との違いを認識することが有用であることを説いている (Robert A. Gorman, *Fact or Fancy? The Implications for Copyright,* 29 J. Copy. Soc'y 560, 562 (1982))。

(3) ただし，労力を保護するのに著作権法が最良の手段ではないことを認識している (*Id.* at 1571.)。

(4) Gorman, *supra* note 1, at 1603.

(5) Gorman, *supra* note 1, at 1584-1587.

(6) Robert C. Denicola, *Copyright in Collection of Facts : A Theory for the Protection of Nonfiction Literary Works,* 81 Colum. L. Rev. 516 (1981) は，編集著作物について，最終的な配列や選択ではなく創作のプロセス自体，すなわち，情報の収集行為に著作者への起因性（authorship）を認め，データの全体的な利用は侵害を構成するとの解釈を提示する。こうした保護を認めたとしても，実質的類似性とフェアユースの判断の場面で公衆の利益との調整は可能であるという。そして，同じく事実的著作物であるノンフィクション著作物についても同様の理論を適用できるとしている。

個性（personality）という単一の概念をとること自体を問題視し，「高度の著作者起因性（high authorship）」と「低度の著作者起因性（low authorship）」の2つの概念を区別すべきであると述べた。個性はほとんどないが商業的価値を有する著作物（low authorshipの著作物）である編集著作物については，その価値の保護のために情報自体を保護することを認める必要があるとし，その保護範囲は，インセンティブを付与することから考えて翻案権まで認める必要があるが，公衆の情報へのアクセスを確保することとの調整から，立法論として，翻案権に関しては強制ライセンス制度を導入すべきであると提唱する。

　同様に，編集著作物の本質的な価値に焦点をあて，その著作物性は表現ではなく情報収集の労力に見出されるべきことを主張する見解は，多数存在する[8]。その根拠は論者によって異なっており，著作者の労力が著作者起因性を構成するとするもの[9]，それに加えてオリジナリティとは独立の創作以上のものを意味しないと解するもの[10]，または，著作権法の103条の規定

---

(7) Jane C. Ginsburg, *Creation and Commercial Value : Copyright Protection of Works of Information,* 90 Colum. L. Rev. 1865 (1990).

(8) Jeffrey Squires, *Copyright and Compilations in the Computer Era : Old Wine in New Bottles,* 24 Bull. Copy. Soc'y 18 (1976) ; Comment, *Copyright Compilation of Public Domain Facts in a Directory : The Criterion of Infringement,* 71 Northwestern U. L. Rev. 833 (1977) ; Edwin K. Sato, Comment, *Copyright Law and Factual Works—Is Research Protected—Miller v. Universal City Studios, Inc.,* 58 Wa. L. Rev. 619 (1983) ; Beryl R. Jones, *Factual Compilations and The Second Circuit,* 52 Brooklyn L. Rev. 679 (1986) ; Jack B. Hicks, Note, *Copyright and Computer Databases : Is Traditional Compilation Law Adequate?* 65 Tex. L. Rev. 993 (1987) ; Sarah Lum, *Copyright Protection for Factual Compilation—Reviving the Misappropriation Doctrine,* 56 Fordham L. Rev. 933 (1988) ; Ira Lurvey, *Verifying from Prior Directories—Fair Use or Theft,* 13 Bulletin. Copyright Society 271 (1966) ; Elliott M. Abramson, *How Much Copying Under Copyright? Contradictions, Paradoxes, Inconsistencies,* 61 Temple L. Rev. 133 (1988).

(9) Lum, *supra* note 8, at 950-951.

(10) Lum, *supra* note 8, at 950-951（労力それ自体ではオリジナリティを満たさないが，オリジナリティの判断の一要素となるとする）; Squires, *supra* note 8, at 28-30 ; Jones, *supra* note 8, at 692-693.

の文言にある「整理（coordination）」の概念には事実を収集する努力が含まれると解するもの[11]，端的に労力自体で著作物性を満たすと解するもの[12]等がある[13]。

これらの学説にいう「労力」が厳密には何を意味するか，すなわち，その事実を現地に行って調査することまでも必要であるのか，散在する情報を収集して1つの著作物とすることで十分であるのか，あるいは，何らかの投資が認められればよいのか，について明確に述べる論者は少ない[14]。しかし，これらの見解が，事実的著作物に対して創作のインセンティブを付与することを目的としており，従来の編集著作物の裁判例において認められてきた労力保護を肯定していることからみて，実際に現地調査して事実を発見するといった厳密な労力を要求しているわけではないようである。

以上の見解が，事実的著作物について著作物性の問題よりも侵害の基準の方に重点をおいて検討を行う傾向にあるのは，セレクション理論が編集著作物の保護に与える影響は，著作物性の判断よりも侵害の判断においてより甚大であると考えているからである。セレクション理論の下では，仮に著作物性が肯定されたとしても，その配列や選択が利用されていない限り情報が全て流用された場合であっても非侵害という結論が導かれる。そのため，額に汗の理論を肯定する学説は，オリジナリティの要件をごく低いレベルに解し，創作に費やした労力によって満たされる，あるいは，単に独立の創作があったということで満たされると解することによって，より多くの利用態様を侵害判断の対象に含めることを企図したのである。そして，著作物性の要件を緩和したことから生じるであろう過保護の弊害は，侵害の判断における適切な保護範囲の確定によって回避できるものと考えている。

---

(11) Jones, *supra* note 8, at 701.

(12) Abramson, *supra* note 8, at 144-145, Hicks, *supra* note 8, at 1007-1010, 1025-1026.

(13) また，歴史的な著作物に関してリサーチの結果を保護すべきであるとする学説には，リサーチはオリジナルな著作者起因性を有し，102条(b)において保護が否定されている事実の発見とは異なったプロセスを有していることを理由に保護の適格性を主張するものもある（Christopher Hill, *Copyright Protection for Historical Research : A Defense of the Minority View,* 31 Copy. L. Symp. 45, 54-55, 58 (1984))。

第 1 節　アメリカ著作権法

　ところが，これらの学説は，実質的なデータの利用が侵害となるという点では一致しているが，具体的な基準については被告の独立創作の有無（被告が自己の調査，努力，判断によって，その獲得した結果に独立に到達したかどうか）をあげる見解[15]と，被告が原告の個々の情報についての確認をしたという努力の証明が必要であるとする見解[16]，さらには，創作のインセンティブを付与するという目的からは，独立の調査を行ったという事実のみで侵害を否定することは妥当ではないとする見解[17]があり，論者によって様々である。

　また，先に述べた Denicola や Gorman など多くの学説は，侵害の判断以外にフェアユース法理によっても適切な保護範囲を確定できるとし，むしろ，同法理を活用した方が事案に応じた柔軟な対応を可能とする点でよりよい解決を導けると評価している[18]。たとえば，著作者の利益と公衆の利益との具体的な調整策としては，商業的な使用によって損害が生じた場合にのみ侵害を認めること[19]や，被告が新しいものを付加して有益な著作物を創作している場合には侵害を否定すること[20]などが提示されている[21]。

---

(14) この場合に要求される労力には現地調査をするといった体力的な労力だけではなく，精神的な労力も含むという見解として，Hicks, *supra* note 8, at 1026。保護要件として厳格な調査を課す地図に関する裁判例について，不当に高いオリジナリティの基準を課しているとして批判するものとして，Gorman, *supra* note 1, at 1572-1574がある。

(15) Hicks, *supra* note 8, at 837-838；Hill, *supra* note 13, at 64-66。

(16) Gorman, *supra* note 2, at 585-586（この立場は事実の正確性という公共の利益に一致するという）；Sato, *supra* note 8, at 630。

(17) Abranmson, *supra* note 8, at 137。

(18) Denicola, *supra* note 6, at 523-524；Gorman, *supra* note 2, at 595-597；Squires, *supra* note 8, at 45；Jones, *supra* note 8, at 704；Abramson, *supra* note 8, at 143-145；Hicks, *supra* note 8, at 1009；Hill, *supra* note 13, at 60-66，その他，努力の量に応じた保護を認めることによって過保護の平善を回避できるとするものに，Comment, *supra* note 8, at 838-839。

(19) Lum, *supra* note 8, at 952. Gormanは，この場合の判断には，事実へのアクセス，改変による事実の正確性の確保，経済的損失と労力の重複の回避という3点を検討すべき要素としてあげる（Gorman, *supra* note 1, at 1584-1587）。

(20) Jones, *supra* note 8, at 704；Abranmson, *supra* note 8, at 145。

(21) フェアユースについて詳しくは，本章第2項II参照。

以上にみてきた額に汗の理論を肯定する学説の見解は，以下のように集約できよう。

まず，これらの学説は，第1に，事実的著作物における著作者の主な寄与は事実の収集行為にあり，著作物の中心的価値が著作物の表現ではなく事実の集合そのものにあると理解している（共通点1）。第2に，事実的著作物の創作のインセンティブとして，その中心的な価値である事実の流用そのものを禁止する必要性を説く。この主張の際には，競業者が同種の著作物を創作するために他者の著作物に含まれている事実をそっくり利用したという場面が念頭におかれ，このような行為の不正性が強調される。また，保護の必要性を根拠付けるにあたり，電子的技術の発展によって複製，改変が容易になったことや，データベースの有用性，商業的価値が増大したことが主張されることもある[22]（共通点2）。そして，第3に，その保護の実現のために，オリジナリティの要件を「独立創作」という低いレベルに解し，情報の集合が著作権の保護対象となり得ることを明示する（共通点3）。その上で，第4に，広く著作物性を認めることから生じる情報の頒布や公衆の情報へのアクセスに関する問題は，侵害の判断とフェアユースの理論によって調整可能であることを強調する（共通点4）。

2　Feist判決に対する評価

額に汗の理論をめぐる裁判例上の対立は，Feist判決が明確に額に汗の理論を否定したことによって一応の決着をみた。額に汗の理論を肯定する学説の多くも，電話帳の著作物性を否定した同判決の結論自体には異議を唱えていないようである。というのは，電話開設の申請時に，その電話番号を利用する者の氏名，住所が電話会社に提出されるため，電話会社は，その情報収集に労力を費やす必要がないからである[23]。

しかし，Feist判決の述べる抽象論が，情報収集に投資を必要とする編集著作物に対して適切な保護を提供していないとして批判する見解は根強い。

たとえば，Raskindは，Feist判決がオリジナリティの判断において創作行為のプロセスに含まれている創作者の判断の存在を無視していると批判す

---

(22)　Gorman, *supra* note 2, at 576.

る(24)。Raskind は，著作権法が保護要件の判断において考慮することを認めている「著作者への起因性（authorship）」には，創作のプロセスも含まれると解釈したうえで(25)，Feist 判決が情報の収集という創作過程に著作権保護の基礎となりうる創作者の判断の行使が含まれているという認識に失敗しており，編集物の保護の基礎として適切なものを提供していないという(26)。

また，Ginsburg は，Feist 判決の示した基準のもとでは，包括的に情報を収集したデータベースは保護要件を満たさないため，保護を受けるために必要のない要素が付加されることとなり，そのためのコストがユーザーに転化されることによって，最終的に情報へのアクセスを害する結果となる危険性を指摘している(27)。

もっとも，多くの論者は Feist 判決のいう著作物性の判断は事案に限定されたものであると解し，電話帳以外の多くの編集物については従来と同様に著作物性が認められるとして事実的編集物の保護を図ろうとしている。すなわち，同判決のいうクリエイティビティの要件を低いレベルのものと捉え，ごくわずかであっても個性が表されていれば著作物性が認められ得ると主張

---

(23) Laura D'Andrea Tyson & Edward F. Sherry, House Judiciary Monnittee Hearings, 23 Oct. 1997 on H. R. 2652 〈http://www.house.gov/judiciary/41118.htm〉。ただし，こうした事情が必ずしも電話帳に対する保護を否定する根拠とはなりえないことを指摘するものとして，牧野さゆり「米国における編集著作物の保護について―Feist はなにを変えたのか」北大法学研究科ジュニア・リサーチ・ジャーナル5号135頁（1998）参照。

(24) Leo J. Raskind, *The Continuing Process of Refining and Adepting Copyright Principles,* 14 Colum-VLAJ. L &Arts, 125 (1990); Leo J. Raskind, *Assessing the Impact of Feist,* 17 U. Dayton L. Rev. 331 (1992).

(25) Dennis S. Karjala, *Copyright and Misappropriation,* 17 U. Dayton L. Rev. 885, 892-893 (1992) もこの見解に賛同する。

(26) また，Feist 判決のいうクリエイティビティの基準が不明確であることを批判するものとして，WilliamS. Strong, *Database Protection after Feist v. Rural Telephone Co.,* 42 J. Copy. Soc'y 39, 42-43 (1994)；Case note, 22 Seton Hall L. Rev. 446 (1992). Feist 判決の文言が新規性類似の基準を要求していると解される余地があることを批判するものとして，Jane C. Ginsburg, *No "Sweat" Copyright and Other Protection of Works of Information After Feist v. Rural Telephone,* 92 Colum. L. Rev. 338, 344 (1992)。

(27) Ginsburg, *supra* note 26, at 347.

第1章 著作権法による保護

している(28)。

　しかし，このように解する学説も，ある編集物に著作物性が認められたとしても，Feist 判決の理論の下ではそこに記載された事実の流用に対しては侵害が成立し得ないことを指摘しており，事実的編集物，特に電子的データベースの保護としては不十分であるとして同判決の抽象論を批判するものが多い(29)。そのため，データベース創作のインセンティブを確保するための解釈の必要性が依然として説かれるのである(30)。

　その他，著作権法以外に事実的編集物の創作投資を保護する法制度が存在しないことを理由として，著作権法上の保護の必要性を根拠付けるものもある。不正競争行為を禁止するミスアプロプリエーション法理による保護は，専占(31)，および，州ごとの保護の不統一(32)のため困難であり，現状では著

---

(28) Gorman, *supra* note 2, at 609.; Robert A. Gorman, *The Feist Case : Reflections on a Pathbreaking Copyright Decision*, 18 Rutgers Com. & Tech. L. J. 731, 736 (1992); Callis, *infra* note 35, at 542-544, Wood, *infra* note 35; Miller, *infra* note 35, at 1038-1042. たとえばAbramsは，あるカテゴリーのデータが全て含まれている場合以外には，選択のオリジナリティが認められるという（例として，全判決の25％しか載せていないWest Lawの判例集にはオリジナリティがあるとするAbrams, *infra* note 35, at 18-20.）。さらに，判例集などはシラバスやヘッドノートを自分で作らなくてはならないため，Feist判決の理論の下でも十分な保護が可能であるという（*Id*. at 33-35）。

　　また，電子的データベースにおいては配列が認識できないため，同判決の基準の影響は甚大であるという見解に対しては，電子的データベースに変換される前の分野分けやコード付けによって配列の認識は可能であるという反論がなされている（Strong, *supra* note 26, at 61）。

(29) Ginsburg, *supra* note 26, at 348-352; Philip H. Miller, Note, *Life after Feist : Facts, The First Amendment, and The Copyright Status of Automated Databases*, 60 Fordham L. Rev. 507, 524-525 (1991)（しかし，情報の価値が短期間のもの（ex. 株価指数）については，Feist判決の理論の適用に問題はないとする）; John F. Hayden, *Copyright Protection of Computer Databases after Feist*, 5 Harv. J. L. & Tech 215 (1991); Paul J. Heald, *The Vices of Originality*, Sup. Ct. Rev. 1991-143 (1991); Gorman, *supra* note 28, at 737-739.

(30) 創作のインセンティブを確保するために，著作権法の解釈において，不正競争の一類型であるミスアプロプリエーション理論を考慮した解釈を認めるべきであると主張する見解として，Karjala, *supra* note 25, at 893-899参照。

作権による保護が必要であるという見解である（不正競争法による保護の可能性および専占の問題については，第2章において詳しく検討する）。

以上のように，額に汗の理論を支持する学説は，Feist 判決の理論が編集著作物の創作のインセンティブとして不十分である点を批判するが，最高裁が明確に額に汗の理論を否定したことによって，今後，著作権法の解釈による保護は困難であるとみており，後述するように立法や法改正による解決へと議論の中心は移っている(33)。

II 額に汗の理論を否定する学説

額に汗の理論を否定する見解は Feist 判決以前から存在しており(34)，同判決が著作権法の解釈として適切であったと評価している(35)。

---

(31) Miller, *supra* note 29, at 525-526 ; Raskind, *supra* note 24, 17 U. Dayton L. Rev. at 340-344 ; Abrams, *infra* note 35, at 35-40 ; Gorman, *supra* note 28, at 759-766. ただし，James E. Schatz, Bradley W. Anderson & Holly Garland Langworthy, *What's Mine is Your's ? The Dilemma of a Factual Compilation,* 17 U. Dayton L. Rev. 423 (1992) は，Feist判決がオリジナリティの要件を憲法上要求されるものと理解したことに基づき，オリジナリティのない情報収集物に関しては，議会の立法権限外となるため専占を免れると解している。

(32) Karjala, *supra* note 25, at 898-899.

(33) 額に汗の理論を否定したFeist判決との関係で，最終的には著作権法の改正が必要であるとするものとして，Miller, *supra* note 29, at 525-526（同時に憲法の通商条項に基づく不正競争法による立法の可能性も示唆している）。

(34) Michael S. Oberman, *Copyright Protection for Computer-Produced Directories,* 22 Copy. L. Symp. 1 (1977) ; William Party, *Copyright in Collections of Facts : A Reply,* Communications and the Law 1984-Oct-11 (1984), David E. Shipley & Jeffrey S. Hay, *Protecting Research : Copyright, Common-Law Alternatives, and Federal Preemption,* 63 N. C. L. Rev. 125 (1984) ; Tanya Wells, *Copyright Protection for Compilations of Fact : A Doctrine in Search of Conceptual Underpinnings,* 21 Ariz. St. L. J. 1117 (1987) ; L. Ray Patterson & Craig Joyce, *Monopolizing the Law : The Scope of Copyright Protection for Law Reports and Statutory Compilations,* 36 UCLA L. Rev. 719 (1989) ; Micheal J. Haungs, *Copyright of Factual Compilations : Public Policy and the First Amendment,* 23 Colum. J. L. Soc. Probs. 347 (1990) ; Shira Perlmutter, *The Scope of Copyright in Telephone Directories : Keeping Listing Information in the Public Domain,* 38 J. Copy. Soc'y 1 (1991).

否定説の論者は，事実的編集物の中心的価値が情報の集合自体にある（前述Ⅰ1の額に汗の理論肯定説の共通点1），ということについては明確に反論していない。

しかし，創作のインセンティブのために事実の流用自体を禁止する必要性（共通点2）については，裁判例で発展してきた労力保護の理論がデータの収集が個人の膨大な労力でしか行い得なかった時代のものであり，19世紀にイギリスで発展したルールをそのまま持ち込んだものであることから，今日におけるその妥当性に疑問を投げかけている[36]。さらに，コンピュータ技術の発展により編集物の創作に必要な労力が従来よりも減少している現在では，労力保護の必要性は減少しているという指摘もある[37]。創作のインセンティブについても，事実の集積を保護するよりもオリジナリティの基準を課した方が，データの並べ替えが促進され，異なった機能を有する編集物の

---

(35) Alfred C. Yen, *The Legacy of Feist : Consequences of the Weak Connection between Copyright and the Economics of Public Goods,* 52 Ohio St. L. J. 1343, (1991)；John A. Odozynski, *Infringement of Compilation Copyright After Feist,* 17 U. Dayton L. Rev. 457 (1992)；Paul T. Sheils & Robert Penchina, *What's All the Fuss about Feist? The Sky is not Falling on the Intellectual Property Rights of Online Databases Proprietors,* 17 U. Dayton L. Rev. 563 (1992)；Howard B. Abrams, *Originality and Creativity in Copyright Law,* 55 L. & Contem. Probs. 3 (1992)；L. Ray Patterson, *Copyright Overextended : A Preliminary Inquiry into the Need for a Federal Statute of Unfair Competition,* 17 U. Dayton L. Rev. 385 (1992)；Sherrie Callis, *Copyright Protection in Factual Compilations : Feist Publications v. Rural Telephone Service Company "Altruism Expressed in Copyright Law",* 22 Golden Gate U. L. Rev. 529 (1992)；Arthur R. Miller, *Copyright Protection for Computer Programs, Databases, and Computer-Generated Works : Is Anything New Since CONTU?,* 106 Harv. L. Rev. 977 (1993)；Ethan L. Wood, Note, *Copyrighting the Yellow Pages : Finding Originality in Factual Compilation,* 78 Minn. L. Rev. 1319 (1994)；Charles von Simson, *Feist or Famine-American Database Copyright as an Economic Model for the European Union,* 20 Brooklyn. J. Int'l L. 729 (1994).

(36) Perlmutter, *supra* note 34, at 9-10.

(37) Oberman, *supra* note 34, at 46；Malla Pollack, *The Right to Know : Delimiting Database Protection at the Juncture the Intellectual Proterty Clause, and the First Amendment,* 17 Cardozo Arts & Ent. 47, 94 (1999).

第1節　アメリカ著作権法

創作が促されるとの反論や⁽³⁸⁾，著作権法は，できるだけ小さいコストで創作のインセンティブを確保することを目的としており，創作者の利益を最大化することを目的とするものではないため，インセンティブの確保に労力保護までは必要ないとする見解がある⁽³⁹⁾。

次に，オリジナリティを独立創作で十分であると解する点（共通点3）については，著作権法の条文の解釈として困難であることが指摘される⁽⁴⁰⁾。その理由は，著作権法101条は，「データの収集」と「選択・整理・配列」の2つの要素によってオリジナリティを有する著作物である場合に編集物として保護されると規定するものであり，どちらか一方のみで著作物性を満たすという解釈はとりえないというものである⁽⁴¹⁾。また，旧法はオリジナリティの要件を明記していなかったため，編集著作物に関してこの要件が必ずしも確立されてこなかったが，これが明記された現行法においては労力保護の理論はとり得ないことを理由に挙げるものもある⁽⁴²⁾。

最後に，フェアユース等による適切な保護範囲の調整（共通点4）に対しては，額に汗の理論に基づく裁判例には，フェアユースの成立が認められるのは，被告が最初から自分で情報を調査・収集した場合に限定されるとし，

---

(38)　Haungs, *supra* note 34, at 360. ただし，法の目的は新しい著作物の促進であり，単なる再配列の促進ではないとする再反論も，編集著作物の本質的価値の観点からは説得的である（Hicks, *supra* note 8, at 1010）。

(39)　Simson, *supra* note 35；Yen, *supra* note 35, at 1364. また，Abramsは，この公衆へのコストには，1）著作物のコピーや再現にかかるコスト，2）合法的な競争において既存の著作物の利用を制限することによって公衆に課されるコストの2つがあり，労力の保護の肯定には，これらのコストよりも，創作に必要なインセンティブを与えることから生じる利益が多いことの立証が必要であるとする（Abrams, *supra* note 35, at 3）。

(40)　額に汗の理論が，専ら編集者に経済的なインセンティブを付与する必要性から生じており，著作権法の理論として採りこむことの困難性を指摘するものとして，Jessica Litman, *After Feist,* 17 U. Dayton L. Rev. 607, 609 (1992), Denicola, *supra* note 6, at 527-530, 535-36を参照。裁判例においても，同理論を経済的インセンティブの必要性に基づくものと解するものがある（National Business Lists, Inc. v. Dun & Bradstreet, Inc. 552 F. Supp. 89 at 92 (N. D. Ill. 1982))。

(41)　Party, *supra* note 34, at 28.

(42)　Patterson & Joyce, *supra* note 34, at 759-761, 800.

侵害判断と同様の判断基準を採用しているもの⁽⁴³⁾も存在しており，必ずしも適切な保護範囲が画定されているわけではないとの批判がある⁽⁴⁴⁾。

また，額に汗の理論が著作権法のポリシーを害することを理由にこれを批判する見解は多数ある。たとえば，額に汗の理論による著作権保護の拡大は，法の目的――学問の促進，著作者の利益の保護，パブリックドメインの確保――に一致しない範囲に対しても保護を認めるものであり妥当ではないという指摘である⁽⁴⁵⁾。さらに，社会的コストを考えた場合，侵害の基準として独立の調査を要求することは情報の発見に対する二重の労力を課すことになり無駄であるとの批判もある⁽⁴⁶⁾。

III 検 討

しかし，これらの否定説の反論については次のような疑問がある。

まず，技術の発達によって労力保護の必要性が減少したという点については，電子的技術とコンピュータの普及に伴いデータベースの再利用が容易になったことにより，保護の拡大は正当化されているとする再反論⁽⁴⁷⁾が可能であり，必ずしも十分な根拠とはなっていないように思われる。

次に，オリジナリティの概念に情報収集に関わる寄与を含め得るとの解釈が条文の文言上困難であることについては，額に汗の理論を支持する学説においても認識されている⁽⁴⁸⁾。しかし，肯定説は，事案に妥当な結論を導くため，オリジナリティの要件を柔軟に解すべきとの主張を行っているのである。著作権法上，オリジナリティに関する定義規定はおかれていないため，

---

(43) United Telephone Co. of Missouri v. Johnson Publishing Co., Inc., 871 F. Supp. 1514, 1523 (W. D. Miss. 1987) ; Illinois Bell Telephone Co. v. Haines & Co. Inc., 683 F. Supp. 1204 (N. D. Ill. 1988).

(44) Haungs, *supra* note 34, at 359-360.

(45) Patterson, *supra* note 35.

(46) Perlmutter, *supra* note 34, at 10-11 ; Haungs, *supra* note 34, at 360-361 ; Shipley & Hay, *supra* note 34, at 136-137. 歴史や地図といった事実的著作物において，このようなコストを課すことが裁判例上否定されてきたことについては前節を参照。

(47) Gorman, *supra* note 2, at 576.

(48) たとえば, Gorman, *supra* note 1, Denicola, *supra* note 6, Ginsburg, *supra* note 7 を参照。

著作権法の目的に合致するのであれば文言上の無理はあるとしてもこうした解釈は必ずしも不可能ではない。したがって、否定説が文言上の解釈の困難性のみを指摘しても説得的な反論とはなり得ないであろう。

おそらく、否定説の反論のなかで最も多く主張されており、実質的であると思われるのは、額に汗の理論が、公衆の情報への自由なアクセスにおける利益を確保するために設けられた、事実の自由利用という著作権法の原則を害する危険性を有するという主張[49]であると思われる。

この点について、肯定説は著作物性を広く捉え、侵害の基準でその調整を図ろうとするのに対し、否定説は著作物性の判断においても一定のしぼりが必要であると主張する。

もっとも額に汗の理論を肯定する学説も認識しているように、事実的著作物においては著作者の権利と公衆の情報の自由利用における利益の緊張関係が大きくなるため、独立創作を要件として保護を与える場合には、公衆の利益との調整を図るための考慮が必要とされる。否定説は、この調整の点で額に汗の理論の欠点を指摘するが、肯定説の側からは、否定説の指摘するパブリックドメインの確保、公衆の情報へのアクセスの機会、情報の自由な流通の確保、言論の自由との対立といった問題は、著作権法上、一般には、102条（b）に規定されるアイディアと表現の区別の理論、あるいは、侵害の判断における類似性判断や107条のフェアユースの法理によって確保されうると主張されてきた。そこで、オリジナリティの解釈の検討の前に、肯定説が調整の手段として主張する上記の理論が適切に機能しうるかについて検討を行うこととする。

---

(49) Oberman, *supra* note 34, at 2-3, 29-36；Perlmutter, *supra* note 34, at 1-2；Haungs, *supra* note 34, at 361-366；Patterson & Joyce, *supra* note 34；Wells, *supra* note 34, at 1128-1131；Patterson, *supra* note 35, at 394-396；Shipley & Hay, *supra* note 34 at 150-151. もっとも、公衆の利益に言及する見解には、公衆の情報の利用に対する影響を懸念する見解と、競争者間における情報の独占が、結局は情報の流通、アクセスの制限という形で公衆の利益を害するとする見解の2つが存在する。

第2項　論点ごとの検討
I　実質的類似性

額に汗の理論を支持する学説がフェアユースと並んで適切な保護範囲の調整の手段として主張するのは，侵害における実質的類似性の判断である[50]。

実質的類似性による調整を主張する各見解の具体的な内容は必ずしも一致してはいないが，多くのものは，被告の利用したデータの量について考慮し，事実そのものを保護するのではなく，「事実の集合体」にのみ保護を認めることによって，公衆の事実の自由利用を害さないと主張する。しかしこうした見解が，原告著作物のデータをほぼ全て利用した場合にのみ侵害を認めるというものであるのか，個々のデータの利用行為に対しては侵害を認めないという意味であるのかは必ずしも明らかではない[51]。

この点に関してGormanは，実質的類似性の判断は公共の利益を考慮して判断されるべきことを主張している[52]。事実への独占を認めず，情報の頒布を害さないことが事実的著作物の侵害の判断においては重要であるため，表現の形式が変更されている場合[53]には，事実自体に保護を認めないために侵害は否定されるべきであるが[54]，全体の逐語的なコピーの場合には侵害が成立するという[55]。この基準の下では，デッドコピーに該当する複製

---

(50) Hicks, *supra* note 8, at 1010 ; Denicola, *supra* note 6, at 531-532 ; Sato, *supra* note 8, at 630 ; Gorman, *supra* note 2, at 568-572.

(51) また，利用されたデータの量と，選択・配列のオリジナリティとを相関的に考慮し，選択や配列などのオリジナリティを有する要素が利用されている場合には，利用されたデータの量が少ない場合であっても侵害を認めるのに十分な実質的類似性を認める見解もあるが（Denicola, *supra* note 6, at 532），この場合は，通常の著作権侵害の理論で対応可能であろう。ただし，Sato, *supra* note 8, at 840-841は，表現の実質的類似性の基準を事実的著作物に適用するのは不適切であるとし，独立創作の有無を基準として全体の類似性が認定されれば侵害を認めるべきであるという。

(52) Gorman, *supra* note 2, at 571-576.

(53) 例として，Leon v. Pacific Telephone & Telegraph Co., 91 F. 2d 484 (9th cir. 1937)；Triangle Publications, Inc. v. Sports Eye, Inc., 415 F. Supp. 682 (E. D. Pa. 1976) を挙げている。

(54) Gorman, *supra* note 2, at 571-574.

(55) *Id.* at 575.

のみが侵害とされることになり，その保護範囲は狭く解されることとなろう。

しかし，そもそも実質的類似性は，著作物性のある要素の類似性が侵害を肯定するに十分であるかどうかを判断するものと理解されている(56)。したがって，デッドコピーであっても，改変が加えられたものであっても，著作物性の利用の有無が焦点とならざるを得ないのではなかろうか(57)。結局は，著作物性のある要素（オリジナリティの解釈）と実質的類似性の判断は，裏表の関係にあるということができ，前者を緩和したことにより生じる問題を後者で解決するという見解は，理論的には困難であると思われる。

II フェアユース（fair use）

額に汗の理論によって著作物性を広く認めたとしても，フェアユースの法理によって適切に保護範囲を調整できるとする学説は多い。フェアユースは，著作権者以外の者が，特定の状況の下で少なくとも著作物の一部を著作権者の同意を得ることなく，かつ，その使用に対する報酬を支払うことなく利用することを認める理論であり(58)，一般には侵害に対する抗弁として位置付けられている(59)。フェアユースの理論が制定法で定められたのは1976年法

---

(56) Nimmer on Copyright, §13.03 [A]-[C]. 裁判例においては，直接のコピー行為が立証されている場合には，実質的類似性は必要ではないとするケースがみられる（初期の裁判例において，エラーの一致により侵害を肯定するケースもこれにあたると思われる）が，コピー行為を推定するための類似性と，その利用が侵害を構成するかどうかの判断においての実質的類似性とは別問題である（Shipley & Hay, *supra* note 34, at 130 n 40, Navell v. Freeman, 10 USPQ 2d 1596 (9th cir. 1989)）。Nimmerは，前者の類似性をコピー行為証明の類似性（probative similarity）として，後者の実質的類似性（substantial similarity）と区別する（Nimmer on Copyright, §13.03 [A]. 事実的著作物の裁判例においてこの2つが混同されていることを指摘する文献として，Gary L. Francione, *Facing The Nation: The Standards for Copyright, Infringement, and Fair Use of Factual Works,* 134 U. Penn. L. Rev. 519, at 542-543 (1986)）。Feist事件においても，侵害の成立には，単なる複製行為の存在だけではなく，オリジナルな要素の再現が必要であることが述べられている。しかし，情報の集積自体を保護する額に汗の理論のもとでは，この2つの類似性の差異は，裁判例上不明確なものとなっている。

(57) Oberman, *supra* note 34, at 38-41は，侵害の判断においては保護される要素の特定が不可欠であり，情報の私的なコントロールを防ぎ，保護される要素を特定するという意味でオリジナリティの要件は不可欠であるという。

になってからであるが[60]，それ以前から，同理論は裁判例，学説において既に認められていた。1976年法においてフェアユースの検討の要素として規定されたのは次の4つである。

1) 利用の目的と性質。その利用が商業的か非営利の教育的なものかという検討も含む。
2) 利用された著作物の性質
3) 利用された著作物全体に対する，利用された部分の量と実質
4) 利用が，利用された著作物の価値又は潜在的市場に与える影響

1　フェアユースによる調整を主張する学説の検討

フェアユースによる調整を主張する学説は，額に汗の理論の下で編集物の著作者に対して創作のインセンティブを与えながら，公衆の利益や学問の発展に資するような利用についてはフェアユース理論の活用によって個別的に保護範囲を減縮しうることを主張し，この解決策によれば，より柔軟に事案に適した結論を導き出せることを強調する[61]。事実的編集物に関しては創作的な著作物よりもフェアユースが広く認められやすいといわれていることもこの見解を後押ししているようである[62]。しかし，フェアユースの判断基準については，各学説で一致をみない。

---

(58) Wendy J. Gordon, *Fair Use as Market Failure : A Structural and Economic Analysis of the Betamax Case and its Predecessors,* 82 Colum. L. Rev. 1600, 1062 (1982); Rosemont Enterprises, Inc. v. Random House, Inc., 366 F. 2d 303 at 306 (2nd cir. 1966) *cert. denied,* 385 U. S. 1009, *quoting* Ball, *The Law of Copyright and Literary Property,* 260 (1944).

(59) Nimmer on Copyright §13. 05. ただし，Lydia Pallas Loren, *Redefining the Market Failure Approach to Fair Use in an Era of Copyright Permission Systems,* 5 J. Intell. Prop. L. 1, 4-5(1997)は，フェアユースをユーザーの著作物利用の権利として性格付けている。

(60) 17 U. S. C. §107.

(61) Denicola, *supra* note 6, at 532, Abramson, *supra* note 8, at 168, Hicks, *supra* note 8, at 1009-1010, Hill, *supra* note 13, at 66.

(62) Nimmer on Copyright §13. 05 [A] [2] [a]; Denicola, *supra* note 6 at 534. ただし反対，Abramson, *supra* note 8 (*infra* note 64) を参照。裁判例については，*infra* note 101を参照。

第 1 節　アメリカ著作権法

　Abramson は，原告に創作のインセンティブを与えるという目的からは，被告が独立に調査をしたかどうかではなく，何らかの新しい寄与を付加した場合や，原告著作物とは異なる目的に資するものを創作した場合に利用を認めるべきであるとし(63)，フェアユースの判断においては，被告著作物が原告著作物の経済的市場で競争関係にあるかどうか，および被告著作物のオリジナリティの程度が重視されるという(64)。そのため，競争的な利用でない場合や，学術的利用の場合にはフェアユースが認められるが，ユーザーの利用であっても何の付加も行っていない場合には侵害が成立するという。

　同様に Leval(65) も，フェアユースは文化の促進と学問の発展という法の目的に合致するように適用されるべきであるから，独占権の制限が正当化される理由は，被告が学問の発展を促進するような利用をしたということにあると捉え，被告の著作物が新しい理解を促すような創作的，生産的な (productive) 利用を行っている場合にフェアユースの成立を認めるべきとする。したがって，最も重要な検討の要素は「利用の目的」であり，原告市場への影響についてはオリジナルな著作物に代替する場合の損害だけを考慮すべきであるという。さらに，フェアユースが認められない場合であっても差止を認めるべき必然性はなく，報道や研究，批評のための利用など社会的利益に

---

(63)　この基準の下では 2 重の労力という無駄が回避できるという（Abramson, *supra* note 8, at 145）。

(64)　制定法の要件に基づいて検討するならば，1）使用の目的について，商業的な使用かどうかという点は，著作物のオリジナリティや公共の利益とは関係がない要素であるから，重視する必要はなく，2）著作物の性質について，事実的な著作物には fair use が認められやすいという見解に対し，情報の普及における公衆の利益は，事実は保護されないという原理によって確保されるものであるから，fair use において検討すべきものではないとする。3）利用の量と実質について，すでに実質的類似性が認められているものにのみフェアユースが適用されるのであるから，そっくりのコピーの場合には，フェアユースが排除されることになるとし，4）潜在的市場への影響について，法が翻案権を定めているため，権利者がライセンス料を得られるだろうと思われる市場の損害も考慮される（Abramson, *supra* note 8, at 154-161）。加えて，生産的な使用もフェアユースに有利な要素として考慮されるべきことを説く。

(65)　Pierre N. Leval, *Fair Use or Foul The Nineteenth Donald C. Brace Memorial Lecture,* 36 J. Copy. Soc'y 167 (1989).

資する場合には損害賠償のみを認めるべきであると主張する。

また，Taylor [66] は，商業的な利用であるという事実は，当然にフェアユースを妨げるものではないとし，商業的利用も2つのタイプに区別すべきであることを説く。その区別とは，被告が経済的な報酬をインセンティブとするのではなく研究を第一の目的とする創作行為において利用したのか，または，もっぱら経済的利益を得ることを目的とする行為において利用したのかというものであり，前者の場合には広く利用が認められるという。そして，利用された量については，原告・被告両著作物について考慮すべきであり，どちらか一方の著作物にとって実質的である場合にはフェアユースの成立を認めないという立場をとる。また，商業的であっても，両著作物が完全に競合しない場合にはフェアユースの成立が認められるとしている。

一方，Squires [67] は，データベース創作者の経済的損害をもっとも重視し，データベースの商業的価値への影響がフェアユース判断の最も重要な要素であり，当該利用による公衆の利益がまさる場合か，権利者の経済的な損害がわずかなものである場合にのみフェアユースが成立すると述べる。そして，ユーザーの無許諾のリサーチ行為であっても創作者が被る損害は無視できないため，侵害の成立は否定されないという [68]。

以上のように，学説において見解が一致しているのは，商業的使用で，かつ，被告著作物が原告の著作物に完全にとって代わるような場合にはフェアユースを認めるべきではないという点のみである。しかし，この場合には，事実的著作物ではなくともフェアユースが成立しないものと思われる。多く

---

(66) John A. Taylor, *The Uncopyrightability of Historical Matter : Protecting Form over Substance and Fiction over Fact,* 30 Copy. Sympo. 33, 34-35 (1980).

(67) Squires, *supra* note 8, at 45.

(68) Denicolaは両者の競争関係に着目し，スリッピング（原告著作物から個々の情報を抜き出し，調査・確認後に同種の著作物の創作に利用する行為）といわれる行為にはフェアユースを認めるべきではないという（Denicola, *supra* note 6, at 534 n90）。また，多くの伝統的フェアユースの要素は，経済的競争のための基準であると捉え，被告著作物が原告のものにとって代わる可能性がある場合にはフェアユースは適用されないことを主張している（Denicola, *Copyright and Free Speech* : *Constitutional Limitations on the Protection of Expression,* 67 Cal. L. Rev. 283 at 302-303 (1979)）。

第1節　アメリカ著作権法

の学説は，被告の利用に公共の利益が認められる場合（たとえば，学術的な利用など）には，その利用を許諾するという結論を下すが，被告の利用が学問的な発展などを促すものであっても，原告著作物，あるいは被告著作物が，商業的に提供されている場合に利用を許容すべきかどうかに対する解釈ついては見解が分かれている。

　また，非商業的利用であるユーザーの利用行為に対する解釈ついても学説は一致していない。

2　フェアユースに関する裁判例

　フェアユースの判断は，裁判例においても著作権法上もっとも困難な問題の1つとされている[69]。事実的編集物に関してもフェアユースの適用は一定しておらず，頒布における公衆の利益や言論の自由といった要素に対する重点の置き方は個々の裁判例ごとに異なる[70]。

　著作権法にフェアユースに関する条項がおかれたのは1976年法になってからであるが，議会の報告書によれば，フェアユース規定の新設は従来の裁判例の判断を変更するものではないとされているので[71]，以下では76年法以前の裁判例も検討の対象とする。

---

(69) Dellar v. Samuel Goldwyn, Inc., 104 F.2d 661, 662 (2nd Cin. 1939); Sony Corp. of America v. Universal City Studios, Inc., 464 U. S. 417, 475 (1984); Time Inc. v. Bernard Geis Assoc., 293 F. Supp. 130, 144 (S. D. N. Y. 1968); Encyclopedia Britannica Educational Corp. v. Crooks, et., 447 F. Supp. 243, 250 (W. D. N. Y. 1978); Princeton Univercity Press v. Michigan Document Servs., Inc., 99 F. 3d 1381, 1390 (6 th Cir. 1996).

(70) また，初期の裁判例においては，侵害の成立とフェアユースの判断の区別を明確に意識していないと思われるものが多数存在する。たとえば，Leon v. Pacific Telephone & Telegraph Co., 91 F. 2d 484 (9th cir. 1937); G. R. Leonard & Co. v. Stack, 386 F. 2d 38 (7th cir. 1967); Simms v. Stanton, 75 F. 6 (N. D. Calf. 1896), Matthews Conveyer Co. v. Palmer-Bee Co., 135 F. 2d 73 (6th cir. 1943); West Publishing Co. v. Lawyer's Co-operative Publishing Co., 79 F. 756 (2nd cir. 1987)がこうした裁判例に該当する。この点を指摘する文献としてWilliam F. Party, *The Fair Use Privilege in Copyright Law* 2nd ed., 40-41 (1995); William W. Fisher III, *Reconstracting The Fair Use Doctrine*, 101 Harv. L. Rev. 1659, 1663 (1988); Nimmer on Copyright, §13. 05を参照。

(71) H. R. Rep. 94-1476, 94th Cong., 2d Sess., 65-66 (1976).

第1章　著作権法による保護

(1)　1976年法以前の裁判例

額に汗の理論に基く裁判例では，フェアユースの判断においても，被告が原告の著作物を利用することによって労力を節約したかどうかという点が検討の中心となっている[72]。このような裁判例は，被告の最終的な著作物に焦点をあてるのではなく，被告の創作の準備行為における原告著作物の利用を考慮する。

たとえば，額に汗の理論に基くToksvig事件[73]は，被告が，原告の書物からアンデルセンに関するオリジナルなコンセプトやアイディアを多く利用したことにより，原告の3分の1の時間で同様の書物を完成させていることに着目し，フェアユースは認められないと判断した[74]。本件は，両著作物が競争関係にない事案であり，その利用によって原告が被った損害よりも，被告が労力を節約することによって得た利益を重視したものといえよう。

これに対し，額に汗の理論を否定する裁判例では，そもそも侵害が認められていないので傍論ではあるが，フェアユースの判断においても労力の節約を考慮することは認められないと明言する裁判例がある[75]。

(2)　1976年法の下での裁判例

1976年の著作権法によって107条にフェアユースの規定が新設され，1）利用の目的と性質，2）利用された著作物の性質，3）利用された部分の量と実質，4）利用が著作物の価値又は潜在的市場に与える影響，の4つの要素が検討されるべきものとして規定された。これらは全て考慮されなくてはならないとされ[76]，フェアユースの成否はこれらの要素を総合的に判断して決せられる。以下では，それぞれの要素ごとにいかなる検討が行われてお

---

[72] Social Register Ass'n v. Murphy, 128 F. 116 (C. C. R. I. 1904), *Leon*, 91 F. 2d 484, Toksvig v. Bruce Publishing Co., 181 F. 2d 664 (7th cir. 1950). データの実質的な部分を競争者が自ら確認することなく利用した場合にはフェアユースは認められないと判示するものとして，Schroeder v. William Morrow & Co., 566 F. 2d 3 at 6 (7th cir. 1977).

[73] Toksvig v. Bruce Pub. Co., 181 F. 2d 664 (7th cir. 1950).

[74] *Id*. at 667.

[75] Rosemont Enterprises, Inc. v. Random House, Inc., 366 F. 2d 303, 309-310 (2nd cir. 1966)；Eisenschiml v. Fawcett Publications, Inc., 246 F. 2d 598, 604 (7th cir. 1957).

り，それらが結論にどのように影響を与えているのかについてみていく。
1）使用の目的と性質
　この要素において検討されるのは，主に被告の利用の商業性であるが，それ以外の要素が考慮されないわけではない。以下に見るように，107条の柱書きに列挙されている利用に該当するかどうか，原告著作物を改変して利用しているか（改変的利用），原告著作物に新しい価値を付加しているか（生産的利用）という点が第1の要素において検討されることがある。
　事実的著作物においてフェアユースが問題とされる事案には，被告と原告が競業関係にあるものが多く，両著作物が競争関係にあり，かつ，商業的な使用の場合には，フェアユースが否定されるケースがほとんどである[77]。
　しかし，被告の利用が商業的であるということが，フェアユースの主張を退ける決定的な要素とされているわけではない。Sony最高裁判決[78]では，家庭内録画のフェアユース該当性の判断において「商業的又は営利目的での利用は，フェアユースにあたらないと推定される」という一般論が述べられ，

---

(76) Nimmer on Copyright §13.05 [A], Party, *supra* note 70, at 414, Pacific & Southern Company, Inc. v. Duncan, 744 F. 2d 1490, 1495（11th Cir. 1984），反対，Goldstein, *Copyright*, §10.2（4つの要素は例示に過ぎないので，4つのすべてを強調するか，2，3だけを強調するかは問題ではない）。もっとも，これ以外の要素を考慮することは許容されている（Nimmer on Copyright §13.05 [A]. 問題とされた著作物が未公表であることを考慮するものとして，Harper & Row Publishers, Inc. v. Nation Enters., 471 U. S. 539, 551-555（1985）n 2；Loren, *supra* note 59, at 54.）

(77) Wainwright Securities, Inc. v. Wall Street Transcript Corp., 558 F. 2d 91（2nd cir. 1977）; Telerate Systems, Inc. v. Caro, 689 F. Supp. 221（S. D. N. Y. 1988）; Marshall & Swift v. BS & A Software, 871 F. Supp. 952（W. D. Mich. 1994）; Oasis Publishing Co. v. West Publishing Co., 924 F. Supp. 918（D. Minn. 1996）; Budish v. Gordon, 784 F. Supp. 1320（N. D. Ohio 1992）. 一方，非営利的利用に対しては，公共的な利益も高いことからフェアユースが認められたケースがある（National Rifle Ass'n of America v. Handgun Control Federation of Ohio, 15 F. 3d 559（6th cir. 1994））。

(78) Sony Corp. v. Universal City Studio, Inc., 464 U. S. 417, 449（1984）.

(79) *Marshall & Swift*, 871 F. Supp. at 962-963.

これに従う裁判例がないわけではないが[79]，その後，Campbell 最高裁判決[80]が，「文芸の発展という目的に鑑みれば，改変的な利用はフェアユース法理の適用をうける中心的な行為といえ，改変がなされればなされるほど商業性のようなフェアユースの成立を否定する他の要素の重要性はより小さくなる」として，商業的利用は考慮すべき1つの要素にすぎないと位置付けたこともあり，以下にみるように，多数の下級審裁判例は Sony 最高裁判決の示した推定力を認めていない[81]。

商業的利用であってもフェアユースに有利と判断される場合には，被告著作物がもたらす公益的な価値が重視される。たとえば，被告著作物が原告著作物とは異なった目的に資するものであること[82]や，学術的著作物であり

---

(80) Campbell v. Acuff-Rose Music, Inc., 510 U. S. 569 (1994).

(81) たとえば，New York Times Co. v. Roxbury Data Interface, Inc., 434 F. Supp. 217 (D. N. J. 1977) は，商業的な利用はフェアユースの不成立を決定付ける要素ではないとし，クリエイティビティよりも勤勉性にその価値がある創作物に対しては，情報の頒布という点からより広く利用が許されるべきであるとしてフェアユースを認めている。ただし，この事件は著作物性のある要素がコピーされていないとして侵害を否定できた事件であり，フェアユースの判断は必要なかったことが指摘されている (Party, *supra* note 70, at 117-118; Gorman *supra* note 2, at 578 n 42; Celia Delano Moore, *Ownership Access Information : Exploring the Application of Copyright Law to Library Catalog Records,* 4 Computer/Law J. 305, 357-358 (1983))。

(82) Penelope v. Brown, 792 F. Supp. 132 (D. Mass. 1992).

(83) Williamson v. Pearson Education, Inc., 60 U. S. P. Q. 2d 1723 (S. D. N. Y. 2001).

(84) Hofheinz v. A & E Television Networks, 146 F. Supp. 2d 442, 446-448 (S. D. N. Y. 2001) (伝記); Hofheinz v. AMC Productions, Inc., 147 F. Supp. 2d 127, 138 (E. D. N. Y. 2001); Arica Institute, Inc. v. Palmer, 970 F. 2d 1067, 1077-1078 (2nd cir 1992) (学術著作物); Monster Communications, Inc. v. Turner Broadcasting System, Inc., 935 F. Supp. 490, 493-494 (S. D. N. Y. 1996) (映画→ドキュメンタリーTV番組); New Era Publications Inter., APS v. Carol Publishing Group, 904 F. 2d 152, 156 (2nd cir. 1990) (手記→伝記); Salinger v. Random House, Inc., 811 F. 2d 90, 96 (2nd cir. 1987) (手記→伝記); *Williamson,* 60 U. S. P. Q. 2d 1723 (そのままの引用がなされた事案であるが被告の分析が付加されている)。ただし，*Harper & Row,* 471 U. S. at 561は，これらのカテゴリーに属するからといって必ずしもフェアユースに有利な要素と判断されるわけではないとする。

頒布の利益が大きいこと[83]が考慮される。

　また，被告の利用が107条の本文に例示されている批評や解説等の目的に該当している場合にはフェアユースに有利と推定されると解する裁判例[84]，さらに，改変的，生産的な利用であるか否かを考慮する裁判例[85]も，商業的利用を許容するに足る被告著作物の有益性を考慮したものと思われる。こうした判断は，特に歴史的著作物のケースなど事実の普及を促進すべき事案で多く採用されている[86]。

　以上みたように，裁判例には，当該利用の商業的性質がフェアユースの成立を当然に妨げるものではないとするものが存在する。しかし，商業性を理由として第1の要素が被告に不利であると結論付ける要素として重視する裁判例も少なくない。そして，このことは，被告の利用が教育，批評，報道などの目的を有している場合でも例外ではない。

　まず，ニュース報道としての利用であるからフェアユースが認められるとの被告の主張に対し，直接の競業関係はないが商業的な使用であることを理由にフェアユースを認めない裁判例[87]が存在する[88]。

　また，教育目的での利用であってもその商業性が認められ，被告に不利と判断される裁判例もある。被告が授業で使用するために原告のテキストの一

---

(85)　*Campbell*, 510 U. S. at 579 ; *Williamson*, 60 U. S. P. Q. 2d 1723.

(86)　*Hofheinz*, 146 F. Supp. 2d 442 ; *Hofheinz*, 147 F. Supp. 2d 127, 137.

(87)　ニュースクリップの録画，販売を行った事案である *Pacific & Southern. Co., Inc.*, 744 F. 2d 1490 ; Los Angeles News Service v. Tullo, 973 F. 2d 791 (9th cir. 1992) ; チャップリンの死去に際し，映画の編集物を放映した事案である Roy Export Co. Establishment of Vaduz v. Columbia Broadcasting System, Inc., 672 F. 2d 1095 (2nd cir. 1981)．ニュースレポートとしての利用はフェアユースに該当するという主張が否定されたものとして，*Wainwright Securities, Inc.*, 558 F. 2d 91 を参照。

(88)　判例集に関する Oasis Publishing 事件においても，被告は教育的リサーチを目的とする編集物を作成するための利用であると主張したが，商業的な利用であり，原告と直接競合関係にあるとしてフェアユースの成立は認められていない（*Oasis Publishing Co.*, 924 F. Supp. 918）。もっとも，その後，Matthew Bender v. West Publishing Co., 158 F. 3d 693 (2 nd cir. 1998) が，同様の事案に対して侵害の成立自体も否定しており，Oasis Publishing 事件もそもそも侵害の成立が否定されるべき事案であったと思われる（拙稿［判批］アメリカ法［1999-2］339頁参照）。

部をコピーした事案に関する Marcus 判決[89]，講義で使用するための文献の抜粋を集めた冊子をコピーショップに作成させた行為に関する Princeton Univ. Press 判決[90]などである。

　前者のケースの被告はその冊子を販売していなかったが，裁判所は，原告著作物も同じく教育的使用のために供されたものであり，被告がまさに原告の意図した使用目的で著作物を複製していることを理由にフェアユースの成立には不利な要素と判断した[91]。たしかに，原告著作物が教育的利用を念頭に創作されたものである場合には，被告が教育的利用を行ったということを理由にフェアユースが認められるとすると，原告が利益の回収を意図した市場における利用のほとんどが許容される結果となる危険性が高い。しかし，この事件に限ってみれば，被告のクラスの生徒以外には頒布されておらず，裁判所も原告著作物への経済的な影響がほとんどないことを認めており，フェアユースを否定した結論には疑問が残ろう。

　また，後者の Princeton Univ. Press 判決では，被告が各学生が講義で指示された文献をコピーする行為は非営利の教育的利用と認められるのであるから，コピー会社が介在することのみによって商業性が肯定されるべきではないと主張したのに対し，商業的利益を得ることを念頭に行われた複製行為は商業的利用であり，その顧客が非営利の教育的利用を行ったとしても，それを覆すものではないと判断された[92]。

　研究目的の利用に関する American Geophysical Union 事件[93]では，民間企業の研究員による研究目的での科学雑誌論文の複製行為が，個人の複製行為ではなく企業組織による商業的利用であると判断された。そして，単に保管することだけを目的とした非生産的利用であることも考慮して，第 1 の要素は被告に不利であると判断されている[94]。

---

(89)　Marcus v. Rowley, 695 F. 2d 1171 (9th cir. 1983).

(90)　Princeton University Press v. Michigan Document Servs., Inc., 99 F. 3d 1381 (6 th cir. 1996).

(91)　*Marcus*, 695 F. 2d at 1175. 被告は原告と同じ学校に勤務しており，利用の許諾を得ることが容易であったのにもかかわらずそれを行わず，出所表示も付していないという点も第 1 の要素を被告に不利であると判断する際に考慮された（*Id.* at 1175-1176）。

批評目的での利用に関する事案として，Los Angeles Times [95] 判決がある。被告は，ウェッブサイト上に批評や意見を書きこむための掲示板を開いており，そこに批判の対象とする出来事について報道した原告記事を張りつけていた。裁判所は，ほとんどの記事がそのままコピーされており，改変的な利用ではない点が第1の要素に不利と判断されるとした。利用の商業性については，被告が掲示板から広告収入を得ていないこと，本件掲示板が議論を促すという公益的役割を有していることから，非商業的利用と判断したが，原告記事発行から一定期間経過後は，原告記事へのアクセスには料金の支払いが必要とされており，被告の複製行為によって少なくとも掲示板のメンバーは料金を支払うことなく原告記事にアクセスできるという点では利益を得ていることを指摘し，総合的にみて，第1の要素は原告に有利であると結論付けた[96]。

このように，教育，報道，あるいは，批評の目的を有する利用の場合であっても，第1の要素が被告に不利であると判断される裁判例は多い。

こうしたフェアユースの成立範囲の縮減は，第1の要素の判断において，第4の要素である市場の影響の判断結果が大きく影響していることにその一

---

(92) *Princeton University Press*, 99 F. 3d at 1389；RCA/Ariola International, Inc. v. Thomas & Grayston Co., 845 F. 2d 773, 782 (8th cir. 1998). この他，通信業界における教育，リサーチ，情報の伝達を促進する活動を行っている非営利団体が，原告のニュースレターを購入し，メンバーにそのコピーを配布したという事案に対し，当該行為は原告ニュースレターの読者の購入にとってかわるものであるから，第1の要素は被告に不利であると判断されたものがある (Television Digest, Inc., v. United States Telephone Ass'n, 841 F. Supp. 5 (D. Colum. 1993))。学説においても，複製者の顧客や利用者が非商業的利用を行っていることを複製業者が援用することは許されないとする見解がある (Patry, *supra* note 70, at 432-433)。

(93) American Geophysical Union v. Texaco Inc., 60 F. 3d 913 (2nd cir. 1994) *cert. denied,* 516 U. S. 1005 (1995).

(94) 個々の論文をそっくり複製しているため第3の要素も被告に不利であり，第4の要素については，CCC (Copyright Clearance Center―雑誌記事や書物などの文献コピーに関する著作権の集中管理を行っている機関である―筆者注) によるライセンス料の支払いの可能性を理由に原告に有利であるとした。

(95) Los Angeles Times v. Free Republic, 54 U. S. P. Q 2d 1453, *final jugement,* 56 U. S. P. Q. 2d 1862 (C. D. Cal. 2000).

要因があるように思われる。裁判例では，第4の要素が被告に不利である場合，第1の要素も同様に不利と判断される傾向がみられるのである。というのは，裁判例の中には，被告の利用が非商業的であると判断された場合には，第4の要素の立証責任は原告に課されるが，商業的利用であるとされた場合には，市場への影響が推定されると解するものがあるからである[97]。そのため，この見解に基づく裁判決では，被告の利用が商業的であると認定された場合，第4の要素も被告に不利と判断され，結果としてフェアユースが否定されるものが多い。そして，反対に，オリジナル市場への影響が認められる事案では，商業的な利用であるとの認定がなされることも多い。

原告の損害を重視した第1の要素の判断は，以下のような裁判例の判断に見ることができる。1つは，間接的にのみ営利行為に関係する場合であっても，原告に対する利用料の支払いが可能である場合には商業的利用であると解するケース[98]，もう1つは，利用が改変的でない場合に被告に不利と判断するケースである[99]。後者は，何ら改変的ではない利用の場合，侵害著作物はオリジナル著作物の市場の需要を満たすものと考えられ，市場の損害の可能性が大きくなると推定されるからである[100]。

その結果，第1の要素は，第4の要素の結果をフェアユースの成否に直接反映させることを支持するための要素として機能している。第4の要素の判

---

(96) 批判目的利用の事案ではないが，サマリージャジメントにおいて，これと同様の理由により商業性を認定したものに，原告編集物のファイルを被告のウェッブサイトに掲載した行為に関するMarobie-FL., Inc. v. National Ass'n of Fire Equipment Distributors, 983 F. Supp. 1167 (N. D. Ill. 1997) aff'd 2000 U. S. Dist. LEXIS 11022 (N. D. Ill. 2000) がある。被告は非営利団体であり，開設しているウェッブサイトから何の収益も得ていなかったが，ユーザーに対し無料で原告著作物の利用を可能にし，被告組織の宣伝にも利用していることを理由として商業的利用であるとされた。

(97) Sony Corp., 464 U. S. at 451；Princeton University Press, 99 F. 3d at 1835-36.

(98) 前掲注(94)参照。

(99) American Geophysical Union, 60 F. 3d 913；Los Angeles Times, 54 U. S. P. Q 2d 1453；Nihon Keizai Shinbun, Inc. v. Comline Business Data, Inc., 166 F. 3d 65 (2nd cir. 1999).

(100) Los Angeles Times, 2000 USPQ 2d 1453.

断において，市場の損害を広く認める裁判例の増加に伴い，こうした第1の要素の判断は，フェアユースの成立範囲を著しく制限するものとなっている。

2）利用される著作物の性質

勤勉な収集によって作成された事実的著作物に対しては，情報の頒布や事実の自由利用を確保するために，個性に中心的価値がある著作物よりも広くフェアユースの成立が認められるべきとの一般論が説かれることが多い[101]。

たとえば，政府の消費者組合（Consumers Union）の発行している日用品の性能評価に関する記事が，その製品のテレビコマーシャルに引用された事案[102]では，被告の利用が消費者に有益な情報を提供することを目的としており，情報の頒布に公衆の利益が存すること，原告著作物が製品の評価データという情報的な著作物であること，正確な情報の伝達には正確な引用が必要であることを理由としてフェアユースが肯定された。

また，歴史的著作物に関する事案では，共通する事実の利用を許容するためフェアユースを認める判決が多く見られるが，これらのケースのほとんどは額に汗の理論に基づくものではないため，そもそも類似性を認めることに疑問がある[103]。こうした裁判例では，フェアユースについての判断は厳密

---

(101) *New York Times Co.*, 434 F. Supp. at 221 ; *Universal City Studio*, 659 F. 2d at 972 ; *Marcus*, 695 F. 2d at 1176 ; *Haprper & Row*, 471 U. S. at 564(1985) ; Dow Jones & Co. v. Board of Trade, 546 F. Supp. 113, 120 (N. D. Ill. 1982) ; Los Angeles News Service v. Tullo, 973 F. 2d 791, 798 (9th cir. 1992) ; *Penelope*, 792 F. Supp. at 137-138 ; *Television Digest, Inc.*, 841 F. Supp. at 10 ; *American Geophysical Union*, 60 F. 3d at, 925, *National Rifle Association of America*, 15 F. 3d at 561; Consumers Union of U. S. Inc. v. General Signal Corp., 724 F. 2d 1044, 1049 (2nd cir. 1983); *Nihon Keizai Shinbun, Inc.*, 166 F. 3d at72-73 ; *Williamson*, 60 U. S. P. Q. 2d 1723 ; New Era Publications, 904 F. 2d 152, 157 ; 侵害が成立しないと判断されているため傍論であるが，Sinai v. California Bureau of Automotive Repair, 25 USPQ 2d 1809 (N. D. Cal. 1992).

(102) *Consumer Union of United States*, 724 F. 2d 1044.

(103) Narell v. Freeman, 10 USPQ 2d 1596, 1602 (9th cir. 1989) (補足意見において，コピー行為が認定されていない本件では，実質的類似性とフェアユースの判断は必要ないことが指摘されている) ; Eisenschiml v. Fawcett Publications, Inc., 246 F. 2d 598 (7th cir. 1957) ; Gardner v. Nizer, 391 F. Supp. 940, at 944 (S. D. N. Y. 1940).

第1章 著作権法による保護

には傍論にあたり，額に汗の理論を採用した場合にも同様に共通する事実の利用が許されるのかについては定かではない。

　結論のみをみると，事実的著作物であってもフェアユースが否定されるケースは多く存在し(104)，裁判例において利用された著作物が事実的性質を有することはさほど重視されていないようである。

　むしろ，額に汗の理論を採用した場合には，問題となっている著作物が事実的性質を有するということが，フェアユースの成立に不利な要素と解される可能性もあろう。というのは，同理論は，事実的な編集物の特徴（中心的価値が情報の集合にあること，情報の収集に多くの労力を要すること）に着目して保護の拡大の必要性を説くものであるから，問題となっている著作物が事実的性質を有するということが，保護を正当化する根拠となりうるからである(105)。そのため，額に汗の理論に基づいた場合，著作物の性質の要件がフェアユースの成立に有利と判断されることは困難であり，それ以外の要素がフェアユースの成否を決するものと思われる。

3）利用された量と実質

　複製部分の量が大きい場合には一般に被告に不利と判断され(106)，少ない場合には有利と判断される(107)が，著作物全体をコピーした場合であっても，その他の要素によってフェアユースの成立を認める裁判例があり(108)，一方，一部分の複製であっても利用された情報の価値を質的に評価し，侵害を認め

---

(104) 利用された著作物が事実的な性質を有するという事情が，フェアユースに有利な要素であることは認めながらも，それ以外に有利な要素はないとしてフェアユースを否定したものとして，Rand McNally & Co. v. Fleet Management Systems, Inc., 600 F. Supp. 933 (N. D. Ill. 1984); Supermarket of Homes, Inc. v. San Fernando Valley Broad of Realtors, 786 F. 2d 1400 (9th cir. 1986); *Telerate Systems, Inc.*, 689 F. Supp. 221; United Telephone Co. v. Johnson Publishing Co. Inc., 855 F. 2d 604 (8th cir. 1988); National Business Lists, Inc. v. Dun & Bradstreet, Inc., 552 F. Supp. 89 (N. D. Ill. 1982); *Los Angeles News Service*, 973 F. 2d 791。すべて被告が商業的利用を行った事案である。

(105) *Telerate Systems, Inc.* 689 F. Supp. 221は，第2の要素の検討において，原告著作物が多くの時間や労力の投資により作成されていることを考慮している。

(106) *Television Digest, Inc.*, 841 F. Supp. at 10；*Supermarket of Homes, Inc.*, 786 F. 2d 1400, at 1409；*Marcus*, 695 F. 2d at 1176；*American Geophysical Union*, 60 F. 3d at 925-926；*Los Angeles Times*, 54 USPQ 2d at 1467-1468。

る裁判例もある(109)。裁判所の判断に一定の傾向が認められないのは，第3の要素においては，利用された部分の量的大きさだけでなく，質的な重要性も考慮されるからである。この要素もフェアユースの成否において決定的な重要性を有するものとは考えられていない。

4）著作物の価値や潜在的市場に対する影響

この第4の要素は，従来からフェアユースの判断においてもっとも重要な要素であると位置付けられてきた(110)。被告著作物が原告著作物と同じ利用目的を有する事案，すなわち，両者が競争関係にある事案の多くでは原告市場への損害が認められ(111)，被告に不利であると評価された結果，フェアユースの成立も否定されている。

ただし，市場の需要者の観点から競争関係を厳密に区分し，原告市場と被告市場が全く重ならない場合には市場の損害は認められないとして，フェアユースの成立が肯定されたケースもある。たとえば，文法書に関する事件では，原告著作物は専門家や教育者用の専門書であり，被告の著作物は一般書であることを理由に原告市場への影響が否定された(112)。

(107) *Hofheinz*, 146 F. Supp. 2d at 448；*Hofheinz*, 147 F. Supp. 2d at 139；*Williamson*, 60 USPQ 2d 1723；*Monster Communications, Inc.*, 935 F. Supp. at 495.

(108) Williams & Wilkins Co. v. United States, 420 U. S. 376 (1975) は，図書館における完全なフォトコピーもフェアユースにあたるとしている。*National Rifle Ass'n of America*, 29 USPQ 2d 1634.

(109) *Oasis Publishing Co.*, 924 F. Supp. 132；*Telerate Systems, Inc.*, 689 F. Supp. 221；*Princeton Univ. Press, Inc.*, 99 F. 3d 1381；*Harper & Row Publishers, Inc.*, 471 U. S. 539.

(110) *Harper & Row Publishers, Inc.,* 471 U. S. at 566；Triangle Publications, Inc. v. Knight-Ridder Newspapers, Inc., 626 F. 2d 1171, 1177 (5th cir. 1980)；*Salinger*, 811 F. 2d at 99；*Television Digest, Inc.*, 841 F. Supp. at 10；*Princeton Univ. Press, Inc*, 99 F. 3d at 1385；*Hofheinz v. A & E Television Networks*, 146 F. Supp. 2d at 448；*New Era Publications*, 904 F. 2d at 159；*Monster Communications, Inc.*, 935 F. Supp. at 495；Nimmer on copyright, §13. 05 [A] [4].

(111) *Supermarket of Homes, Inc.*, 786 F. 2d 1400；*Nihon Keizai Shinbun, Inc.*, 166 F. 3d at 73. また，単に著作物の媒体を変更しているだけのケースでも，両著作物が同種の目的を有することが認められ，原告の市場への影響は否定されないと解されている（*Oasis Publishing Co.*, 924 F. Supp. 918）。

また，特定の利用に関しては，原告・被告市場が重なっている場合であっても，フェアユースが認められる。たとえば，引用が問題とされた事案では，第4の要素はフェアユースの判断に最も重要な役割を有するものではないと解し，その他の要素を総合的に判断して，フェアユースを認めるものがある[113]。また，学術的著作物の事案では，被告には原告著作物と競争関係にあるものを作成することが認められているとして，被告著作物全体が原告著作物に与える影響ではなく，原告の創作的表現の利用部分のみに着目した市場への影響を考慮すべきであるとしてフェアユースの成立が認められた[114]。

しかし，第4の要素の検討において考慮され得る市場の範囲についての判断は，必ずしも上記のように限定して理解されてはいない。107条では，原告著作物の現実の市場だけではなく，その潜在的な市場への影響を考慮することが認められているが[115]，「潜在的な市場」の範囲について必ずしも確立した見解が存在しないからである[116]。

著作権者は二次的利用についても権利を有している[117]ため，少なくとも，全ての利用についてそのライセンス市場が潜在的に観念し得る。仮にライセンスが可能であることをもって潜在的市場の損害を認定してしまうと，およそ全ての利用行為についてフェアユースの成立が困難となる。そのため，特に情報の普及が望まれる歴史的著作物の裁判例などでは，侵害者とされる者が潜在的に権利者にライセンスを求め得たという理由によっては，フェアユースの抗弁を否定することは出来ないことを明言し，潜在的市場への影響と

---

[112] *Penelope,* 792 F. Supp. 132 (D. Mass. 1992). 同様に，原告を批判的に評する伝記と原告の手記とではその目的・役割が異なっているとして潜在的市場への害を否定するものとして，*New Era Publications,* 904 F. 2d at 159-160。ただし，同様の事案において，原告手記の市場に対して被告の伝記が損害を及ぼし得るとして反対の結論を導く事件も存在する（*Salinger,* 811 F. 2d at 99）。

[113] *Williamson,* 60 USPQ 2d 1723.

[114] *Arica Insutitute, Inc.*, 970 F. 2d at 1078. 伝記に関して，利用された量が少量であることを考慮し，市場への影響を否定した裁判例として，*Monster Communications, Inc.*, 935 F. Supp. at 495.

[115] 17 U. S. C. §107 (4).

[116] 前掲注(112)を参照。

[117] 17 U. S. C. §106 (2).

は，原告著作物の需要に対する影響のみを意味すると解するケースも現れている[118]。

しかし，こうした潜在的市場を限定的に解釈する裁判例上の努力がなされている一方，近時の裁判例には，ライセンス料の取得が可能であることを理由に，非営利の教育，批評，研究目的の複製に対してこの要素を被告に不利と判断するものが少なくない[119]。ライセンス料の損失を根拠に市場への損害を認定する判決は，フェアユースの判断において第4の要素を最も重視すべきであるとする裁判例の多数的見解[120]を援用することによって，フェアユースの成立を著しく減縮させている。

広範な潜在的市場の設定とライセンス料の損失の認定によって，第4の要素が被告に不利と判断され，加えて，当該要素がフェアユースの判断において決定的な役割を有していると解する見解が採用された場合，データベースに蓄積された情報の利用に対しても，ほとんど全ての場合にフェアユースが認められないということになりかねない。

特にネットワークに接続されたデータベースにおいては，利用に対して課金するシステムの構築が容易であることに加えて，利用許諾にかかるコストもゼロに近いものとすることが可能であるため，利用者にライセンスの締結を義務付けたとしても特に酷であるとはいえない。こうした事情は，さらに市場への有害な影響の認定を容易にするであろう。

3　フェアユース法理の役割の変遷と再構成の試み

裁判例における著しいフェアユースの成立範囲の制限とフェアユース理論の不安定で一定していない適用を見る限り，額に汗の理論を採用した場合に，パブリックドメインである情報に対する公衆の利益を確保するものとして，フェアユース理論は不十分であると解する学説[121]の指摘は的確な批判とい

---

(118) *Hofheinz*, 147 F. Supp. 2d at 140 ; *Hofheinz*, 146 F. Supp. 2d at 449.

(119) ライセンス料の損失を理由にfair useを否定した裁判例として，*Pacific & S. Co*., 744 F. 2d 1490 ; *Los Angeles News Service*, 973 F. 2d 791 ; *American Geophysical Union*, 60 F. 3d 913 ; *Princryon University Press, Macmiliam, Inc*., 99 F. 3d 1381 ; *Nihon Keizai Shinbun, Inc*., 166 F. 3d 65 ; *Los Angeles Times*, 54 USPQ 2d 1453. ジェーン・ギンズバーグ「アメリカにおけるフェアユース問題について」著作権研究26号147頁（1999）も参照。

(120) 前掲注(110)の裁判例を参照。

って良いだろう。私的利用が一般にフェアユースの成立に有利な要素と斟酌されることを活用し，これによって額に汗の理論を競業者に限定して適用するという試みも，電子的な技術の発展によって個人の利用行為に対しても課金することが可能となった現在では，必ずしも有効に機能し得ない可能性を有している[122]。

こうしたフェアユースの成立範囲の減少は，同理論の趣旨を市場の失敗を治癒することにあると捉える見解によって支えられていると考えられる[123]。フェアユースの法理は，高い取引コストが存在するため当事者の許諾交渉が困難である場合に一定の利用を認めるための制度である，という理解に基づくならば[124]，著作物の利用許諾システムの構築が進み，コンピュータネットワークの活用によって取引コストをゼロに近くすることが可能となった状況においては，フェアユースの成立を認める正当性は失われることになるからである[125]。

---

[121] Francione, *supra* note 56, at 543-44.

[122] データベースに関して，この種の著作権者の損失を重視するあまり，フェアユースの範囲を制限する事例が存在する。*Telerate Systems, Inc.*, 689 F. Supp. 221 では，アクセス規制やコピープロテクトを回避できるソフトを使用してデータベースを利用したユーザーの行為がフェアユースとなるかどうかについて争われた。裁判所は，フェアユースの第1の要素について，利用者の多くが私的利用の目的で情報を利用しているにもかかわらず，「利用者のデータの複製は，私的な商業上の利益を目的として」行われているとして商業性を認定した。さらに，第4の要素について，ソフトウエアによって可能となった利用態様には別の料金が設定されていることから，市場への影響は大きいとしてフェアユースを否定している（*Id.* at 228-230）。もっとも，本件は，ユーザーの利用行為を著作権侵害と認めた判断自体に疑問があり，そもそもフェアユースに関する判断は必要なかったといえようが，著作権法において額に汗の論理を採用した場合に同法理の成立が大きく減縮する可能性を示している。ただし，本件の本質的な問題は，データベースの利用に際してユーザーに認められている利用形態以外の利用を可能とするソフトウエアを販売した行為，すなわち技術的保護手段の回避装置の販売であり，こうした行為に対する法的規制の必要性については別途検討の余地がある。

[123] Loren, *supra* note 59, at 25-30.

[124] Wendy J. Gordon, *Fair Use as a Market Failure : A Structual and Economic Analysis of the Batamax Case and its Predecessors,* 82 Colum, L. Rev. 1600（1982）.

こうした中，学説には，権利者の経済的利益の最大化を可能とするかのようなフェアユースの判断基準を批判し，公衆の利益や学問・知識の発展という法の目的，さらには，言論の自由の確保に着目し，フェアユース理論の再構成を試みる見解がある[126]。

そうした論者の一人であるLorenは，著作権の権利内容の変化によってフェアユースの理論が有する役割も変化すべきであることを指摘する。すなわち，裁判例においてフェアユースの理論がはじめて示された[127]19世紀の著作権は，著作物の印刷，出版，販売行為のみを禁止するものであった。したがって，事実上事業者を規制対象としていた時期におけるフェアユース理論は，競争者の出現を可能とするための言論の自由（free speech）を確保し公正な競争的使用を認めるために発展した理論であったといわれている[128]。しかし，現在の著作権法は，一般ユーザの利用行為や二次的著作物に対しても権利を及ぼしているため，合衆国憲法の著作権条項が定める法の目的，および，第一修正条項における言論の自由との対立がより深まっている。そこで，Lorenは，フェアユース理論とは，著作権法が憲法に反するものとならないよう調整を行うために必要不可欠なものであり，その成立範囲も権利の拡大に伴って当然に拡大されるべきことを以下のように説く[129]。

まず，ライセンス料の損失によって市場への影響を認定することは循環論でしかないことを指摘する。次に，フェアユースを「市場の失敗」を治癒す

---

(125) Dan Thu Thi Phan, Note, *Will Fair Use Function on Internet ?*, 98 Colum. L. Rev. 169, 197 (1998). この点を理由に，フェアユースの根拠を市場の失敗に求めることを否定する見解として，ギンスバーグ・前掲注(119)・153-154頁。

(126) 学説におけるこうした議論の状況について，吉田邦彦「情報の利用・流通の民事的規制―情報法学の基礎理論序説」ジュリ1126号188-189頁。

(127) Lorenは，Folsom v. Marsh, 9 F. Cas. 342 (C. C. D. Mass. 1841) No. 4901が最初にフェアユースの理論を示したケースであるとし，当初，同理論は，その利用行為がフェアユースに該当しなければ保護が認められるという権利拡大の理論としての役割を果たしていたと捉えている（Loren, *supra* note 59 at 15-16.）。

(128) L. Ray Patterson, *Free Speech, Copyright and Fair Use,* 40 Vand. L. Rev. 1, 36-37 (1987). 同論文は，今日のフェアユースは，もはや競争法的な性質は有しておらず，エクイティ上のルールとして使用されているため，判断に混乱が生じていると指摘する（*Id.* at 40-48）。

(129) Loren, *supra* note 59, at 16-23, 25.

る理論として理解するとしても，取引コストの観点からのみ「市場の失敗」を捉えるのは適切ではなく，その利用により公衆が得るであろう外部利益の存在についても考慮すべきことが主張される。したがって，許諾システムの存在やその構築の可能性によって必ずしもフェアユースが否定されるわけではなく，むしろ，その利用から生じる公的，社会的な利益に着目すべきことを説くのである。

Loren の見解は，フェアユースの理論を当事者間の事情を考慮するものとしてだけではなく，その利用によってもたらされる公益についても検討の対象に含めうると解することにより，同理論が市場における取引以外の利益についても考慮する法理であることを明らかにした点で意義がある。

仮に，このような視点に基づいてフェアユースの判断が行われるならば，額に汗の理論に伴う弊害の適切な権利制限法理として有効に機能することが期待できそうである。ただし，この見解は，従来の著作権法の保護要件を前提としたものであり，額に汗の理論を採りこんだ場合までを念頭においたものではないため，同理論を採用した場合においても同様に妥当するかどうかについては更なる検討を要すると思われる。

不正競争的な利用を禁止するものであった額に汗の理論を現在の著作権法に組み入れた場合には，競争者以外の者の行為もその規整対象に含まれることになる。その際，本来，同理論の適用範囲外であった公衆の利用行為についてはフェアユースの理論を用いて除外するという試みが為されることになるが，このことは，制限規定である同法理が，侵害の成否の判断と同様の役割を担うものとなることを意味する[130]。多くの見解が指摘するように，フェアユースの判断は個別の事案ごとになされるものであるから，一般的な定義というものがおよそ不可能であり[131]，予測可能性が低くなることは避けられない[132]。このような理論が事実上，侵害の成否と同様の機能を有する

---

(130) Francione, *supra* note 56, at 545 は，Harper & Row Publishers v. Nation Enterprises, 471 U. S. 539 (1985) において，このような混乱が生じているとして批判する。Phan, *supra* note 125, at 198 も，特にインターネットの世界において，パブリックドメインにあるものをフェアユースの判断の対象に含めることに対して警告している。

(131) H. R. Rep. 94-1476, 94 th Cong., 2d Sess.

とした場合，予測可能性の問題をさらに深刻化させるであろう[133]。また，原則として侵害が成立し，利用の可否が制限規定であるフェアユースの判断においてのみ行われるという制度は，仮に違法ではない利用行為を行う場合であっても，利用者側が侵害の責任を問われることをおそれて利用を躊躇するという結果を生じさせかねず，情報の流通や頒布を抑制する危険性を高める[134]。

また，フェアユースによる解決が柔軟性を有するといっても，差止めを認めずに損害賠償のみを付与するという救済方法を採用するものではないため，権利者の損害の回復と付加価値を伴う著作物の利用との調整を図るに必ずしも適切な機能を有しているものでもない[135]。

さらに，著作権の保護期間はかなりの長期にわたるが[136]，フェアユース理論は，一般に，保護期間を縮減するための理論として活用し得ないとの指摘もなされている[137]。創作投資の保護のために，こうした長期間の保護を認める必要性については疑問であるにもかかわらず，その期間を短縮するための解釈論上の土台を著作権法は持ち合わせていないのである。

以上の検討から，フェアユースの理論を適切な権利範囲を画する中心的理

---

(132) そのため，著作権法は，フェアユースの規定とは別に，特定の状況において著作権が制限されるべき場合を，108条から120条において規定している。

(133) 半導体チップ法の制定の際にも，リバースエンジニアリングを許容するためフェアユース類似の条項の採用が予定されていたが，不明確性をさけることができないため不適切であるとされた経緯があったといわれる（Leo J. Raskind, *Reverse Engineering, Unfair Competition, and Fair Use,* 70 Minn. L. Rev. 385, 390-396 (1985))。

(134) 牧野・前掲注(23)136-137頁。

(135) こうした救済方法の必要性を示唆するものとして，ギンスバーグ・前掲注(119)157頁。

(136) 17 U. S. C. §302. 1998年改正により，保護期間が著作者の死後50年から70年に延長された。

(137) 牧野・前掲注(23)参照。学説においては，Karjala, *supra* note 25, at 919が，ミスアプロプリエーション理論の判断要素をフェアユースの成否に関しても検討すべきことを提言し，当該情報がホットニュースとしての価値を有しなくなった場合には保護を否定すべきことを主張しているが，保護期間に関する明確な規定を有する著作権法においてこうした解釈を採用することは困難ではなかろうか。

論として活用することについてはいまだ疑問が残るといえよう。一方，著作物性の判断において，著作権法においては保護されないものを明らかにするという方策は，保護の必要性のないものを排除し，情報の利用の自由を確保するという点では一定の合理性が認められるということができそうである。その場合に生じる保護の欠如を額に汗の理論の支持者は憂慮するのであるが，それは著作権法以外の法によって解決するという可能性もあり得るはずである。著作物性の範囲を拡大することから生じる弊害を侵害の場面で回避することが困難と解される以上は，著作物性の判断の重要性を無視することはできないと思われる。

Ⅲ　アイディアと表現の区別・事実と表現の区別

著作権の保護対象を確定する法理としては，オリジナリティの要件の他に，アイディアと表現の区別の理論が存在する。

1　アイディアと事実

1976年著作権法は，102条（b）において，「著作権の保護は，アイディア，手順，プロセス，システム，操作方法，概念，原理又は発見には及ばない」ことを規定している。つまり，著作権法が保護するのは，アイディアの表現であって，アイディア自体ではない。これはアイディアと表現の区別の理論 (Idea-Expression Dichotomy，以下 I/E 理論) といわれ，著作権法の基本となる原則の1つとされている[138]。

また，事実が保護されないという原則も著作権法上確立したものであるといわれている[139]。その解釈論上の根拠としては，法の目的からアイディアと事実は同等と認められると解するもの，オリジナリティの欠如に基くもの，著作者への起因性の欠如に基くもの，創作ではなく発見されたものであることに基づくものなど多様であるが，本質的な根拠は，科学や文化の発展の促進という法の目的，もしくは，言論の自由の確保のために，事実の自由利用が必要とされるからであると解されている[140]。

しかし，事実およびアイディアは保護されないという原則は，額に汗の理

---

(138) この理論から派生した原則として，Barker判決（Baker v. Selden, 101 U. S. 99 (1879)）によって明らかにされたマージ理論（Merger Doctrine）がある。あるアイディアの表現方法が1つまたはごく限られた方法しかない場合には，アイディアの独占を回避するためにその表現は保護されないという法理である。

第1節　アメリカ著作権法

論に基づくケースにおいては必ずしも考慮されていない。調査を通して獲得した事実の集合に保護を認める同理論は，事実は著作物性を有しないという原則や，I/E 理論に反するようにもみえる。以下ではこの点に関する学説の議論をみておく。

2　学　説

(1)　額に汗の理論とアイディアと表現の区別

編集著作物における表現とアイディアの区別は，他の著作物に比べて一層不明確である。というのは，選択，配列そのものがアイディアに近いものであるため，選択・配列のアイディア自体とその創作的な表現との区別が困難だからである。しかし，少なくともセレクション理論に基づく裁判例では，ありふれた配列方法や選択の方法を採用した著作物に保護は認められていない[141]。

I/E 理論は，フェアユースとともに，言論の自由との調整を図る役割を担うものであるとされる[142]。また，著作権法内部の調整，すなわち，著作物

---

(139)　International News Service v. Associated Press, 248 U. S. 215, 234 (1918)；Harper & Row Publishers, Inc. v. Nation Enterprises, 471 U. S. 539, 547 (1985)；Feist Publications, Inc. v. Rural Telephone Service Co., 499 U. S. 340, 347 (1991)；Triangle Publications, Inc. v. Sports Eye, Inc., 415 F. Supp. 682, 685 n 9 (1976)；Miller v. Universal City Studios, Inc., 650 F. 2d 1365, at 1368, 1371-72 (1981)；Rosemont Enterprises, Inc. v. Rondom House, Inc., 366 F. 2d 303, 309 (2nd cir. 1966) など多数。1976年法制定時にもこの原則は維持されている。H. R. Rep. 94-1476, 94 th Cong., 2d Sess. 56参照。

(140)　Harper & Row, Publishers, Inc. v. Nation Enters., 471 U. S. 539, 560 (1985)；Yochai Benkler, SYMPOSIUM：*Constitutional Bounds of Database Protection：The Role of Judicial Review in the Creation and Definition of Private Rights in Information,* 15 Berkeley Thch. L. J. 535, 555 (2000)。

　　　これに関連して，事実として公表したものについては，たとえそれが著作者の創作であったとしても，禁反言の原則によって保護を認めないとする裁判例が，特に歴史的著作物に関して多く存在する（さしあたり，Shiply & Hay, *supra* note 34, at 132, Party, *supra* note 70 at 316 n 19を参照）。さらには，歴史的な出来事を解釈した理論自体についてもアイディアにあたるとして保護は認められていない（*Hoehling,* 618 F. 2d 972, Nash v. CBS, 899 F. 2d 1537, at 1542 (7th cir. 1990), *Arica Inst.,* 970 F. 2d 1067, at 1075 (2d cir. 1992) など）。

(141)　本章第2項 IIIを参照。

の創作の促進による技芸の発展という著作権法の目的を達成するための理論としても認識されている[143]。事実的著作物の中には，その内容を比較的単純な方法で記述しているものが多く，その表現は情報とマージしている場合が多い[144]。特に，創作性のない編集物の場合，アイディアが決まればその表現が決定されるという関係にあることから，額に汗の理論によってこの種の編集物を保護することは，I/E理論を無視する結果となる。そのため，額に汗の理論は，I/E理論が確保しようとしている言論の自由や著作権法の目的の実現との関係で問題を生じさせるであろうことが，指摘されるのである[145]。

I/E理論の判断基準としては，Hand判事が，Nicols事件[146]で示した抽象化テストやChaffeのパターンテスト[147]が有名である。しかし，これらのテストがどの時点でアイディアと表現の線引きがなされるのかを明らかにしない限り，具体的な判断に際しては何の道標も示していないとの批判がな

---

(142) Nimmer on Copyright, §1. 10 ［B］［2］, §2. 03 ［D］；Oberman, *supra* note 34；Jessica Litman, *Copyright and Information Policy,* 55 L. & Contemp. Probs. 185, 204（1992）.

(143) Jane C. Ginsburg, *Copyright, Common Law, and Sui Generis Protection of Databases in the United States and Abroad,* 66 U. Cin. L. Rev. 151, 153-154（1997）（アイディアは著作物の創作の促進には何が必要かという概念によって形作られている法的な帰結であるという）；Party, *supra* note 70, at 316-317. これらの目的の他に，著作権法と特許法の調整を行う機能も有するといわれている（Party, *supra* note 71, at 316-317；Comment, *What's the Big Idea Behind the Idea/Expression Dichotomy-Modern Ramifications of the tree of Porphyry in Copyright Law,* 18 Florida St. U. L. Rev. 221, 227-228（1990））。

(144) Richard H. Jones, *The Myth of the Idea/Expression Dichotomy in Copyright Law,* 10 Pace L. Rev. 551, at 573（1990）は，この場合にはオリジナルな著作物とはいえないため，保護するべきではないとする。

(145) Wells, *supra* note 34, at 1130-1131；Oberman, *supra* note 34, at 29-36, Litman, *supra* note 142, at 206-207（情報の利用に対して保護を拡大する裁判例の傾向は，I/E理論の制限的な適用を生じさせており，将来利用可能な情報やアイディアを縮減する結果をもたらすため，I/E理論の厳密な適用が必要であると主張する）；Alfred C. Yen, *A First Amendment Perspective on the Idea/Expression Dichotomy and Copyright in a Work's "Total Concept and Feel",* 38 Emory L. J. 393（1989）.

されている⁽¹⁴⁸⁾。

　そもそもアイディアと表現とは，客観的，あるいはカテゴリカルに区別されるものではなく，法的な帰結であることが指摘されており⁽¹⁴⁹⁾，この点からI/E理論は別の価値判断（著作物の性質，相手の行為態様など）によって決

---

(146) "著作物，特に劇については，よりその出来事を捨象していくにつれて，多くの一般化されたパターンが生じてくる。最後には，その劇は何についてのものかというもっとも一般化された記述や，ときには，そのタイトルだけになるかもしれない。しかし，抽象化の作業の中で，これ以上は保護が及ばないというポイントが存在する。というのは，そうでなければ，劇作家は，表現とは別の，彼の権利が拡大されることない「アイディア」の使用を禁止することはできることになってしまうからである" Nichols v. Universal Pictures Corp., 45 F. 2d 119, at 121 (2nd cir. 1930) *cert. denied,* 282 U. S. 902 (1931).

(147) "もしも，その言葉そのもの以上のものを保護するのだとしたら，どこでとどまるべきか？そのラインは，時にアイディアと表現の間に引かれる。表現が広い範囲にわたるために，これは問題を解決するものではない。ある限度で，抽象的なアイディアの表現は，他者の利用を自由とすべきである。そのラインが，著作者のアイディアと表現そのものの間に引かれることは疑いがない。私は，保護は著作物のパターン（たとえば，出来事のシークエンス，キャラクターの相互作用の発展）に及ぶと主張する。これは解決にはならないが，模倣すべきではないものの記述としては有益であると思われる" Zechariah Chafee, *Reflections on the Law of* Copyright：I, 45 Colum. L. Rev. 503, at 513 (1945).

(148) Nimmer on Copyright, §13. 03 [A]；Jones, *supra* note 144, at 565-566（抽象化のレベルによってアイディアは多数存在しうることを指摘，さらに，いくつかの裁判例においては，その区別は，保護されるべきかどうかという結論の後づけとなっていると指摘する (*Id.* at 587)）；Edward Samuels, *The Idea-Expression Dichotomy in Copyright Law,* 56 Tenn. L. Rev. 321, 339-347 (1989)（抽象化テストは，侵害が逐語的なコピーに制限されていた時代に，保護を拡大するために述べられた理論であり，現代ではこの理論の意義は薄い); Heald, *supra* note 29, at 151-152；Francione, *supra* note 56, at 539；John Shepard Wiley Jr., *Copyright at the School of Patent,* 58 U. Chi. L. Rev. 119, 121-129 (1991). 裁判例においては，Peter Pan Fabrics, Inc. v. Martin Weiner Corp. 274 F. 2d 487, 489 (2nd cir. 1960). しかし，Denicola, *Copyright and Free Speech*：*Constitutional Limitations on the Protection of Expression,* 67 Cal. L. Rev. 283, 290 (1979) は，このハンド判事の抽象化テストは，I/E理論の本質を表していると評価している。

(149) Ginsburg, *supra* note 26, at 346；Ginsburg *supra* note 143, at 153-154；Cohen, *infra* note 152, at 207-208.

定されているのだとする見解がある。著作物の性質を重視する見解は，I/E 理論はフィクションや視聴覚著作物に適したものであり，表現がその対象物によって指定されることとなる事実的著作物に適用するのは問題であると主張する(150)。または，同理論は侵害の場面で機能するものであって，相手の行為態様により判断されるという立場に立つ見解は，利用者の行為態様が逐語的なコピーである場合には，創作のインセンティブを与えるために I/E 理論は働かないと主張する(151)。あるいは，「オリジナルな著作者に起因する著作物」かどうかの判断と，何ら異なるものではないとする見解(152)もある(153)。

たしかに，裁判例においては，I/E 理論は侵害の判断の場面で検討される

---

(150) Jones, *supra* note 8 ; Sato, *supra* note 8, at 627.

(151) Samuels, *supra* note 148. Samuelsは，原則として逐語的なコピー行為については侵害を認めるべきであるという価値判断に基いており，I/E理論は保護が広くなりすぎるのを制限するための理論であって，ほとんどは，その他の理論（実用性の理論（utility doctrine），オリジナリティ，実質的類似性）によって，達成できるとする。

(152) Jones, *supra* note 144, at 590-600（著作者のクリエイティビティの存する範囲に保護を認めるべきであるとし，クリエイティビティの判断には，公衆の自由利用を制限してまで保護すべきかどうかという言論の自由の利益も考慮に入れなくてはならない）; Amy B. Cohen, *Copyright Law and the Myth of Objectivity : The Idea-Expression Dichotomy and the Inevitability of Arstic Value Judgements,* 66 Ind. L. J. 175, 207-208 (1990) は，アイディアと表現というラベル付けは，保護される特徴と保護されない特徴をそのようにラベル付けしているだけであり，その判断において，芸術的価値の評価が高いものには保護を広く認め，低いものには保護を狭く認める傾向を生じさせることを問題視する。裁判官が主観的な判断をしているにもかかわらず，アイディアと表現の区別の理論が客観的なものであるかのように適用するのは問題をより不明確にするとして批判している。

(153) Jonathan S. Katz, *Expanded Notions of Copyright Protection : Idea Protection within the Copyright Act,* 77 Boston U. L. Rev. 873 (1997) は，エンターテイメントの分野において，従来アイディアと解されていた要素に対して保護を認める裁判例が出されており，これはエンターテイメント産業におけるアイディアの価値の重要性から，インセンティブを確保するために生じている現象であると説く。このような保護の拡大は，著作権法の趣旨にも合致すると評価し，そもそも，I/E 理論で問題とされるべきであるのは，保護されるアイディアと保護されないアイディアとの区別であると理解している。

ことが多く，著作物性を否定する際に同理論に基づくものはあまり見られない(154)。というのは，デッドコピーの事案以外では，被告の利用した部分が原告著作物のアイディアか表現かが問われるため，両著作物の比較がなされる侵害の判断の場面で検討されるからである。したがって，I/E理論が侵害の場面において重要な機能を有するとするという見解(155)はこの点では適切である。もっとも，こうした見解は，このことを根拠として被告の行為の不正性に着目したI/Eの区別を主張している。しかし，上記の理由から侵害の場面で検討される場合が多いとしても，I/E理論は保護対象である表現と保護されないアイディアとを区別するものであるから，被告行為とは独立した保護要件として捉えられている。このことに鑑みると，被告の行為態様を判断要素に含めることの妥当性が検討されなくてはならないはずである。

著作権法がアイディアを保護しないとする理由は，言論の自由や公衆の知る権利の確保，創作行為に必要なパブリックドメインの確保にあるといわれている(156)。著作権の長期の保護期間や保護要件のハードルの低さを考慮するならば，パブリックドメインとして，全ての者に対して保護を否定し，万人の利用を確保する要素を確定することは不可欠であり，こうした機能を有するのがI/E理論であるといえる。このようにI/E理論の役割を捉えるならば，アイディアかどうかの判断において被告の行為態様の不正性は問題とすべきではないであろう。仮に，万人にとって利用が許される「アイディア」と特定の場合にのみ利用が許される「アイディア」があるとするならば，保護要件や利用の可否の判断に混乱を招くこととなる。このような結果をもたらすよりは，後者の考慮については，先に述べたフェアユースの判断において考慮するとする方が，理論的にも妥当と考えられよう。

また，事実的著作物においてI/E理論の適用は不適切であるとする学説

---

(154) Party, *supra* note 70, at 320, n34.
(155) John A. Odozynski, *Infringement of Compilation Copyright after Feist,* 17 U. Dayton L. Rev. 457（1992）; Wiley, *supra* note 148 at 179.
(156) Paul J. Heald, *The Extraction/Diplication Dichotomy*: *Constitutional line-Drawing in the Database Debate,* 62 Ohio St. L. J. 933, 942-946, 494（2001）は，パブリックドメインの確保の要請は，憲法上にその根拠が存するとし，I/E理論がこの実行に重要な役割を有していることを示唆している。

についても，上記のI/E理論の趣旨に鑑みれば，なぜ事実的編集物において言論の自由やパブリックドメインの確保が無視されて良いのか，これらの確保をその他の理論で実現することが可能なのかという点を明らかにする必要があろう(157)。I/E理論がオリジナリティや著作者への起因性の有無の判断と変わるところがないとする学説についても，同様に，オリジナリティを認められるもの全てがパブリックドメインから排除されることがI/E理論の趣旨からみて適切かどうかについて示していないように思われる。

(2) 事実は保護しないという原則について

額に汗の理論を主張する学説，裁判例は，労力の保護の必要性を強調することによって，事実は保護されないという著作権法の原則を緩和している。

もっとも，額に汗の理論は，事実の集合体のみを保護し個々の事実に対する独占権を認めるものではないから，事実は保護されないという原則を害さないとする見解もないわけではない。しかし，この原則が，個々の事実の自由利用を確保することのみをその内容と理解することについては，説得的な理由は述べられていない。

また，事実は保護しないとしたFeist判決を批判し，何が「事実」にあたるのかということ自体が法的な判断であり，「事実」が創作されたものではないという見解は誤っていると主張するものもある(158)。いわゆる「事実」と呼ばれているものは，客観的なデータと主観的な解釈・仮説との混合物と考えられるからである(159)。

しかし，そうであるとしても，主観的な判断が含まれた事実というものに対し，知識の普及や言論の自由の観点からその保護を否定すべき場合も存在するであろう(160)。こうした観点から，裁判例上，歴史に関する解釈が客観的事実と主観的解釈の混合物であっても保護が否定されていることは既に見たとおりである(161)。

したがって，「事実」とは，何が「アイディア」にあたるのかという問題

---

(157) 学説の中には，保護の必要性のみを考慮したアイディアの確定は，Feist判決が否定した額に汗の理論を再現とするものであると警告するものもある（Denise R. Polivy, *Feise Applied : Imagination Protects, But Perspiration-the Bases of Copyright Protection for Factual Compilations,* 8 Fordham I. P. Media & Ent. L. J, 773, 820-826 (1998)）。

と同様，万人の自由利用を認めるべきであると著作権法において評価されるものを意味していると解すべきであり，結局は，なぜ「事実」と呼ばれるものが保護されないのかという観点から，何が「事実」にあたるのかについて判断する必要があるということになる。すなわち，そのデータが客観的な「事実」かどうかが問題なのではなく，「事実」にあたらないと解することが，事実を保護しないとした著作権法の趣旨に反しないかどうかが問題なのである。「事実の集合体」を保護することによって，法の趣旨との対立が生じるかどうかについては，著作権法という制度の枠組みを考慮した上で考えなければならない。

著作権の長期間の保護[162]と権利取得の容易性，広い保護範囲は，アイディアや事実が一私人によって占有されることがないという前提があって可能となる[163]といわれる。さらに，アイディアや事実に保護を与えるべきではないという命題は，後続者が新たな創作行為を行う際に必要なパブリックドメインを確保することによって，さらなる創作行為を可能とするという役割も有している。この命題が著作権法に存在することによってはじめて，長期

---

(158) Wendy J. Gordon, *Reality as Artifact*: *From Feist to Fair Use*, 55 L. & Contemp. Probs. 93 (1992)（創作物は，それが現実社会に存在するということによって事実となりうることを指摘し，Feist事件が事実は創作されたものではないから著作物性がないと述べた点を不正確であると批判している）. Raskind, *supra* note 24 at 335-337；Schatz, Anderson & Langworthy, *supra* note 31 at 435も同様の指摘をしている。なお，歴史的著作物における文脈において主観的な解釈によりオリジナリティの要件が満たされることを示すものとして，Jane C. Ginsburg, *Sabotaging and Reconstructiong History : A Comment on the Scope of Copyright Protection in Works of History after Hoehling v. Universal City Studios,* 29 J. Copy. Soc'y 647, 657-661 (1982).

(159) Wendy J. Gordon, *On Owing Information : Intellectual Property and the Restitutionary Impulse,* 78 Va. L. Rev. 149, 154-155 n 21 (1992)；Jessica Litman, *The Public Domain,* 39 Emory L. J. 965, 996-997 (1990)；Gorman, *supra* note 28, at 740.

(160) Schatz, Anderson & Langworthy, *supra* note 31, at 435.

(161) 本章第1節第3項，本節前掲注(141)参照。

(162) 17 U. S. C. §302. 著作者の死後70年，職務著作の場合には，公表から95年又は創作から120年のうち早く終了する期間が著作権の存続期間と定められている。

(163) Gordon, *supra* note 158, at 95；Gordon, *supra* note 159, at 159 n33.

間の保護と二次的著作物にも及ぶ広い保護範囲を与えても，それによって生じる弊害を防ぎうるのであり，後続者に対する創作のインセンティブを害することにもならないのである。

そうであれば，アイディアや事実の集合体に対し著作権法上保護を認める場合には，具体的な事案に現れた当事者間の関係や，当該著作物が利用された時期，または，訴訟が提起された時点における調整だけではなく，当該訴訟当事者以外の者に対しても保護を認めること，および，著作権法が定める保護期間の長さを考慮しても保護を付与することが妥当かどうかを検討しなければならない。

しかし，既に見てきたように，額に汗の理論に基づく裁判例および学説は，これらの問題を看過しており，十分な解決案は示されていない。

IV　オリジナリティ

1　額に汗の理論とオリジナリティの要件

額に汗の理論を肯定する学説は，労力そのものにオリジナリティを認めたり，オリジナリティとは既存の著作物をコピーしたのでないこと以上を意味しないと解することによって，保護対象に労力を含めることが可能であると主張している[164]。一方，同理論を肯定する説の中には，著作物性の要件として独立創作としてのオリジナリティの他にクリエイティビティが必要であると認めるものもあるが[165]，そうした見解も結局は，クリエイティビティの要件をデータの収集における評価と判断，つまり，知的労力（intellectual effort）によって満たされると解したり[166]，審美的な判断を要するものではなく短すぎるスローガンのようなものや機能的なものを排除するためのものでしかないと理解している[167]。

また，オリジナリティを柔軟に解しようとする学説は，著作物の創作過程の様々な段階で著作者の創作的寄与を認定し，その中で最も重要な段階を保護すべきであると主張し[168]，著作者の寄与の中心が情報の収集行為にある場合には，収集にかかる労力等を保護することを肯定する[169]。さらには，

---

(164)　*supra* note 9-12にあたる本文を参照。

(165)　Jones, *supra* note 8, at 694-697 ; Hicks, *supra* note 8, at 998.

(166)　Jones, *supra* note 8, at 703.

(167)　Hicks, *supra* note 8, at 998 ; Denicola, *supra* note 6, at 521-522.

創作のインセンティブを付与することを重視し，創作に何らかの投資を必要とし，かつ，保護がない場合には投資が行われないと考えられる場合にはオリジナリティを認めるべきとする学説もある(170)。

このように，オリジナリティをどのように定義付けるかという点では，額に汗の理論を支持する学説においても意見が分かれているが，事実的編集物においての実質的価値，すなわち，情報の集積自体を保護するために，オリジナリティ概念を拡大しているという点では一致する。しかしながら，これらの見解には，なぜそれが著作権法によって保護されなくてはならないかについて論じるものはほとんど見られない(171)。

額に汗の理論の肯定説がこうしたオリジナリティの解釈の根拠としているのは，次の4点にまとめられる。(1)オリジナリティに関する先例，(2)裁判所の審美的な判断に対する躊躇，(3)1976年法の立法経緯，(4)事実的著作物の特殊性，である。

以下ではこれらの根拠について順に検討していく。

2　額に汗の理論におけるオリジナリティ要件の解釈の基礎

(1)　オリジナリティに関する先例

初期の裁判例においては，著作物性の判断に芸術的，文学的な質を求めるものが存在したといわれている(172)。しかし，Trademark 判決(173)，Bur-

---

(168)　Sato, *supra* note 8, at 628. Lurveyも同様に，主観的ディレクトリと客観的ディレクトリとを区別し，収集の労力が寄与の中心となる客観的ディレクトリには，労力に著作物性を認めるべきとしている（Lurvey, *supra* note 8, at 286-289）。

(169)　しかし，表現がもっとも重要な寄与である場合には，表現のみが保護され，リサーチに労力が費やされていてもそれは保護されないとする見解もある（Sato, *supra* note 8, at 629）。

(170)　Wiley, *supra* note 148, at 145-156. ただし，保護がないとしたら創作しなかったかどうかという著作者の内心を立証するのは無理であるから，基本的にオリジナリティの存在が推定され，被告が，その保護がなくとも創作が行われたであろうことを立証した場合にのみオリジナリティを否定すべきであるとする。こうした解釈は，創作に対し，事前のインセンティブを与えるという法の趣旨に合致するという。

(171)　不正競争防止法の理論であるミスアプロプリエーションによる州法上の救済が，専占の問題のために不可能であることを理由とする見解があるのみである（前掲注(31),(32)を参照）。

row-Giles 判決[174]や Bleistein 判決[172]において著作物性の要件として確立されてきたオリジナリティの要件は，質的に高いレベルを要求するものではなかった。Trademark 判決では，保護される著作物とは，「知的労力の成果（fruits of intellectual labor）」であるとされ，Burrow-Giles 判決は，「著作者（author）とは，それが起源（origin）を有している者」を意味しているとし，写真が著作者の知的でオリジナルなコンセプトの表現である限り著作物となるとした。その後の Bleistein 判決は，ポスターの著作物性の判断において，次のように述べている。

「コピー（ここでは，手で書き取ることをさす―筆者注）は，個人の自然に対する個性的な反応である。個性は常に何かユニークなものを含んでいる。それは筆跡においてでさえも特性を示しているし，ほんの些細なレベルの芸術でも，その中にその作者だけにしか帰属し得ない何かを有している。その何かが，法律の規定に制限がない限り，著作権を有するのである」。

しかし，その後，これらの裁判例の文言を引用し，オリジナリティの要件を独立の創作，すなわち，他者の著作物を剽窃したものではないことを要求するものにすぎないと解する裁判例が出現する[176]。この見解が著作権は労力に保護を与えるという見解を導く1つの要因となったといわれている[177]。というのは，額に汗の理論は，オリジナリティを独立創作，あるいは，コピ

---

(172) だたし，これらは美術的著作物についてのケースであるので，他のタイプの著作物への適用は疑問であると指摘する見解がある（Richard L. Brown, *Copyright and Computer Databases : The Case of the Bibliographic Utility,* 11 Rutgers Com. & Tech. L. J. 17, 31-32 (1985)）。

(173) United States v. Steffens, 100 U. S. 82 (1879).

(174) Burrow-Giles Lithographic Co. v. Sarony, 111 U. S. 53 (1884).

(175) Bleistein v. Donaldson Lithographing Co., 188 U. S. 239 (1903).

(176) 「著作物に関するオリジナリティとは，当該著作物が作者にその起源を有することを意味する」Alfred Bell & Co. v. Catalda Fine Arts, Inc., 191 F. 2d 99, 102 (2nd cir. 1951)。その他，オリジナリティの要件を独立の創作と解する抽象論を採用する裁判例としてRoth Greeting Cards v. United Card Co., 429 F. 2d 1106 (9th cir. 1970)；Hutchinson Tel. Co. v. Fronteer Directory Co., 770 F. 2d 128, 131 (8 th cir. 1985)；Puddu v. Buonamici Statuary, Inc., 450 F. 2d 401, 402 (2nd cir. 1972) などがある。

(177) Squires, *supra* note 8, at 27.

第1節　アメリカ著作権法

一したものではないことと解することにより情報の集積の保護を可能としているが，裁判例のオリジナリティの解釈も同様であると理解することによって，同理論が従前の判例理論に対立しないと考えているからである。

しかし，Bleistein 判決等で述べられたオリジナリティについての一般論は，独立に創作が行われた場合には著作者の個性が必然的に表れてしまうような著作物に関して述べられたものである(178)。そのため学説には，オリジナリティ＝独立創作という解釈は，これらの判決の文言の適切な理解ではないとの批判がある(179)。実際に，Burrow-Gils 判決は，写真は機械的作業で作成されるものもあるからオリジナリティの余地がないとの主張に対し，本件で問題とされる写真は，ポーズ，衣装，小物の選定，照明の調節やモデルへの表情等が撮影者によって指示されて創作されていることを認定した上で著作物性を肯定しており，主観的判断の有無が検討されている(180)。したがって，これらの裁判例をオリジナリティ＝独立創作と解釈した先例と捉えるのは適切ではない。

さらに，オリジナリティの要件が，憲法の著作権条項にある「著作者（author）」という文言から発展してきたという経緯(181)によって，オリジナリティは独立創作で満たされるとする解釈が支持されるとの見解もある(182)。すなわち，オリジナリティは「著作者に起源を有すること」という意味であると解することによって，他の著作物をコピーしていなければオリジナリティが存在するという主張を根拠付けているのである(183)。しかし，これは，著作者への起因性（authorship）とオリジナリティの要件とを混同している

(178) 牧野・前掲注(23)131-132頁。判旨においても，問題とされたリトグラフに著作者の個性が表れていることが認定されている。
(179) Yen, *supra* note 35, at 1356-1357；牧野・前掲注(23) 132頁.
(180) 同判決は，通常の写真撮影であって機械的な再現にしか過ぎない写真が著作物性を満たさない可能性についても示唆している。したがって，審美性を要求する裁判例が，Burrow-Giles判決の説示の適切な解釈であると指摘するものとして，Yen, *supra* note 35, at 1349-1351.
(181) *Burrow-Giles Lithographic Co.*, 111 U. S. at 58.
(182) Hicks, *supra* note 8, at 997；Oberman, *supra* note 34, at 4；Squires, *supra* note 8, at 26も参照。
(183) Hicks, *supra* note 8, at 998.

ものと評価できよう。こうした見解が根拠とする先例は，Sheldon v. Metro-Goldwyn Pictures Corp.(184)であり，そこで述べられた次の説示が引用される。「魔法か何かによって，Keats の Ode on a Grecian Urn を知らずに，まったく同じものを新しく作った者がいるとしたら，彼がその"著作者"となるであろう。彼がそれに著作権を得た場合には，他者は Keats の詩をコピーすることはできるが，彼の詩をコピーすることはできない」。しかしながら，この裁判例も，独立創作であれば十分な個性が表現されるであろう著作物について述べられたものであり，事実的編集物のように独立創作されたとしても個性の表れる余地の少ない著作物についてのものではない。しかもこの説示は，類似する先行著作物が存在することのみによっては著作権が無効とならないことを示す例として述べられたものであり，著作物足るために新規性といった高いレベルが要求されないことを明らかにしたものと解するのが適切であると思われる。

以上の検討から，オリジナリティに関する先例を根拠として額に汗の理論の基づくオリジナリティの解釈を正当化するのは困難といえる。

(2) 審美的判断に対する躊躇

オリジナリティを独立の創作と解するもう1つの要因となっているのは，裁判所が審美的な判断をすることに対する嫌悪感である(185)。オリジナリティを質的なものではなく量的なものとして捉える学説もここから派生したものとみることができる。

しかし，ここでいう嫌悪感は，芸術的な価値の高低を裁判官が評価することに対する躊躇であって，著作者の何らかの個性が表れているかどうかという判断に対するものではない。また，芸術的判断がほとんど問題とならない事実的著作物については，この点を根拠にオリジナリティを独立創作以上のことを要求しないと解することには疑問があろう。

(3) 1976年法の制定経緯

1976年法において，オリジナリティの要件が条文上に明記されたが，議会では，従来の裁判例において適用されてきたオリジナリティの要件を何ら変

---

(184)　81 F. 2d 49, 54 (2nd cir. 1936) aff'd 309 U. S. 390 (1940).

(185)　*Bleistein*, 188 U. S. 239; Gorman, *supra* note 1, at 1603; Oberman, *supra* note 34, at 6.

更する意図を示すものではないと理解されていた(186)。そのため，Jeweler's 事件をはじめとする一連の額に汗の理論に基く裁判例の解釈は，76年法以後も存続しうると解されてきた。さらに，その後に出された CONTU のファイナルレポート(187)が労力に基くオリジナリティの判断を明確に否定しなかったことも，76年法下において額に汗の理論が存続するという見解を支持する一因となった。

しかし，76年法以前の同理論に基く裁判例が，前述のように，オリジナリティに関する先例を適切に解釈せずに判断を行ってきたものであるとすると，そもそも額に汗の理論が基づくオリジナリティの解釈自体が採用し得ないということになろう。

(4) 事実的著作物の特殊性

事実的著作物の特殊性に基づいて，独立創作によってオリジナリティが満たされることを主張する見解には，既に否定説が指摘しているように，データの収集に保護を与えることによって情報の自由利用が害される危険性などの問題が存在している。額に汗の理論を主張する見解は，第1に，後続者が独立の収集を行うことによって類似の著作物を創作することが可能であること，第2に，後続者が独自の調査や付加的なデータを追加した場合には利用が可能であること，第3に，かなり広範囲の利用であってもフェアユースとなる可能性があること(188)によって，これらの問題を回避できるとする。

しかし，第1の点については，同様のデータを収集することにかなりのコストがかかる場合，または，そのソースについての情報が十分に公開されていない場合などには，事実上，情報の独占という結果をもたらす可能性がある。

また，第2と第3の解決策も，既に検討したように，問題点を完全に解消するようには機能していない。したがって，額に汗の理論の論者が示す解決策は不十分と言わざるを得ない。

また，この問題を考える際には，著作権法がオリジナリティを保護の要件

---

(186) H. R. Rep. 94-1476, 94th Cong., 2d Sess., at 51.

(187) Final Report of the National Commission on New Technology Uses of Copyrighted Works, July 31, 1978 (Library of Congress/Washington 1979).

(188) Jones, *supra* note 8 at 704.

としていることの意義を考慮する必要がある。同法は，長期間の保護期間と二次的著作物，私人の利用にも及ぶ権利範囲を付与するための1つの要件としてオリジナリティを課している。こうした広い保護を正当化するために，法は，オリジナリティとして著作者の個性的表現や主観的な判断を要求することによって，少なくとも，他者が同種の著作物を創作した場合に同じ表現となる蓋然性が低いものだけを保護し，他者の創作行為を害さないことを確保してきたのだと思われる。仮に，競争者による事実の流用行為を禁止すべきという命題が妥当であるとしても，これを保護するために，オリジナリティの要件を独立創作と解することは，それによって付与される権利との比較においてバランスを失する。著作者の死後70年に及ぶ保護や私人の利用に対する禁止権を認める必要性について，額に汗の理論の論者は十分な説明を行っていない。また，こうした過保護の弊害を著作権法内部の原則によって回避することが困難であることについては，すでに述べたとおりである。

したがって，著作権法制度の体系から考えても，オリジナリティの要件を独立創作，あるいは，創作の投資と解することは，適切ではないといえよう。

第3項　小　括

以上の学説の検討から明らかとなったことを簡単にまとめておく。

アメリカ著作権の裁判例において発展してきた額に汗の理論は，学説においても事実的編集物の創作のインセンティブを確保するとの理由からこれを強く支持するものがあり，保護要件として著作者の（個性という意味での）オリジナリティ（クリエイティビティ）を要求する見解と対立した状況にあった。

額に汗の理論を肯定する学説は，オリジナリティを広く認めることから生じる弊害の調整の手段として，実質的類似性，フェアユース，I/E理論による調整を主張しているが，これらが十分に調整としての機能を果たし得ることについては疑問があることが明らかとなった。というのは，実質的類似性，フェアユース，I/Eの理論においても，オリジナリティをいかに定義するかという問題が影響を与えざるを得ないからである。

そして，保護要件であるオリジナリティの解釈には，それに対して付与される権利範囲を睨んだ検討が必要である。著作権法は，長期の保護期間を定

め，翻案行為についても権利範囲とし，私人の利用も原則として規制の対象とする。少なくともこうした現行法の制度のもとでオリジナリティが創作の労力のみで満たされ得るとの解釈を採用することは，競業者による情報の流用という範囲を超えた保護を認めることを意味するが，その必要性については明確に述べられていない。

　仮に，競争者間での流用に限定した額に汗の理論を著作権法に採りこむとしても，フェアユース等の著作権法の諸制度の活用のみでは，保護範囲を限定することは困難であり，権利範囲や保護期間等，著作権法制度自体を変更する必要が生じる。しかし，これは，伝統的な著作物に対する保護自体を変容させるものであるため現実的ではないであろう。

　したがって，アメリカ著作権法による創作投資の保護が否定されたことは妥当であったと評価されるのである。

第2節　日本著作権法

　前節ではアメリカ著作権法における創作投資の保護に関する議論をみてきた。本節では，わが国の著作権法における同様の問題の議論状況を整理，分析する。

第1款　日本法の規定

　現行著作権法は，昭和45年に立法化されたものである。それ以前の旧著作権法は，編集著作物について以下のような規定をおいていた。
　第14条　数多ノ著作物ヲ適法ニ編集シタル者ハ著作者ト看做シ其ノ編集物
　　　　　ノ全部ニ付イテノミ著作権ヲ有ス各部ノ著作権ハ其ノ著作者ニ属
　　　　　ス
　同条では「適法に」編集されたことが要件となっているため，素材である著作物の著作権者の許諾を得ずに編集されたものは編集著作物として保護を受けることができないという点で，旧法は現行法と異なっている。また，旧法において，編集物は「著作物」を編集したものとされており，著作物性を有しない情報等を編集したものは保護対象とはされていなかった[1]。しかし，保護の要件として精神的創作物であることが要件とされ，選択や配列に創作性を有する場合に著作物として認められると解されている点は現行法と異なるものではない[2]。
　現行著作権法では，著作物は「思想又は感情を創作的に表現したものであって，文芸，学術，美術又は音楽の範囲に属するもの」（2条1項1号）と定

---

(1)　ただし，次節で述べるように，旧法下においても，著作物ではないものを素材とした編集物に著作物性を認めている裁判例がある（後掲注(5)，注(9)に該当する裁判例を参照）。また，著作権が消滅した著作物を素材として編集したものであっても編集物となることが認められていた（小林尋次『現行著作権法の立法理由と解釈』120頁（文部省，1958））。

義され，編集著作物については，素材の選択又は配列によって創作性を有するものが保護される（12条）。

加えて同法には，昭和61年改正により編集著作物とは独立にデータベースに関する規定が追加され，データベースとは，「論文，数値，図形，その他の情報の集合物であって，それらの情報を電子計算機を用いて検索することができるように体系的に構成したもの」（2条1項10号）をいうと定義されている。したがって，著作権法上のデータベースには電子的なもののみが該当する。また，12条の2第1項には，「データベースでその情報の選択又は体系的な構成によって創作性を有するものは，著作物として保護する」との規定がある。

こうした規定のあり方から，データベースに要求される選択，体系的な構成の創作性と，編集著作物において要求される創作性とはどのような関係にあるのか，また，データベースや編集物の創作性とその他の著作物におけるそれとはどのような関係にあるのか，という問題が生じる。そこで，まず次款では裁判例における創作性の判断について概観し，第3款において学説の分析とともにこれらの問題について検討する。

なお，著作権法や裁判例における用語との混乱を防ぐために，本節においては，原則として，「データベース」は電子的な媒体に蓄積されたものを，「編集著作物」は非電子的な媒体に蓄積されたものを意味するものとして使用する。

---

(2) 小説，詩歌，論文其レ自身ハ自己ノ創作ニ非スト雖モ其編成蒐輯ニシテ精神的勞力ノ結果タルコト明カナルモノハ亦著作物タルコトヲ失ハス……編輯ト雖モ排列ノ順序，選擇，蒐集ノ方法ノ如キ精神的工夫ヲ要シ創作的能力ノ發顯タルヤ疑ナシ（水野錬太郎『著作権法』69頁（黎文社，1973））。山本桂一『著作権法』230頁（有斐閣，1969）も素材の選択または配列によって創作性を取得すると述べる。ただし，いずれも素材となるものが著作物であることを前提としているようである。もっとも，法律上利用が許される著作物（たとえば，著作権がすでに消滅しているものや，法律命令，官公文書など）の編集物にも編集著作権が発生すると解されている（山本・前掲233頁）。

第1章　著作権法による保護

第2款　裁判例

　公開されている裁判例の中で，データベースの著作権保護に関して争われたものはいまだ少数である[3]。以下では，編集著作物の事案を中心に，素材となるデータ等の流用に対してどのような考慮がなされているかという観点から，創作性の判断と侵害の成否について概観していく。さらに，編集著作物・データベースと同様に，情報の収集に労力が必要とされる地図や歴史的著作物の裁判例も検討の対象とする。

第1項　編集著作物およびデータベースに関する裁判例
1　創作性の判断
(1)　電話帳の裁判例

　まず，前節で紹介したFeist判決[4]でも問題とされた電話帳の事例ではいかなる判断がなされているだろうか。

　旧法下の事件である職業別電話帳に関する事件[5]において，裁判所は，電話帳が著作物性を有しうることは否定しなかったが，それ以前にも本件電話帳と同様の職業別の電話帳が存在しており，職業をイロハ順に配列するという方法も新しいものとはいえないため，本件電話帳が広告を含んでいる点で従来のものと異なっているとしても著作物性は認められないと判断した。

　現行法下の裁判例では，ページの4辺に広告を挿入し，広告主を太字で印刷した50音順の住宅地図入り電話帳について，ありふれた表現であるとして創作性が否定されている[6]。しかし，表紙に写真を，表紙と裏表紙および最初と最後の数ページに広告を掲載し，本文においても各ページの上段と下

---

(3)　後掲注(14)，(16)，(17)の裁判例を参照。なお，データベース作成契約および利用契約の解釈が問題となったものとして，大阪地判平成3年11月27日（判時1411号104頁）がある。この事件は，著作権侵害の成否が問題とされたものではないが，判例集を収集したデータベースが著作物性を有することについて当事者間に争いがなく，著作物に該当することを前提として判断がなされた。

(4)　Feist Publications, Inc. v. Rural Telephone Service, 499 U. S. 340 (1991).

(5)　東京地判大正8年6月20日（著判II-1 84頁）。

(6)　岡山地判平成3年8月27日（著判X 309頁）。

段に広告を配し，広告主とその番号を太字で印刷した電話帳については，日本電信電話会社の発行している既存の電話帳とは表現形式が異なっていることを理由に創作性が認められた(7)。

　このような結論の違いには，当事者間の競争関係の有無といった事案の差異が影響していると解することも可能であるが(8)，編集著作物の創作性のレベルが低いもので十分であることは，旧法下からすでに訴廷日誌事件においても認められており(9)，後者の裁判例ではこの点が確認されたものといえるだろう。もっとも，50音順の配列や広告主を太字で印刷するというのはありふれた方法であるから，創作性が存しうる要素は広告の選択，配置である(10)。創作性のレベルが低い分，その保護範囲は狭く解されることになろう(11)。

　また，東京23区を6地域に分冊した職業別電話帳について創作性が争われた裁判例がある。ただし，本件の事案は六分冊のうち第一分冊だけが創作さ

---

(7)　東京市職業別電話帳事件・大阪地判昭和57年3月30日（判タ474号234頁）。

(8)　住宅地図入り電話帳事件（前掲注(6)）は，創作過程に関わった当事者間で侵害の成否が争われた事案であった。被告は広告の募集，情報の調査収集，広告原稿の作成などを行っており，原告出版社は昭和54年版を作成した際に被告の提出した原稿を印刷に適するように整えるなどの作業を行った。被告が昭和57年版を創作する際に，原告を介することなく改訂，頒布を行ったために原告が提訴したのである。そのため，そもそも，印刷に適するように修正するという原告の行為が著作者と認められるのに十分な創作性を有しているかということが疑問であったといえる。

　　これに対し，東京市職業別電話帳の事件（前掲注(7)）は，原告と被告とが競争関係にあった事案である。

(9)　裁判所執務時間，事件一覧，事件番号，依頼者記入欄，各裁判所の開廷日割り表，住所録，全国弁護士一覧などを編集した訴廷日誌に関する一連の裁判例である。下級審（東京地判昭和6年7月24日（著判Ⅱ-1 90頁）大阪地判昭和6年12月12日（著判Ⅱ-1 95頁），大阪控判昭和11年5月19日（著判Ⅱ-1 100頁））では訴廷日誌に関して著作物性が否定された。しかし，上告審・大判昭和12年11月20日（著判Ⅱ-1 106頁）では，既存の文書であっても，その素材の選択，配列，分類方法に関して精神的労力が加えられている場合には，その部分に独創的思想の表現を観取できるとして創作性が認められた。この判断は差戻し後の大阪控判昭和14年4月13日（著判Ⅱ-1 113頁）大判昭和15年5月18日（著判Ⅱ-1 119頁）においても維持されている。

(10)　田村善之『著作権法概説（第2版）』25頁注2（有斐閣，2001）。本件電話帳の創作性に疑問を呈する見解として，岡崎洋［判批］著作権判例百選（第2版）83頁。

れていたというものであったため，分冊された六冊についてではなく第一分冊についてのみ創作性判断がなされた。本件の原告は，東京都を細かい地域に分割した点に創作性があると主張したが，第1審は，こうした分冊はありふれた発想で特段の創意工夫を要することなく為し得るものであり，すでに他府県の電話帳においても行われていたことを理由に創作性を否定した[12]。しかし，第2審は，原告第一分冊には23区のうち選択された4区の電話加入者が掲載され，会議メモ，住所電話書抜欄，求人広告欄，一般広告，割引券付き広告などが付加されており，その具体的な表現は誰が行っても同じになるほどにありふれたものとはいえないとして創作性を認めている[13]。

一方，データベースに関しては，NTTの作成した職業別電話帳データベース（以下，タウンページデータベース）に創作性を認めた裁判例が存在する[14]。この事件では，約1800に分割された職業分類項目に原告独自の工夫が施されており，これに類するものが存するとは認められないので，この職業分類体系によって分類されたタウンページデータベースには体系的な構成に創作性が存すると判断された[15]。本件では，同じ内容が紙媒体に記載された電話帳についても同様の理由によって創作性が認められており，データベースについても編集著作物と同様の創作性の基準が適用されることが示されている。

(11) 東京市職業別電話帳事件は，被告の電話帳が原告電話帳のデットコピーに近い事案であり，デットコピー以外の場合には侵害が認められる可能性は低く（田村・前掲注(10)25頁注2），保護範囲は狭く解されるべきである（岡崎・前掲注(10)83頁）。
(12) アサバン事件第1審・東京地判平成10年7月24日〈http://www.asaban.co.jp/〉，尾中普子［判批］著作権研究26号297頁（1999）。
(13) アサバン事件第2審・平成12年11月30日（平成10年(ネ)第3676号）〈http://www.asaban.co.jp/〉。
(14) 東京地判平成12年3月17日（判時1714号128頁）。
(15) ただし，分類項目への個々の電話番号の当てはめや，正式名称とは別に著名な通称も掲載していること，広告要素の強い名称部分を掲載しないこと，百貨店などについては百貨店名を表示した後に売り場ごとにまとめて電話番号を掲載していること，資格を有する職業については無資格者を掲載しないことといった配慮は，選択の余地が小さい，あるいは，当然配慮すべき事柄であることを理由に創作性が否定されている。

(2) データベース

　電話帳以外のデータベースに関する裁判例には，新築分譲マンションの情報を蓄積したデータベースに対して著作物性を認めたものが存在する(16)。裁判所は，創作性の検討における重要な要素として，情報が格納される表であるテーブルの内容（種類および数），各テーブルに存在するフィールドの内容（種類および数），各テーブル間の関連付けのあり方を挙げ，原告データベースは7のエントリーテーブル，12のマスターテーブルを有し，それぞれに311と78のフィールド項目を配していることを認定し，創作性を肯定した。創作性認定の判断対象となっているのは，個々のテーブル，フィールド項目，関連付けの決定ではなく，複数のテーブル間の多種多様な関連付け全体である。テーブルや項目の選択および体系全体に着目して創作性が認定された点でNTTタウンページ事件の判断手法が踏襲されたものといえよう。

　他方，自動車整備システムにおいて使用される自動車情報データベースに関しては著作物性が否定された(17)。裁判所は，まず，項目の選択について，自動車検査証に記載すべき項目に車種の項目が付加されただけであり，自動車整備業を支援するデータベースにおいては通常選択される項目といえるから創作性はないとし，次に，収録する自動車や情報の選択の創作性について，ダミーデータの収録，車検証に記載されている名称とは異なる車種やメーカー名の記載(18)，データ項目の一部に対する独自のコード番号の付加，既存資料のデータに対する原告独自の検証や評価がなされているとしても，データの選択における創作性を肯定するものではないと判断した。そして，原告データベースは，型式指定―類別区分番号の古い順に並べたものであるから，体系的な構成にも創作性は認められないと結論付けている。新築分譲マンションのデータベースに比してデータ項目の数が少なく，同種のデータベースであれば同様の項目選択になる可能性が高い本件データベースにおいては妥当な判断と思われる(19)。

---

(16)　東京地中間判平成14年2月21日平成12(ワ)9426号（最高裁HP）。
(17)　東京地裁中間判決平成13年5月25日（判時1774号132頁），東京地裁本案判決平成14年3月28日（判時1793号133頁）。
(18)　原告データベースにおいては，「ダットサン」は「日産」，「カリーナED」は「カリーナ」と表示されていた。

第1章　著作権法による保護

　なお，以上の電話帳やデータベースに関する裁判例の中には，創作性の判断にあたって，その種の選択，配列を採用した著作物がそれ以前に存在していないことを考慮するものが多く存在する[20]。ここから，創作性の基準として新規性に類似した高いレベルが要求されていると評価される余地が生じよう。しかし，アサバン事件[21]においては，原審のこうした説示が控訴審において否定され，新規性がないことをもって創作性否定の根拠とはなり得ないことが明示された。また，それ以外の裁判例も，具体的な事案を見る限りは，新規性を持ち出すことなく同様の結論を出し得たものと思われる。したがって，こうした抽象論から直ちに編集著作物に対して他の著作物よりも高い創作性を要求しているものであると捉えることには慎重であるべきであろう[22]。

(3)　その他の編集著作物

① 　創作性を肯定した裁判例

　その他の著作物に関する裁判例においても，一般に，アルファベット順や50音順という配列のみでは著作物足るとは解されておらず[23]，プラスαの要素が存在してはじめて創作性が認められる。

　たとえば，50音順にリストを配した工事別分類表事件[24]では，項目分類表，カタログボックス，工事項目などとの関連付けがなされており，その具

---

(19)　平嶋竜太「『車両データベース事件』について」AIPPI47巻9号598頁，606-607頁（2002）。

(20)　創作性否定の根拠として考慮するものとして，職業別電話帳事件（前掲注(5)），アサバン事件第1審（前掲注(12)），電話帳以外の事案では，松本清張映画化リスト事件（後掲注(42)），肯定の根拠として考慮するものとして，NTTタウンページデータベース事件（前掲注(14)），新築分譲住宅データベース事件（前掲注(16)），電話帳以外の事案では，用字苑事件（後掲注(33)）がある。

(21)　前掲注(12)(13)および該当する本文を参照。

(22)　旧法下の学説は，独創性（創作性）の要件について，思想そのものが新規である必要はなくその表現方法が独自性を有していることで十分であると解しており（小林・前掲注(1)34-35頁），旧法下の職業別電話帳判決（前掲注(5)）についても，新規性を要求したものと解することは妥当ではないとする見解がある（水田耕一『無体財産権と現代ビジネス2』63-64頁（1979））。松本清張映画化リスト事件（後掲注(42)）に関して同様の指摘をするものとして，佐藤恵太［判批］著作権判例百選（第3版）75頁参照。この点については第3款第2項において詳しく検討する。

体的な分類，配置の創意工夫に創作性を認めている。

　配列がありふれたものであっても，選択に創作性が認められる場合もある。選択しうる多くの素材の中から，創作者の主観的な判断によって特定のものが選ばれている場合などである。代表的な例としては，約3000語の標準的と考えられる単語，熟語，慣用句を使用頻度にしたがって選択しているところに創作性を認めた英和用語集事件[25]があげられる。

　また，選択，配列を総合的にみて，著作物全体に創作性が認められる場合も少なくない。

　その際には，問題とされる著作物の性質が考慮される。たとえば，会社案内パンフレット[26]のように，素材の選択および配列に創意・工夫の余地が大きいものには比較的容易に創作性が認められるが，カーテンカタログ[27]に関する事件のように，この種のカタログに多く採用されている表現であるという事情がある場合には創作性の判断がより慎重に行われている[28]。

　しかし，表現の選択肢が狭いことから直ちに創作性が否定されるものではない[29]。組合や施設から取り寄せた共済施設の案内書・資料を基に作られ

---

(23) この点は学説においても一致した見解といってよい（加戸守行『著作権法逐条講義〔四訂新版〕』131頁（著作権情報センター，2000），梅谷眞人『データベースの法的保護』21頁（信山社，1999），吉田正夫「編集著作物」斉藤博＝牧野利秋編『裁判実務体系27 知的財産関係訴訟法』75頁（青林書院，1997），田村・前掲注(10)365頁）。

(24) 東京高判平成7年10月17日（知裁集27巻4号699頁）。

(25) 英和用語集事件・東京高判昭和60年11月14日（無体集17巻3号544頁）渋谷達紀［判批］著作権判例百選（第3版）64頁。

(26) 東京高判平成7年1月31日（判時1525号150頁）伊藤真［判批］アイマガジン2号87頁，岡邦俊［判批］日経デザイン1995年6月号98頁，関堂幸輔［判批］著作権研究23号209頁，同［判批］著作権判例百選（第3版）70頁，拙稿［判批］法学61巻4号209頁。その他，浮世絵集について，200点の絵の選択と掲載位置や大きさの決定に創作性を認めた事件として，東京地判平成13年9月20日（判タ1097号282頁）がある。

(27) 大阪地判平成7年3月28日（知裁集27巻1号210頁），拙稿［判批］著作権判例百選（第3版）72頁。

(28) その他，様々な特殊なタイルを組み合わせて創作された壁画に対し，その組み合わせや配列によって創作性が認められると判断した裁判例として，日野市壁画事件・東京地判八王子支昭和62年9月18日（判時1249号105頁）がある。

た全国共済施設ガイド(30)や，原告と契約関係にあった会社から送付された資料に基づき創作されたタクシータリフ(31)の場合，そこに掲載される情報は，同じ出所にあたる限りだれが収集しても同様のものにならざるを得ない。しかし，創作者が，収集した資料からさらに情報の取捨選択を行っていること，利用者の便宜を考慮し，分かりやすいように見出し・配列に工夫をしていること，統一された形式によって美観を保つように工夫をしていることを理由として創作性が肯定されている。

ただし，分かりやすい表示方法が採用されたことを理由に創作性が認められてしまうと，アイディアにあたる要素にまで保護が与えられてしまう危険性が生じる。たとえば，日本の城事件では，上段に日本に存在する城の名，中段にその城を題材とする小説等の作品名，下段にその作品の作者を掲載した表について，一見して分かりやすくまとめられていることを理由として創作性が認められた(32)。また，用字苑事件では，一段の各行に一語句のみを掲載するというレイアウトに工夫がなされているとして，創作性が肯定された(33)。ところが，城の所在地が北から南の順番になるように配列するという方法や，一段の各行に一語句を掲載するという方法自体はありふれている，もしくは，機械的なものといえる。この種の配列方法に保護を認めるとするならば，後続者の表現方法が著しく制限されるおそれがあるため，こうした表示方法自体はアイディアと解すべきであろう。このように考えたとしても，

---

(29) テスト問題の選択配列が，受験指導を行う同業者が一般に採用する方針に基づいており，問題数にも制約があることを認めながら，小問の数を考慮すれば，全体の問題数は少なくなく，各問題の具体化の過程で作成者の学識，経験，個性が発揮されうると判断したものとして，受験用問題集事件・東京高判平成10年2月12日（判時1645号129頁）弥永真生［判批］著作権判例百選（第3版）66頁。

(30) 東京地判昭和58年7月22日（判タ514号313頁）。

(31) 観光タクシーのモデルコース，コースの料金，所用時間をまとめたタリフ（表）とタクシーの待ち合わせ場所を記載した図を記載した編集物である。東京地判平成4年10月30日（判時1460号132頁）岡邦俊［判批］日経デザイン1993年2月号96頁。ただし，この判決の抽象論に対する批判として，田村・前掲注(10)26-27頁参照。

(32) 日本の城の基礎知識事件・東京地判平成6年4月25日（判時1509号130頁）。

(33) 名古屋地判昭和62年3月18日（判時1256号90頁）伊藤真［判批］著作権研究16号119頁，弥永真生［判批］著作権判例百選（第2版）86頁。

両事件では情報の選択[34]に関しても創作性が認められており，配列方法やレイアウトの創作性を認めなくとも同様の結論が導きえたと思われる[35]。

さらに，創作のプロセスを考慮し，選挙予想という行為に主観的な判断が行使されていることを理由として，その結果を○△▲によって示した原稿が著作物性を有すると判断された裁判例も存在する[36]。ただし，このような単純な表記方法に対して創作性を認めてしまうと，他者が同様の予想を行った場合にそれを表現する手段を著しく制限する危険性がある[37]。

なお，創作性の判断と原告の調査の努力との関係については，コムライン・デイリーニュース事件[38]が次のように説示する。「新聞記事の作成の経過は，報道すべき主題を発見し，それに対応する取材源を探知して，記事の内容となる素材を収集した上で，収集した素材の中から記事に盛り込む事実を選択し，一定の構成に配列，組立し，適切な文章で表現する」というものであるが，「主題の発見，取材源の探知，素材の収集は，著作権による保護の対象ではない」。つまり，情報収集への投資が創作性の判断には何ら影響を与えないことが明言されている[39]。

---

(34) 日本の城の基礎知識事件における原告の一覧表は，かなり詳細にデータを記載したものであるとの認定はされているが，日本の城すべてを包括的に記載したものであるとの認定はなされていない。また，用字苑事件においては，当用漢字を基本として日常生活で頻度の高い漢字を収録している他に，法律，経済，軍事の専門用語も収録するなど，収録語の選定に関し，現代生活における実用性という観点からの判断がなされていることを理由に著作物性が認められている。

(35) 弥永・前掲注(33)87頁。

(36) 東京高判昭和62年2月19日（無体集19巻1号30頁）。これとは対照的に，国家試験用参考書事件・東京高判平成7年5月16日（知裁集27巻2号285頁）原審・東京地判平成6年7月25日（知裁集26巻2号756頁）は，国家試験に関する法令を図表化したものについて，法令の順番どおりに○×等で示した表，条文を手続きの流れに従ってまとめた表については，著作者の個性が現れたものとは認められないと判断された。

(37) 田村・前掲注(10)19-20頁参照。創作のプロセスにおける創作者の寄与を考慮することの可否については学説の検討（本節第3款）において後述する。

(38) 東京地判平成6年2月18日（知裁集26巻1号114頁），山神清和［判批］ジュリ1141号183頁，向井田敬之=大前由子［判批］中山信弘編『著作権研究Ⅳ』（東京布井出版，1999），茶園成樹［判批］著作権判例百選（第3版）142頁。

以上の裁判例においては，一般論として，アメリカ法に見られたような，独立創作によって創作性の要件が満たされるという，いわゆる額に汗の理論に基づくものは存在せず[40]，選択，配列に何らかの個性が表れていることを要求している。一部の裁判例では，抽象論として新規性に類似した基準を述べるものがみられるが，多くの裁判例では，創作性の程度は低いものでも十分であるとされている。ただし，創作性の高低は保護範囲の広狭に影響しており[41]，より実質的な創作性の判断は，事実上，後述する侵害の成否において行われているといってよい。

② 創作性を否定した裁判例

他方，創作性が否定された事件には，以下のものがある。

映画化，テレビ化された松本清張の小説のデータを記載した表[42]については，項目の選択や年代順の配列が従来の資料においても採用されているので，原告のリストが「何らかの独自性，新規性を有するとは認め」られないとされた。さらに，「素材それ自体の価値や素材の収集の労力は，著作権法によって保護されるものではないから，仮に原告が事実情報の収集に相当の労力を費やし，その保有する情報に高い価値を認めうるとしても，そのことをもって原告リストの著作物性を認めることはできない」とし，創作に費やした労力が保護の根拠となり得ないことが確認されている。

さらに，レイアウトフォーマットについては，その表現方法が制限される

---

(39) しかし，侵害の判断では非常に広く類似性を認めており，結論としては競争者による収集の労力の利用を禁止していると捉えることができる裁判例である（後掲注(65)-(67)に該当する本文参照）。

(40) ただし，抽象論として「『創作』とは，『模倣』でないことを意味するものと解すべきである」と述べる裁判例（東京高判昭和55年9月29日（判時981号75頁）原審・昭和47年10月11日（無体集4巻2号538頁））がある。もっともこの事件で問題とされた著作物は論文や手記などであり，単なる事実の列記ではないため，模倣されていないことによって当然に創作者の個性がその表現に現れると考えられる事案であり，独自創作のみで保護要件が満たされることを認めたものと解するのは妥当ではないだろう。

(41) この点に言及した裁判例として，受験用問題集事件・東京高判平成10年2月12日（判時1645号129頁）を参照。

(42) 東京地判平成11年2月25日（判時1677号130頁，判タ998号252頁）。実際の表については，判タ998号255頁以下を参照。

ため，著作物性を認めることに対しては消極的である。知恵蔵事件[43]においては，「知恵蔵」の編集物のレイアウトフォーマットはいまだ独立した表現とはいえないとして著作物性が否定された[44]。

2 著作者の認定に関する判断

著作権法上，創作に費やした労力の問題は，著作物性の判断だけでなく，著作者の認定の場面においても論じられている。

編集著作権の帰属が争われた「地のさざめごと」事件では，「素材の選択，配列は一定の編集方針に従って行われるものであるから，編集方針を決定することは，……素材の選択，配列に寄与するというべく，したがって，編集方針を決定した者も編集者となりうる」との抽象論が示されたが，「素材の収集行為それ自体は，……素材の選択配列を行うのに必要な行為ではあるけれども，収集した素材を創作的に選択，配列することとは直接関連性を有しているとは言い難い」と判示し，情報の収集に基づく著作権の発生を明確に否定している[45]。この立場は最高裁判決である智恵子抄事件においても確認された[46]。

3 侵害の判断

(1) 選択・配列の類似性

では，編集著作物に創作性が認められた場合，その侵害の成否における類似性はどのように判断されているだろうか。

---

(43) 東京高判平成11年10月28日（判時1701号146頁）。原審（東京地判平成10年5月29日・判時1673号130頁）に対する評釈として，三浦正弘［判批］判時1694（判評492）号204頁。

(44) また，表現方法がありふれていること，制限されていることから，創作性が認められなかった事件としては，編物段数早見表事件・東京地判昭和33年8月16日（著判II-1 80頁），国家試験用参考書事件（前掲注(36)）がある。

(45) 地のさざめごと事件・東京地判昭和55年9月17日（無体集12巻2号456頁）。

(46) 智恵子抄事件・最判平成5年3月30日（判時1461号3頁）阿部浩二［判批］ジュリ重判272頁，木村豊［判批］著作権判例百選（第2版）88頁，水島和夫［判批］著作権判例百選（第3版）68頁，控訴審：東京高判平成4年1月21日（判時1410号44頁）阿部浩二［判批］判評403号28頁。ただし，収集行為自体の保護を否定した本件の一般論を，情報収集が創作の中心的行為となるデータベースに対し当てはめるのは妥当ではないとする見解として，小泉直樹［判批］著作権判例百選（第2版）93頁。

まず，被告の利用態様がデッドコピーに近い場合には，選択，配列の創作性が利用されたことが明らかであるので侵害が認められている[47]。

次に，選択に創作性が認められた裁判例では，被告が原告とほぼ同数，同一の素材を利用している場合には類似性があると判断されているが[48]，被告が原告よりも多い[49]，あるいは，少ない素材を掲載している場合[50]には，素材の選択の判断が異なっていると認定される。

ただし，類似性判断において，単に重複する素材の量が問題とされているわけではない。

両著作物の目的が異なっている場合には，その選択基準も異なることになるため，共通する素材が多く含まれていたとしても，選択の類似性は肯定されない。たとえば，専門的知識を有する読者を想定して創作された原告の一覧表と，大衆的に著名であるもののみが掲載された被告一覧表とでは，選択の創作性に類似性がないと判断されている[51]。

また，原告作成の職業適性テストシートに掲載された50の質問が被告のテストにも含まれていたという事案において，重複する50問のうち48問が既存の性格分析表に存在している一般的なものであったため，この50問の利用によって創作性ある部分を複製したとはいえないと判断された[52]。すなわち，両著作物に共通する素材が多数ある場合であっても，その種の著作物に当然含まれるべき素材の重複は類似性を肯定する要素としては考慮されず[53]，あくまでも編集者の個性が現れている部分に着目した判断がされている[54]。逆に両著作物の選択に何らかの差異が存在する場合であっても，それが創作

---

(47) 東京市職業別電話帳事件（前掲注(7)），タクシータリフ事件（前掲注(31)）。
(48) 用字苑事件（前掲注(33)）では，両著作物で99％の掲載語句が共通していた。
(49) 英和用語集事件（前掲注(25)）では，原告の収録語数が3000語であるのに対し，被告のそれは約6500語であり，素材の選択において相違する部分も多く，具体的な配列においても相当異なっているとして類似性が否定されている。なお，同じく英和用語集に関する事件においても，被告著作物である英語辞典が数万〜数十万の見出し語を収録し，両著作物の目的の違いから収録語の選択方針が全く相違しているため，侵害は認められないと判断された（東京地判昭59年5月14日判タ525号332頁）。
(50) 日本の城の基礎知識事件（前掲注(32)）。
(51) 日本の城の基礎知識事件（前掲注(32)）。

性の程度に比して些細なものであると認められる場合には類似性が肯定される。たとえば、タウンページデータベース事件(55)では、職業分類名の表現の変更や、複数の職業分類の統括という差異があるとしても、体系的な構成の創作性が異なっているとまではいえないと判断された。

これに対して、家庭教師パンフ事件(56)は、原告・被告パンフに掲載された17の箇条書きのうち9つがほぼ同一という事案で侵害の成立を認めた。当該著作物が文章の形式で表現されているため、表現の幅が広いと考えられたのかもしれないが、原告の各文章は短文で、かつ、ありふれた表現のものが多く、その業界の者が家庭教師や塾の問題点として認識する事柄が類似するのは当然であることをも考慮するならば、この程度の類似性で侵害を認めた結論には疑問が残る。

(2) 素材の類似性

では、素材の選択や配列は全体として同一と認められるが、素材自体の表現が変形されている場合にはどのような判断がなされているだろうか。

The Wall Street Journal事件(57)は、被告が、原告新聞記事の1項目を1

---

(52) 東京地判平成14年11月15日平成14(ワ)4677号（最高裁HP）。配列については、本件50問が他の160問と混在しており、その順序も原告シートとは異なっているとして創作性の利用はないと判断された。

(53) なお、その種の著作物に含まれて当然である素材が多い場合には、依拠性の要件を満たすかどうかが争われることがある。そのため、被告著作物が原告のトラップ（原告が自己の編集物の中に含めておいた嘘や間違った情報）をそのまま収録しているという事実が依拠性の立証に利用される場合がある（用字苑事件（前掲注(33)）参照）。もっとも、これは依拠性の認定のために考慮されるものであるから、類似性の要素として考慮されるものではないことに注意する必要がある（田村・前掲注(10)51-52頁）。

(54) 用字苑事件（前掲注(33)）。弥永・前掲注(33)87頁も辞典については似通ったものになり易いので、侵害の成立範囲は狭く解されるべきことを指摘する（梅谷・前掲注(23)17頁も参照）。英和用語集事件（前掲注(25)）は、見だし語に付された文例について、他の多くの異なった文例が考えられるにも関わらず、被告が原告と同一、または類似の文例を使用していることを考慮しこの点につき侵害を認めた（前掲注(49)も参照）。

(55) 前掲注(14)。

(56) 家庭教師パンフ事件・東京地判昭和62年7月10日（判時1258号123頁）。同号128頁に原告・被告両パンフが掲載されているので参照されたい。

第1章　著作権法による保護

行ないしは3行に抄訳した文書を配布したという事案であり，両著作物の個別記事の表現，つまり，素材の表現は異なっていた。しかし，被告文書は，原告新聞の特定日付に対応しており，原告新聞記載の約170項目のうち，被告文書に含まれていないのは10項目程度にすぎず，被告文書に掲載された項目のすべてが原告新聞に記載されたものであった。さらに，被告文書の記事が，それに対応する原告記事の情報の核心的事項を把握しうる内容であるため，原告新聞が取り上げている内容を知ることができるものとなっており，その上，原告と同じ掲載順序，同様の表題の下で同様の区分がなされ同様の割付順序で配列されていた。裁判所は，こうした事実を考慮し，両著作物の素材の選択，配列に類似性を認めた[58]。

　一般には，編集著作物の場合，同じ編集方法をとっていても素材が全く異なる場合には侵害が成立しないと解されている[59]。素材が異なる場合に保護を認めると，配列のアイディア自体を保護するのと同様の結果となり，他者の創作行為を害する危険性が高いからである[60]。The Wall Street Journal事件は，素材の表現が異なれば編集著作物の表現も異なるとした原告の主張を退け，素材の具体的な表現が異なっていても侵害が成立することを明らかにした点で注目された[61]。もっとも，素材の認定は複数の段階でなしうるものであるから，この裁判例は，一般的に素材と呼ばれるもの（個々の記事）の表現が異なる場合であっても，より抽象化したレベル（出来事）に

---

(57)　最判平成7年6月8日（判例集未登載），控訴審：東京高判平成6年10月27日（知裁集26巻3号1151頁）第1審：東京地判平成5年8月30日（知裁集25巻2号380頁）仮処分・東京地決平成3年9月24日（判時1399号25頁）。茶園成樹［第1審判批］著作権判例百選（第2版）90-91頁，潮海久雄［控訴審判批］ジュリ1111号234頁，同［最高裁判批］著作権判例百選（第3版）140頁。

(58)　知裁集26巻3号1173頁。

(59)　素材が異なっていることを理由に類似性を否定する裁判例として，カーテンカタログ事件（前掲注(27)），通販用カタログ事件・大阪地判平成9年3月13日大阪地平7（ワ）11640号があるが，素材が写真であるという事案の特徴が影響していることについて，拙稿［判批］著作権判例百選（第3版）72頁を参照。ただし，反対，潮海・前掲注(57)ジュリ1111号234頁。

(60)　田村・前掲注(10)80頁，茶園・前掲注(57)91頁。

(61)　茶園・前掲注(57)91頁，潮海・前掲注(57)235頁。

おいて素材を認定しうることを明らかにしたものと理解されている(62)。

同様に、会社案内パンフレット事件(63)も、原告・被告両パンフレットで使用された写真が異なっており、両著作物の素材は同じではないという事案であったが侵害を認めている。裁判所は、記事内容の配列・各種記事に対する配当頁数の同一という基礎的な共通性に立脚した上で、同一頁の同一箇所におけるイメージ写真の選択および特徴的なイメージ写真の強度の類似性、同一頁および同一箇所における余白の活用といった抽象度の高いレベルで類似性を肯定したが、この抽象論は配列のアイディアにまで保護を認める危険性を有しており、その射程は狭く解されるべきであろう(64)。

さらに、これらの裁判例よりも類似性を広く認めたものとしてコムライン・デイリーニュース(65)事件があげられる。これは、被告が原告記事を要約、または英語訳し、ファックスやインターネットを利用して顧客に頒布したという事案である。本件は、様々な新聞社の11の記事が利用された事案であったため、新聞記事の選択・配列ではなく、個別の記事に対する侵害の成否が争点となった。裁判所は、原告と被告の記事の文章を比較し、それぞれ一部を省略、付加、順序変更といった改変がなされているが、原告記事の表現している思想、感情の主要部分と同一のものを表現しているとして侵害を認めた。しかし、両記事は客観的な事実や公表されたデータを記述した文章が多く、創作的表現の類似を認めることは、困難であろう(66)。確かに、類似した表現は認められるが、含まれる事実が共通する以上、この程度の類似性は避けられないであろうと思われる。その上、記述の順序が異なっている記事もあり、後述の歴史的著作物（第3項参照）における類似性の判断と比較

---

(62) 田村・前掲注(10)82頁以下、横山久芳「編集著作物に関する基礎的考察」コピライト2000年11月4頁、潮海・前掲注(57)著作権判例百選141頁、拙稿［判批］著作権判例百選（第3版）72頁参照。
(63) 前掲注(26)。
(64) 本判決の素材の認定方法が、実質的にレイアウト自体の保護を認める結果を生じさせる点を問題視するものとして、関堂・前掲注(26)71頁参照。原告と被告がパンフレット作成に関する契約交渉関係にあったという本件の特殊な事情がその結論に影響を与えていることについて、拙稿［判批］前掲注(26)1294頁参照。
(65) 前掲注(38)。
(66) それぞれの記事の対比については、知裁集26巻1号146頁以下を参照。

しても相当に広く類似性を認めている。報道されている事実，あるいは，それに対する評価そのものを保護するに近い結論であり，疑問の残る判決といえる(67)。

上記の3つの裁判例は，原告著作物における最も重要な価値が存する要素を被告が利用した事案であり，この点を重視した結論が下されたものと思われる(68)。特に，The Wall Street Journal 事件，コムライン事件の被告は，原告の収集した情報を自らは収集の労力を費やすことなく利用することで利益を得ており(69)，これはまさに，アメリカの裁判例における額に汗の理論が保護を認めようとしてきた不正競争的行為にあたる。

ただし，The Wall Street Journal 事件では，一定の編集方針に基づいた伝達すべき情報の選択，配列に創作性が認められており，被告新聞に記載された内容の選択と配列がいずれも原告のそれとほとんど同一であったことを理由として侵害が肯定された。したがって，本件は，あくまでも創作性を基準とした類似性の判断を行ったものと解することができ，被告が抄録の順序を全く変えた場合や一部の記事のみを利用した場合には，同判決の理論をもってしても侵害の成立は認められないこととなろう(70)。

一方，コムライン事件については，創作性を基準とした類似性判断がなされたものと解するのは困難と思われる。判旨は，「報道すべき主題の発見，取材源の探知，素材の収集は著作権による保護の対象ではないから，……すでに報道された新聞記事によってその記事が主題とした事項や取材源を知り，その取材源から同様の素材を収集し，その結果，元の記事と同様の事実を含む記事が作成されたとしても，元の記事の著作権を侵害するものとはいえない」と述べ，抽象論として労力保護を否定しているようにも思われるが，後段の説示が意図するところは必ずしも明確ではない。かりに，この記述が

(67) 田村・前掲注(10)86-89頁，山神・前掲注(38)185頁，茶園・前掲注(38)143頁。ただし，反対，中島徹［判批］判時1506号205頁。
(68) コムライン事件に関して結論の妥当性を評価し，法的構成としては不法行為に基づき救済を認めるべきであったとする見解として，田村・前掲注(10)86-89頁。
(69) The Wall Street Journal事件は，被告が原告新聞の名前を表示していることから，その信用にただ乗りしていることにも言及している（前掲注(57)1184頁）。
(70) 潮海・前掲注(57)著作権判例百選141頁，仮処分決定に関して清水幸雄・駿河台法学5巻2号116頁。

「原告の記事に含まれた事実は被告が独立の収集（確認）を行わない限り利用することができない」ということまでも意味しているとするならば[71]，抗弁としての額に汗の理論を認めたものと解することができ，この説示をもって取材投資へのフリーライド行為が著作権法上禁止されうることを示唆したものとみることもできよう。しかし，その場合，本体のように記事の内容を要約して利用する行為が全て侵害と判断されることとなってしまい，この基準の一般化には更なる検討を要しよう。

これらの事件に代表されるように，近時の一部の裁判例においては，不正競争的な事案に対して著作権の保護範囲を柔軟に解し，保護を図ろうとするものが見られる。

第2項　地図の著作物

編集著作物と同様に，情報の収集行為が創作者の重要な寄与を構成しているものに地図の著作物がある。ここでは，地図の裁判例における創作性判断と侵害判断を一瞥しておこう。

1　創作性の判断

美的要素を有し，芸術的に表現されている地図については，通常その表現に著作者の個性が現れていることが明らかなため創作性が認められる[72]。

創作性の有無が問題となるのは，簡潔に正確な情報を表示することが望まれる住宅地図や地球儀等についてである。裁判例は，現実の状況を存在するままに表示することを目的とした地図であっても創作性を有し得ることを認めている。ただし，創作性があるというためには，その地図に作成者の学識，見識等，その者の個性が表示されていることが要求されている。たとえば，日本地図事件は，地図の性質上，同一の地名表示が多々存在することは否定できないが，どの地名を表示するかについては，作成者が各地の文化程度・人口密度などを考慮した上，自己の判断によって決定するものであるから，

---

[71]　山神・前掲注(38)185頁。茶園・前掲注(38)143頁は，この説示が，被告が独自に取材を行っている場合には侵害が否定される，と解される余地があることを指摘し批判する。

[72]　大阪地判昭和51年4月27日（無体集8巻1号130頁）。ふぃーるどわーく多摩事件・東京地判平成13年1月23日（判時1756号139頁）も参照。

全てが同じになるわけではなく，こうした創作者の個性が現れた部分に対して創作性が認められるという[73]。

地図の裁判例は，基本的にこの一般論に基づき，具体的な地名の選択や配置の組み合わせによって創作性を肯定している[74]。他方，創作性について特に検討することなく，これを認める裁判例もある[75]。

もっとも，こうした裁判例とは異なる一般論を述べるものもないわけではない。名古屋市住宅案内図事件[76]は，「みずからの調査に基づいて作成したものであれば，独自の著作権が成立する」との抽象論を示しており，創作性の肯定には独自の調査の存在が必要かつ十分であるという基準を示したものと理解することができそうである。しかし，具体的な判断において裁判所は，原告地図を市街地部分と住宅案内部分に分けて考察し，前者は既存のものを利用しているので創作性はないとしたが，後者は「作成者の独創と努力の結果」であり，「正確，精密に居住人を調査し，それを合理的に配列し統一的に編集しているので」創作性があると判断している。具体的な当てはめにおいては，編集における工夫が考慮されており，労力のみで保護要件が満たされることを認めた裁判例と解することには慎重であるべきであろう。

これに対し，独立の調査をなせば創作性が認められるわけではないことを明言したのが，松山市住宅地図事件[77]である。原告が戸別調査を行って地

---

(73) 大阪地判昭和26年10月18日（下民集2巻10号1208頁）。

(74) 日本地図事件・前掲注(73)（小さい図面に日本全土を表示するために，その図法，縮尺の決定，地名の選択に独自の判断が行使されているとして創作性を認定），地球儀用世界地図事件・東京高判昭46年2月2日（判時643号93頁）（作成者が，多くの既存の地図や資料に基づく調査の後，自己の判断において素材の取捨選択をし，海岸線，陸地線の表現の強調方法，海流の表現方法を工夫し，配色，都市名，地名，航路図を自ら選択するなど，独自の新しい構想と体系に基づいて表現していることを理由に創作性を認定），富山市・高岡市住宅地図事件・富山地判昭和53年9月22日（無体集10巻2号454頁）（素材の取捨選択，配列，および表示方法に関して，作成者の個性，学識等が認められるとして創作性を認定），住宅地図入り電話帳事件・岡山地判平成3年8月27日（著判X 309頁）（独立の調査の結果を適宜選択，配列し，図面上に正確，かつ簡明に表現されている点に創作性を認定）。

(75) 松本市住宅案内図事件・長野地松本支部判昭和42年2月17日（著判Ⅰ 40頁），山形県河北町住宅地図事件・仙台地裁昭59年4月26日（著判Ⅴ 414頁）。

(76) 名古屋高判昭和35年8月17日（高刑集13巻6号507頁）。

第2節　日本著作権法

図を作成した事案であるが，当時一般に知られていたアイディアに基づき公知手段によって表現された地図であることを理由に独自性は見出されないとして創作性が否定されている(78)。

以上の裁判例をまとめれば，地図の創作性判断においても，編集著作物の多数説と同様に選択や配置の創作性が基準とされているといってよいだろう。創作性が認められた事件の多くは，現地調査(79)や資料の収集(80)など，情報の収集に労力が費やされている事案であるが，他方，こうした努力がなされていても創作性が否定されるケースも存在し(81)，労力の有無が特に創作性の判断に影響しているとは思われない。また，原告の当該地図の創作過程を問うことなく創作性が認められているケース(82)も存在するが，収集の労力にフリーライドするといった不正競争的な被告の行為を違法とするために，あえて創作性を検討しないことによって保護の基準を下げているといった事情は存在しない(83)。

2　著作者の認定に関する判断

著作者の認定に関して争われた事件においても，独自に情報の収集や調査を行ったという事実が権利の取得を基礎付けるものとは解されていない。

高速道路パノラマ地図事件(84)では，原告が訴外Aに創作を依頼した地図の著作権の帰属が問題となった。原告は，地図の作成に必要な道路計画についての調査，道路の空中撮影などを行って資料の収集に努め，現地調査も行

(77) 松山地判昭和54年12月24日（著判Ⅶ 132頁）。
(78) この事件の被告は，従来住宅地図においてはなおざりにされてきた図かく外座標，方位，縮尺，精度を具備，統一し，隣接ページとの接合を可能にするなど，原告地図にはない独自の工夫を行っていた。仮に，原告地図に創作性が認められたとしても，両者の地図には顕著な相違が存在するため，侵害は否定されたであろう事案である。
(79) 松山市住宅案内図事件・前掲注(75)。
(80) 日本地図事件・前掲注(73)，地球儀用世界地図事件・前掲注(74)。
(81) 名古屋市住宅案内図事件・前掲注(76)，松山市住宅地図事件・前掲注(77)。
(82) 富山市・高岡市住宅地図事件・前掲注(74)，河北町住宅地図事件・前掲注(75)。
(83) 原告被告が競争関係にあったのは，日本地図事件・前掲注(73)，河北町住宅地図事件・前掲注(75)（原告は販売していたが，被告は無償で頒布），名古屋市住宅案内図事件・前掲注(76)（被告は販売目的）である。

127

い，Aに対し，地図に記載する主要道路や建物施設，森や川の着色も指示していた。ところが，裁判所は，現地調査を行っているという事実によって原告に著作権が付与されるという見解は採り得ないとし，むしろ，当該地図を具体的に創作したのは，自らの芸術的な感覚と技術を駆使したAであるので，Aが著作者であると結論付けている[85]。

3 侵害の判断

原告地図に創作性が認められた場合，被告地図が原告地図のデットコピーに近いものである事案では，創作性を利用していることが明らかであるから侵害が認められている[86]。また，変更があった情報を訂正しただけの場合にも同様である。

デッドコピーとまではいえない事案においては，地図の特徴として，地名等の配置場所が制約されるため，採録地名の選択の類似性に焦点があてられる場合が多い。現代世界総図事件[87]は，被告が，第三者の作成した日本地図の輪郭の上に，原告地図に採録された地名とほぼ同一の地名を転載したという事案である。裁判所は，被告地図にはいくつかの補充した地名や相違点が存在しているが，この程度の改変では侵害を免れることはできないと判断している。

もっとも，地名の選択に創作性がある場合であっても，当該地域の地図を作成する場合に通常含まれる地名や情報が共通していることは類似性を肯定するものではない。特にその性質上，選択の幅が限られている地図においては保護範囲は慎重に画される。富山市住宅地図事件[88]では，住宅地図という性格上，掲載対象物の取捨選択は自ら定まっており，実用性，機能性の面から用いられる略図的方法も限定されることから，表示対象や表示方法に類似性が認められるだけでは侵害を肯定するに十分ではないと判断された。類似性を否定するにあたり，原告地図は151頁で横形，被告地図は266頁で縦形

---

(84) 東京地判昭和39年12月26日（下民集15巻3114頁）。
(85) その他，具体的な表現に関して決定を行ったものが著作者であるとする裁判例として，現代世界総図事件・東京地判昭和54年3月30日（著判Ⅱ-1 591頁）がある。
(86) 地球儀用世界地図事件・前掲注(74)，河北町住宅案内図事件・前掲注(75)。
(87) 前掲注(85)。
(88) 前掲注(74)。

であり，原告版に掲載されていない地域が被告版には多く掲載されていること，縮尺が異なること，被告には地番の表示が多数あるが原告には一部しか表示されていないこと等の事実が認定されている。

しかし，裁判所があげた掲載地域の選択の違いや[89]縮尺の違いは，それのみで当然に侵害を否定する要素とならないことに注意すべきである[90]。両者の地域が同一ではないとしても，重複する地域に焦点をあて，その地域の地名の選択や具体的表現を比較することは可能であり，また，単に原告の地図を縮小，あるいは拡大しただけでは，地名の選択の創作性を利用していることに変わりないため，侵害が肯定される余地があるからである。本件でも掲載データの選択が両者で異なっていることが認定されており，この点が侵害否定の最も重要な要素であると考えるべきであろう。

ところが，名古屋市住宅案内図事件の裁判所は，侵害の成立には第三者をして原著作物の再生と感知せしめ得る模造物を作成したという事実を摘示すれば足り，原著作物のいかなる部分が著作権の対象となっているかについて逐一詳細に判示する必要はないと述べている[91]。原告が現地調査などを行って情報を確認している事案であり，創作性の判断において独立の調査に言及していることも総合すると，創作に費やされた労力の保護を意識した説示であるといえよう。もっとも，こうした抽象論を離れて本件の具体的な事案を見る限り，創作性を基準とした侵害判断を行ったとしても同様の結論を導

---

(89)　もちろん，同一地域が掲載されていることのみでは侵害を肯定するに十分ではない。仮に，掲載地域の選択が今までになかった珍しいものであったとしても，この類似性のみで保護を認めた場合，後続者が同一地域の地図を創作する行為をすべて禁止出来ることになってしまうからである（編集著作物に関して同様の問題につき判断した裁判例として，電話帳の掲載地域の区分について争われたアサバン事件（前掲注(12)，(13)参照）がある。）掲載地域の選択それ自体はアイディアの範囲に属すると考えるべきであろう。

(90)　縮尺が異なる場合にも侵害を認めた裁判例として，現代世界総図事件・前掲注(85)。また，掲載方法として，異なったページ数へ分割していることも，当然に侵害を否定する要素とはならないと思われる。河北町住宅案内図事件では，両者のページ数は異なっていたが，それ以外に異なる部分はほとんど認められないとして侵害が認定されている（前掲注(75) 419頁）。

(91)　前掲注(76)。

くことができた事件である。

以上から，多くの地図の裁判例においても，地名の選択や配置における創作性を基準とした著作物性と侵害の判断がなされているといってよい。

第3項 歴史的著作物・学術的著作物

次に，史実の収集等に費用や労力を要する歴史的著作物，および，学術的著作物に関する裁判例についてみておこう(92)。

1 創作性の判断

伝記的著作物や学術的著作物は，特定の歴史的な事実や科学的データなどを素材として創作される。しかし，このような事柄を内容とするものであっても，いかなる言葉を用いて表現するかは各人の個性に応じて異なりうるため(93)，著作物性が問題とされることはそれほど多くはない。裁判例においても，事実自体は著作権法の対象ではないことを前提にしつつ，数多くの資料からどのような事実を選択するか，それらをいかなる視点からどのように表現するかについては様々な方法があり得るため，創作性は否定されないと説示されている(94)。

ただし，こうした著作物の中にはその表現方法が限定されるものも存在し，その場合には，創作性の有無が争点となる。

たとえば，訓読文に関する将門記事件(95)がそうである。裁判所は，読み下し文であっても，各自の学識，文章理解力，表現力の差異などにより異なったものとなり得るとして，訓読者の個性が現れた表現であると認めた。本件においては，原文がかなりの長文であり，その読み下しには様々な解釈がありえたため，創作性を認めた判旨は妥当と思われるが，同じ原文に当たる以上，読み下し文が類似することは否定できないため，デッドコピー以外に

---

(92) なお，ここでいう歴史的著作物，学術的著作物は，厳密に区別された概念として使用するものではない。ここではこうした著作物のうち，情報収集行為が創作過程において重要な要素となっている言語著作物をとりあげる。

(93) 東京地判昭和53年6月21日（無体集10巻1号287頁），壁の世紀事件・東京地判平成10年11月27日（判時1675号119頁・判夕992号232頁）。

(94) 東京地判平成10年11月27日（判時1675号119頁）。

(95) 東京地判昭和57年3月8日（無体集14巻1号97頁）。

侵害が認められる可能性は少ないであろう[96]。

一方、中国の塩政史の論文に関する事件[97]では、「広牢盆以来商賈」の部分の読み下し文について、20数年前に既にこのように読み下されていることを理由に創作性が否定された[98]。訓読文のように元の文章が同一である場合、かつ、本件のように短文の場合には、読み下しは同一のものにならざるを得ないため、著作物性は認められない。同様に、「MgTeがウルツ鉱型構造を有している」「原子間距離は、2・76A、2・77Aである」などといった、単に自然科学上の個々の法則を簡潔に説明した部分についても創作性が認められていない[99]。

また、地質図、柱状図等の創作性が争われた事件では、その作成のために調査と分析に相当の手間と時間を要し、そこに作成者の思考の結果が現れているとしても、この思考結果そのものは著作権法による保護の対象とはなりえないということが明言されている[100]。そして、個々の地層の種類、厚さ、相互の上下関係を柱状に記載した柱状図、および、地層名とそれが形成された年代を横軸に、その先後関係を縦軸に配置した層序図等について、その表現方法はありふれており、同程度の学識経験がある者であれば同じ図を作成するであろうとして創作性が否定された[101]。

2 侵害の判断

歴史的、学術的著作物の事件では、被告が原告著作物に何らかの改変を加

---

(96) 田村・前掲注(10)65-66頁を参照。訓読文と同様、オリジナルの文章が同一であることからある程度の類似性は避けられないため保護範囲が狭く解されたものとして、外国文学の翻訳に関する、三浦梅園事件・東京地判昭和59年4月23日（判タ536号440頁）、サンジェルマン殺人協奏曲事件・東京地判平成3年2月27日（知裁集23巻1号91頁）東京高判平成4年9月24日（知裁集24巻3号703頁）がある。

(97) 東京地判平成4年12月16日（判時1472号130頁）。

(98) それ以外の解釈の部分はその趣旨、内容、構成、表現形式が異なっているため類似性がないとされた。思想それ自体の保護は著作権法の問題ではないから、原告と同趣旨の見解を示したことをもって著作権侵害は成立しないと判断されている。

(99) CdTe-MgTe発光ダイオード学位論文事件・大阪地判昭和54年9月25日（判タ397号152頁）。

(100) 東京高判平成14年11月14日平成12(ネ)5946号、平成13年(ネ)686号（最高裁HP）。

第 1 章　著作権法による保護

えて利用した事案が多いため，実質的類似性の有無が最大の争点となる。同一のテーマや出来事に関する記述であれば，両者にある程度の類似性が存することは避けられないため，類似性判断は慎重に行われる必要がある。

　裁判例の多くは，両著作物に何らかの類似性が認められる場合であっても，その類似性が同様の趣旨，見解，内容を表現するために必然的に生じるものであるのか，そうではなく，原告の個性的な表現との類似性であるのかという基準を採用している。

　したがって，歴史的著作物の事件では，基本的なあらすじや事実が共通していることのみでは類似性が肯定されず，具体的な構成や記述が詳細にわたって類似していない限り侵害が否定される[102]。こうした判断は，歴史的事実自体の利用が著作物により禁止されることを回避するために必要と考えられている[103]。また，両著作物に誤った情報が共通して存在しているとしても，これらは創作的表現ではないため，類似性は肯定されない[104]。

　学術的著作物においても，テーマや事実，学説それ自体は保護されないため，それらを扱うことから生じる類似性のみでは侵害が認められない[105]。たとえば，薬理学の教科書に関する事件[106]では，全く同一の表現である部分，または，相違点が語句の変更や追加などの微細なものにとどまる部分についてのみ侵害が認められ，その他の部分については，同様の内容が記載されているにとどまっているとして非侵害とされた。侵害が肯定された事案は，叙述の順序，具体的な言葉の選択などがほとんど一致，もしくは，きわめて

---

(101)　本件では，創作者の「仮説」に創作性が認められるとしても，表現に創作性を有しない限り，事実そのものを保護しないとする著作権法の原則からは仮説そのものの保護は認められないとして創作性が否定されている。

(102)　戦記物事件・東京地判昭和55年 6 月23日（著判Ⅲ 28），女優貞奴事件・名古屋高判平成 9 年 5 月15日（知裁集29巻 2 号467頁），壁の世紀事件・前掲注(93)，ソニー燃ゆ事件第 1 審・東京地判平成12年12月26日（判時1753号134頁），同 2 審東京高判平成14年 1 月30日平成13(ネ)601号（最高裁HP），大地の子事件・東京地判平成13年 3 月26日（判時1743号 3 頁）。他方，語句の追加や削除など，些細な改変を除き，原告と被告の文章表現がほぼ同一である場合には，侵害が肯定される（ふぃーるどわーく多摩事件・前掲注(72)）。

(103)　大地の子事件・前掲注(102)。

(104)　ソニー燃ゆ事件第 1 審・第 2 審・前掲注(102)。

類似しており，同じような素材や資料を用いたとしてもこれほど似通った表現が独立に創作されることは考えられないというものである(107)。

他方で，こうした裁判例よりも広く類似性を認めた裁判例も存在する。

「血液型と性格の世界史」事件は，事件や資料の意義についての評価，それらの関連性の説明，歴史の流れの認識，人物の役割の評価の組み合わせに創作性を認め，原告の231頁の書籍を11頁に要約した被告書籍について侵害を認めている(108)。しかし，具体的な文章を比較する限り，類似性は基礎となる事実が同一であることに起因するものと思われ，また，事実に対する評価そのものはアイディアに属するものと考えられるため，類似性を認めた結論には疑問が残る。

また，江差追分事件第一審，第二審では，江差追分に関するテレビ番組中のナレーションが，同じテーマを扱う原告書籍のプロローグの部分を侵害していると判断された(109)。たしかに，両著作物の記述の順序は同一であり原告独自の認識も利用されてはいるが，被告のナレーションは原告文章の1/5程度しかなく，原告の表現よりもかなり簡略である。同じ事実を扱う著作物

---

(105) CdTe-MgTe発光ダイオード学位論文事件・前掲注(99)，光化学的縮小投影露光装置論文事件・東京高判昭和58年6月30日（無体集15巻2号586頁），数学の命題や解明過程やこれを説明する方程式は，思想そのものであり，著作権法上の保護を受けることは出来ないとした事件として，ウィルソン・コーワン方程式事件・大阪高判平成6年2月25日（知裁集26巻1号179頁），解剖実習書に関して，解剖の手順や手法自体はアイディアであり，これらの特定のアイディアの共通性によっては侵害が肯定されないと判断された事件として，東京高判平成13年9月27日（判時1774号123頁）がある。

(106) 東京地判平成2年6月13日（判時1366号115頁）。

(107) 日照権論文事件・東京地判昭和53年6月21日（無体集10巻1号287頁，両著作物の比較は303頁以下を参照）。一部の文や語句の削除を除き，原告著作物のそのままの表現が利用された事案として，市史事件第1審・東京地判平成8年2月23日（判時1578号90頁），同2審・東京高判平成8年10月2日（判時1590号134頁），気功法の教材に関する大阪地判平成14年12月10日平成13(ワ)5816号（最高裁HP），被告著作物は原告著作物の半分の長さであったが，論を進める順序が同一であり，表現や言いまわしの同一，類似が多数見られ，具体例の説明部分以外の部分を概ねそのままの表現，順序で利用しているとして侵害を認めた裁判例として，東京地判平成7年5月31日（判時1533号110頁）。

(108) 血液型と性格の社会史事件・東京地判平成10年10月30日（判時1674号132頁）。

についてこの程度の類似性で侵害が認められるとすると，同じテーマに関し同様の見解を有する者の創作が不可能ともなりかねないため，本件の判断に対しては学説の批判が強かった[110]。そのため上告審においては，記述の順序はありふれたものであり，認識自体は著作権法の保護の対象ではないから，創作性のある表現の類似は認められないとして，侵害の成立は否定されている[111]。

第4項　小　括

前項までの検討から明らかとなったように，データベースに関しても編集著作物の裁判例と同様の創作性，侵害判断基準が採用されており，地図や歴史的な著作物の裁判例と編集著作物の裁判例とを比較しても，多数的見解においては創作性および侵害の判断基準に大きな差異はみられない。

その内容をまとめると，まず，抽象論として，アメリカ法にみられるような情報の収集に対する労力保護を明示的に認めるものは存在していない。特に著作者の認定に関して争われた裁判例では，一貫して，情報や資料の収集，調査を行っただけの者には著作権が付与されないという立場がとられている。創作性の判断においては，当該著作物が独立創作されたという事実のみによって創作性は肯定されるものは少数に属し，創作者の個性的な表現，すなわち，創作者が異なればその表現も異なり得るであろうといえる程度の特徴がその表現に存在していることが要求されている。そして，侵害の判断においても，当該内容を記述するために不可欠な表現かどうか，表現の選択肢の幅はどの程度あるのかといった点を考慮し，創作者の個性が存する部分が類似しているかどうかを慎重に判断している。こうした裁判例の見解に従う限り，多大な労力等をかけて収集した情報の流用行為に対して著作権法上の保護を認めることは困難であろう。

---

(109)　東京地裁平成8年9月30日（知裁集28巻3号464頁），東京高判平成11年3月30日（民集55巻4号945頁）。プロローグとナレーションの対比については知裁集28巻3号647頁以下を参照。

(110)　田村・前掲注(10)67-68頁，大家重夫「要約文と翻案権侵害」久留米法学34号73-74頁，岡邦俊・JCAジャーナル48巻8号48-49頁。

(111)　最判平成13年6月28日（民集55巻4号837頁）。

もっとも，わが国の多数の裁判例において，アメリカ著作権法において見られた不正競争的観点からの検討が欠如していることには，以下のような事案の特殊性が影響していると考えられる。

　まず，わが国の編集著作物の事件では，情報の収集に相当の労力，費用，時間が要求されるような著作物が問題とされたものが少ない。また，情報の収集に労力が費やされた事案であっても，当該著作物が創作性を認定するに困難がないものであり，かつ，デッドコピーの態様で利用されていたため，著作権法の伝統的解釈の下で情報収集に対する保護を認めることが可能であったという事情がある。地図に関しては，原告がその創作に相当の労力を要し，被告地図が原告地図と同一地域，同一目的である事案は多いが，両著作物が商業的に競合しているものはさほど多くはない。

　それに加えて，わが国において収集行為における労力が直接問題とされているのは，競争者間の情報の流用という事案においてではなく，創作に関わった複数の者の間での権利の帰属を争う場面においてであった[(112)]。後者においては，当該著作物において労力を費やした者と具体的な表現の創作を行った者との利益配分が問題となるため，労力保護の必要性は前者ほど認識されていなかったと思われる。というのは，この場合は少なくとも収集した情報が創作に利用されるということについては収集者の同意を推定できる場合が多く，あらかじめ当事者間で情報の利用に関して合意をしておくことが可能であったという事情が存する。そのため，情報収集の投資回収に与える影響は，第三者である競争者による利用の場合に比べて低いと考えられる。さらに，著作者の認定の場面においては，権利関係が複雑になることを回避するという観点から，著作者を少数の者に限定するという態度は好ましいものと評価されるであろう。したがって，著作者の認定が争点となった裁判例では，労力保護を本質的な問題として捉える必要性は低かったと思われる。

　以上の事情が，原則として選択，配列のオリジナリティを保護要件とする伝統的解釈を維持する要因になっていると考えるならば，競争者による情報

---

(112)　第三者に編集著作物が利用された場合と，その作成に関与した者の間で権利の帰属が問題とされる場合とでは，創作性の要件は，前者においては緩やかに，後者においては厳格に解される傾向があることを指摘するものとして，三浦・前掲注(43)206頁を参照。

第1章　著作権法による保護

の流用が直接問題とされた事案に対しては，不正競争的観点から侵害を広く認める裁判例が現れても不思議ではない。

しかし，こうした見解を示す少数の裁判例も，抽象論として，伝統的創作性概念自体を破棄してはいない。創作者の個性的表現が保護されるという一般論は固持しつつ，その具体的な当てはめにおいて，事実の集合やアイディアにまで保護を拡大するという試みがなされている。裁判例において現れたその具体的方法としては，創作性の判断において，創作のプロセスにおける著作者の判断をその判断対象に取り込むことによって保護を拡張するものと(113)，侵害の判断において，類似性を広く認めるものという2つに大別できる(114)。創作性の要件があくまでも維持されたのは，保護要件として創作性を明記する著作権法の体系上，創作投資の保護を正面から認めることが困難であったこと，および，ありふれた編集物に対して保護を認めることの弊害が認識されたためと思われる。

他方，アメリカの裁判例では，保護要件である創作性を独立創作という低いレベルに解することによって保護を図っていた。情報収集の保護を図るために著作権法の保護対象を拡大するという方法を採用したことによって，アメリカの学説では，こうした拡大によって生じる過保護の弊害を侵害の判断においていかに調整しうるかという点が議論の焦点となっていた。

わが国の裁判例では，創作過程を考慮することによるアイディアへの保護の拡大，あるいは，侵害の場面での類似性範囲の拡大という方法が示されているが，こうした保護の拡大を認めるとした場合の理論的説明，および，それに伴って生じうる過保護の弊害についての検討が必要となろう。以下では，この点を中心として編集著作物・データベースの創作性判断および侵害成立の基準に関する学説をみていく。

---

(113) 当落予想表事件・前掲注(36)に該当する本文を参照。こうした創作性の判断は，Feist判決後のアメリカの裁判例においても存在することについて，本章第1節第2款第1項III 3を参照。

(114) 会社案内パンフ事件・前掲注(63)，(64)に該当する本文，家庭教師パンフ事件・前掲注(56)に該当する本文，コムライン事件・前掲注(65)-(67)に該当する本文，江差追分事件・前掲注(109)-(111)に該当する本文，血液型と性格事件・前掲注(108)をそれぞれ参照。

第 2 節　日本著作権法

第 3 款　学　説

　わが国の著作権法は，データベースを電子的なものに限定した概念として定義し，編集著作物と区別している。また，編集著作物・データベースについては著作物を例示する規定（10条）とは別に規定をおいている（第 1 款参照）。こうした規定のあり方から，創作性と保護範囲の判断基準について，第 1 に，データベースと編集著作物とで異なった解釈をとりうるのか，第 2 に，データベース・編集著作物とその他の著作物とで異なりうるのかという問題が生じ，これらが保護範囲の解釈に影響を与える。本款では第 1 項において前者の問題，第 2 項において後者の問題に関する学説の議論を検討する。

第 1 項　データベース規定の新設
Ⅰ　改正の経緯

　まず，昭和61年の著作権法改正により新たに設けられた規定（2 条 1 項10の 3 ，12条の 2 ）について，その立法趣旨，当時議論の前提とされていた事項などを明らかにするため，審議会の報告書[115]の内容を確認しておく。

1　改正の目的

　報告書は，改正前の著作権法においてもデータベースが編集著作物として著作物性を有し得ることを認めている[116]。したがって条文を新設した意図は，データベースに対する新たな保護を規定することではなく，権利の適切な保護と円滑な利用を可能とするため，①データベースの創作・利用において個々の著作物の著作権がどのように関わるのか，②データベース自体が著

---

[115]　「著作権審議会第 7 小委員会（データベース及びニューメディア関係）報告書」（文化庁昭和60年 9 月）（以下，報告書という）。文化庁による法改正の簡潔な記述として，「データベース，ニューメディアに関する法改正」時の法令1300号23頁，「データベース等の著作権法の改正及びプログラム著作物の登録に関する法律の概要」法律のひろば39巻 8 号39頁，「著作権審議会第 7 小委員会報告書の概要」文部時報1303号55頁，審議会の中間報告に関して，「著作権審議会第 7 小委員会データベース分科会中間報告の概要—データベースに関する著作権問題について—」法とコンピュータ 3 号118頁，斎藤博「データベースと著作権問題—著作権審議会第 7 小委員会分科会中間報告」ジュリ831号75頁などがある。

作物性を満たす場合，その著作権とデータベースの使用とがどのように関わるのかという2つの問題について明確にすることにあった[117]。

2 データベースの著作物性

創作性判断に関し，データベースの作成には，データの体系付けやキーワードの選定・付与など，従来の編集著作物とは異なった知的作業が重要な要素をなしているため，12条にいう「素材の選択，または配列」のみに着目してこれを考えることは十分ではなく，2条1項1号の著作物の定義に立ち戻る必要があるとの説明がなされている[118]。この記述にも，従来の著作権法の枠組みを超えた保護を与えることは意図されていなかったことが示されている。

3 侵害の基準

報告書は，著作物性を有するデータベース全体の複製について権利が及ぶことはもちろん，データベースの一部の複製であっても，「著作権として価値を持ちうるような形」で情報をある程度のまとまりで複製する行為については権利が及ぶと述べている[119]。複製には，ダウンロードだけではなくプリントアウトによるものも含まれる[120]。また，一定のまとまりを持った情報の集合体までには至らない一部の複製には複製権が及ばないことが明記されているが，ある程度のまとまりをもてば複製権が及ぶことになるため，商業的に意味のある複製については保護に欠ける事態は生じないとの言示も見られる[121]。しかし，一部複製が権利侵害を構成しうることが明記されたにもかかわらず，侵害を構成するとされる「著作権として価値を持ちうるような形」での利用とはどういった場合を念頭においているのかについての記述は見られない[122]。

---

(116) 報告書・前掲注(115)24頁，前掲注(115)文部時報56頁。
(117) 報告書・前掲注(115)1-2頁，前掲注(115)法律のひろば39頁，前掲注(115)文部時報55頁。データベースの創作における投資の保護という本論文の問題意識からは②が検討の中心となる。
(118) 報告書・前掲注(115)24-26頁，前掲注(115)文部時報56頁。
(119) 報告書・前掲注(115)32-34頁，前掲注(115)文部時報57頁。
(120) 報告書・前掲注(115)32-34頁。
(121) 報告書・前掲注(115)34頁。

第2節　日本著作権法

II　改正の問題点

　報告書の記述から，データベース規定新設の趣旨は，データベースが著作権法の保護対象となりうることを明確にすることにあり，従前と異なる保護を認めることを意図したものではないと解される。データベースに関する条文の文言も，編集著作物の「配列」（12条1項）が「体系的な構成」（12条の2第1項）とされた点が異なるだけである。そのため，文献には，本改正は現行法が与えている以上の保護をデータベースに付与するものではなく，新条文の必要性について疑問視するものがある[123]。

　データベース規定の新設が，従来の著作権保護と何ら変わらない保護を認めるだけにとどまった背景には，改正審議会において，アメリカの裁判例で検討されてきた投資回収の保護の必要性に関する問題意識が不十分だったことがあげられよう。すなわち，創作性を有しない，もしくは，創作性が認められない部分に有用性を有するデータベースの保護については審議の対象とはなっていなかったのである[124]。

　むしろ，改正の際の議論は，電子化やネットワーク化という新しい技術に対して著作権法はどのように対処すべきかという点に集中しているといってよい[125]。そこでは，そもそも著作権法の前提としてきた著作物性や保護範囲の判断基準が新しい利用形態に対して適切なものであるのかといった踏み込んだ検討は行われていない。

　さらに，データベースの侵害に該当する行為として，主にユーザーによる

---

(122)　「著作権として価値を持ちうるような形で」という文言の不明確性を批判する文献として，デニス・カージャラ＝椙山敬士訳「日本におけるデータベースの保護」法時59巻2号52頁，57頁（1987）。

(123)　カージャラ・前掲注(122)55頁。

(124)　カージャラ・前掲注(122)55頁，金子博人「高度情報化社会におけるデータベースの法的保護(上)(下)」NBL343号6-7頁，NBL348号11-14頁(1989)，由上浩一「データベースの法的保護」工業所有権法研究113号1頁，30頁（1993），小泉直樹「不正競争法による秘密でない情報の保護」判タ793号27頁，35頁（1992）。

(125)　報告書・前掲注(115) 2-3，34-36頁。データベースを電子的なものとする定義もこうした背景から生じたものと思われる。なお，同時期に改正が行われた有線放送の定義は，同一の内容を不特定多数の者へ発信するものだけではなく，データベースのオンライン検索のようにリクエスト型の発信も含めるものとされ，新しい通信手段に着目したものであった。

データベースの無断利用が念頭におかれていたということも改正の限界を生じさせた要因といえよう。審議会の報告書では，競争者によるデータの利用に着目した記述はほとんど見られず，データベースの典型的な利用行為であるユーザーの検索行為を規制すべきか否かという点が中心的論点となっている[126]。こうした観点からは，規制対象に私人を含めている著作権法による保護が念頭におかれたことはむしろ当然と思われる。

III　データベース規定に対する学説の解釈

1　創作性の判断基準

学説には，データベースの創作性において検討される「体系的な構成」と編集物における「配列」とを性質の異なるものと解する見解がある[127]。もっとも，この種の見解は，「体系的な構成」が意味するところのデータの体系付けやキーワードの選定・付与といったものが，「配列」に含まれるのかという問題設定のもとで異質論を唱えるものが多く[128]，両者に要求される創作性の基準が異なることを論じるものではないようである[129]。創作投資の保護という本稿の関心からは，データベースについて規定する12条の2が編集物について規定する12条と異なる創作性基準を定めたものと解し得るかということが問題となるが，この点については，上記の異質説を唱える学説と，データベースが改正以前から編集著作物として保護され得ると解する学説[130]との間に本質的な差異はないといえよう。

その理由として，まず，12条の2が編集著作物に関する条文と同様の体裁で規定され，ともに「創作性」の文言が明記されているため，これを別個の内容を意味するものと解することが文理的解釈として困難であることがあげられる[131]。たしかに，データベースは紙媒体と異なり，素材の配列が，空間的位置付けとして存在せず，効率的な検索を目的として決定されているため，ファイル内で素材がどこに蓄積されているのかということは重要とさ

---

[126]　報告書は，この点について，契約による規制で今のところは十分であるとしている（前掲注(115)39-40頁，54-55頁）。

[127]　半田正夫『著作権法概説（第11版）』101頁（法学書院，2003）。「体系的構成」と「配列」が異なったものであると解する見解の根拠の1つは，データベースが従来の編集著作物とは異なった性質を有するという報告書の記述である（第1項 I 2 参照）。作花文雄『詳解著作権法（第2版）』116頁（ぎょうせい，2002）も参照。

第 2 節　日本著作権法

れない。しかし，「体系的構成」の意味するデータの体系付けや分類，キーワードの選定は，データベースに限らず編集著作物一般においても存在し⁽¹³²⁾，これらは配列の一部として編集著作物においても創作性判断の対象とされてきた。したがって，この文言の違いによって創作性の基準が異なると解することには無理がある。さらに，基準が異なるという見解に立つ場合には，同じ情報収集物が，その蓄積される媒体によって保護範囲が異なってしまうという問題が生じる。創作にかかる投資の保護の必要性という観点からみても，媒体の違いのみを理由として保護を異にする正当性は明らかではない。したがって，編集物とデータベースにとでは要求される創作性が異な

---

(128) 半田・前掲注(127)126-127頁，作花・前掲注(127)116頁。また，由上・前掲注(124)29頁は，①「配列」という言葉自体が，コンピュータの検索用のキーワードの選定や付与といった創作的行為を必ずしも明らかにしていないこと，②データベースの場合には，素材をファイルの中に入力することになり，編集著作物で問題とされるような配列（並べ方）が考えられないとの理由から，データベースの保護要件を表す特有の用語であると考えている。加戸・前掲注(23)133-134頁も参照。もっとも61年法改正前に，データベースに関係する審議会報告書などをまとめた文献においては，データベースを構成しているデータの配列には種々の構成方法があるが，いずれもデータの種類に応じ，さらに検索・加工など利用の態様に応じて，いかに効率的にミスを少なくアウトプットしうるかという観点から行われる技術的色彩を有するものであって，創作的表現を目指して行われる著作権法第12条の「配列」とは必ずしも同一の性格のものであるとは考えられないと述べられている（吉田大輔『データベース・サービスと著作権問題』13頁（著作権資料協会，1981））。しかし，この見解は効率性といった技術的努力を著作権の保護対象に含めることを主張するものではない。

(129) 加戸・前掲注(23)132頁は，データベースの中には従来から編集者作物として保護されうるものが多数存在したことを認めているが，前掲注(128)にあげた学説は，12条の2では保護されるが，12条では保護されないデータベースが存在し得るのかについては明確に述べていない。

(130) カージャラ・前掲注(122)55頁，田村・前掲注(10)27頁，椙山敬士「データベースの法的保護」『半田正夫教授還暦記念論文集・民法と著作権法の諸問題』645頁（法学書院，1993），三山裕三『著作権法詳説［全訂新版］』75-76頁（東京布井出版，2000），平嶋・前掲注(19)602-603頁，斉藤博『著作権法（第2版）』106-107頁（有斐閣，2004）。

(131) 田村・前掲注(10)27頁。

(132) 由上・前掲注(124)29頁注25の指摘を参照。

ると解することは適切ではない⁽¹³³⁾。

2　侵害の判断基準

　侵害があったというためには，原著作物の創作性を感知しうる形式で利用されたことが必要である⁽¹³⁴⁾。

　学説においては，電子的データベースの検索機能に着目し，利用者は自己の関心のある分野の情報のみを利用するのであるから，一部複製を侵害と認めなければ保護の実効性がないことを指摘するものがある⁽¹³⁵⁾。もちろん一部複製であっても，創作性が利用されている限り侵害は成立することになろう。しかしこの見解が，データベースの利用の特性に着目し，創作性の利用を伴わない検索，抽出行為を複製概念に内包しようとするものであるとするならば⁽¹³⁶⁾，保護要件との関係で理論的な矛盾を生じさせる。通常，データベースの検索行為は，必ずしもデータベースの選択や体系的な構成の創作性を利用したものではないからである⁽¹³⁷⁾。先に検討したように，データベースの創作性が編集著作物のそれと本質的に差異がないのであれば，創作的な選択，体系的構成が利用された場合以外に侵害を認めることは困難ということになろう。

　しかし，前款で述べたように，編集著作物の一部の裁判例においては不正競争的な事案に対して類似性の範囲を広く認めるものが存在している⁽¹³⁸⁾。

---

(133)　ただしこうした創作性判断が，現実のデータベースの実情とはかけ離れており，著作権法がデータベースに対して実質的な保護を与えているとは云い難いことを指摘するものとして，平嶋竜太［判批］「データベースの不法行為による保護」L＆T15号64頁。

(134)　田村・前掲注(10)58頁，作花・前掲注(127)117頁。

(135)　三山・前掲注(130)76頁。

(136)　報告書は，データベースの検索行為について，「現在，データベースの著作権者は個々の利用者と契約により利益を確保することが可能であるということから，直ちに新しい権利を設定する必要は乏しい」と結論づけており，このような行為を著作権法における規制の対象とはしていない（前掲注(115)39-40頁，54-55頁参照）。

(137)　カージャラ・前掲注(122)57頁，金子・前掲注(124)NBL343号7頁，348号15頁，松村信夫「データベースの利用をめぐる契約関係」法時26巻2号25頁，由上・前掲注(127)32-33頁，白石忠志「データベース保護と競争政策(上)」公正取引562号47-48頁（1997），田村・前掲注(10)27頁。

第2節　日本著作権法

そのため，近時の学説には，編集著作物については，その中心的価値に着目した独自の創作性および侵害基準を設定すべきことを提唱するものがみられる。かりにこうした解釈が著作権法上許されるとすれば，著作権法による創作投資の保護の理論的土台となる可能性があり，さらには，データベースユーザーの無断のアクセス行為や検索行為に対しても何らかの救済を与えうるかもしれない。そこで，次には，こうした編集著作物に関する学説の議論を検討する。

第2項　編集著作物に関する学説の議論
I　学説の対立

近時，編集著作物の創作性や保護範囲について，他の著作物とは異なる基準を提示する学説が現れた。そのため，学説では編集著作物の創作性基準に関して2つの見解が対立している。一つは，実効的な保護を付与するために，出来る限り編集著作物の特性を考慮した創作性のレベルや侵害の判断基準を設定することを肯定する見解[139]であり，他方は，編集著作物においてもその他の著作物と同様の創作性および侵害の基準が採用されるべきであるとするもの[140]である。

この見解の対立は，編集著作物について定める12条の法的性質に関する解釈の違いにも対応している。すなわち，著作物を例示列挙する10条の規定とは独立に12条が定められていることから，12条に，編集著作物に関して他の著作物とは異なる創作性基準を認めるという積極的意義を見出す学説（創設的規定説）[141]と，本条は，編集物であっても創作性が認められる限りはその範囲で保護が認められることを明確にするために確認的に設けられたものであって，その他の著作物と異なる創作性基準を認めたものではないと解す

---

(138)　前掲注(63)-(71)に該当する本文。田村・前掲注(10)88-89頁，潮海久雄「著作権法における創作者主義の変遷過程（二）―職務著作制度の分析を中心として―」法協117巻5号663，674-675頁も参照。
(139)　潮海・前掲注(57)ジュリ1111号234頁，横山・前掲注(62)。
(140)　田村・前掲注(10)23頁，明示しているものではないが，その他の著作物と同様の基準を示すものとして，斉藤・前掲注(130)106-107頁，作花・前掲注(127)116頁。
(141)　潮海・前掲注(57)ジュリ1111号234頁，横山・前掲注(62)。

る学説（確認規定説）[142]との対立である。

こうした議論は，編集著作物と同様に独立の条文をもって規定されているデータベースにも同様に妥当しうることとなろう。以下では，上記の学説の対立を中心として，編集著作物およびデータベースの創作性判断について検討を行う。

II 創作性の判断

1 編集著作物の確定

編集著作物とその他の著作物の創作性に何ら違いは存在しないと解する確認規定説は，その根拠として，編集著作物とそうでない著作物とを分ける明確な基準が存在しないことを指摘する。いずれの著作物に属するかによって創作性基準が異なるとするならば，両者を区別するための基準が要求されるが，ほとんどの著作物は何らかの素材を選択，配列することにより成り立っているということが出来るため，そうした基準の定立はほぼ不可能だというのである[143]。また，12条が別個に定められた理由として，起草者は，編集物には言語，美術，音楽など様々な素材のものが含まれるため，著作物の表現形態別に規定する10条にはなじまなかったためであると述べており[144]，12条の創設に特別な意図を有していたわけではないことが窺える。

そこで，創設的規定説においても，条文の配置という形式的理由だけをその根拠とするのではなく，創作過程における著作者の実質的な寄与が著作物の外形的な表現に直接に反映されにくいという編集著作物の特性にその根拠をおくものがある[145]。個々の著作物の特性に着目した創作性判断を行うのであれば，編集著作物に該当するかどうかという区別に拘泥する必要はないため，確認規定説の指摘する明確な基準の欠如はさほど問題とならない。

2 創作性の基準

(1) 統一的創作性基準を適用する学説

多数の学説は，編集著作物に要求される創作性には独創性や新規性は必要なく，創作者の何らかの個性が表れていること[146]，ありふれた表現ではな

---

(142) 田村・前掲注(10)23頁。
(143) 田村・前掲注(10)23頁。
(144) 加戸・前掲注(23)126頁。
(145) 横山・前掲注(62) 5頁および注(14)。

いこと(147)，他人の著作物と異なるものを作成したこと(148)で十分であると解している。もっとも，これらの基準は，編集著作物とその他の著作物との関係を明確に意識して述べられているものではない。しかし，編集著作物に対してもその他の著作物と同様のレベルの創作性が要求されていることから，両者の創作性に差異があるものとは考えられていないと思われる。

(2) 編集著作物特有の基準を設定する学説

創設的規定説を提唱する見解は，編集著作物に対し，外形的な表現を客観的に観察するのではなく，著作者がその創作のプロセスにおいて最も寄与した部分に着目した創作性判断を行うべきとする。編集著作物には，創作者の主たる知的活動の成果が選択や配列方法の決定に存在し，それが定まればその具体的な表現化は機械的に行えるものが多い。そこで，創作のインセンティブを付与するためには，こうした創作者の実質的寄与が存する要素，すなわち，従来はアイディアに属するとされていた編集体系等についても保護対象となり得ることを肯定した方が，より効果的な保護を図ることができるというのである(149)。そして，これを実現するための方策として，編集著作物における素材を抽象的レベルに設定することを提示している（素材の抽象化テスト）。その根拠は，12条が「素材」について何ら限定を付していないことにある(150)。

ただし，創設的規定説を主張する論者もその保護範囲の拡大から生じる過保護の弊害については認識している。素材が抽象化されアイディアに近い部分に設定された場合，他者の創作活動を制限する可能性も大きくなるため，同説の論者には，その対策として創作性の判断に新規性や当業者の非容易創作性に類似した高い基準を課すことを提示するものがある(151)。そして，創作性に独創性，新規性，または，当業者の容易創作性を要求する裁判例(152)

---

(146) 斉藤・前掲注(130)71頁，半田・前掲注(127)90-91頁，作花・前掲注(127)83頁。

(147) 作花・前掲注(127)83，116頁。

(148) 田村・前掲注(10)14頁。他方，模倣であってはならないと解する見解（土肥一史『知的財産法入門（第7版）』223頁（中央経済社，2004））もある。

(149) 前掲注(139)にあげた文献を参照。

(150) 横山・前掲注(62) 5 - 7 頁。

(151) 横山・前掲注(62)11-12頁。

を，抽象度が高い要素を素材とした場合の適切な創作性基準を示したものと評価している[153]。もう1つの対策は，編集物における素材の認定（素材の抽象化）において，当該著作物の表現自体から直接観取できることを要し，さらに，営業活動の自由など，他者の行動を制限する場合には素材該当性を否定するというものである[154]。

III　素材の抽象化（アイディアと表現の区別）

編集著作物においては，アイディアと表現の区別の問題は，素材をどのレベルで認めるかという論点として現れることがある。編集著作物においては，選択と配列の創作性が保護対象であるにもかかわらず，選択と配列の方法自体はアイディアに属すると解されているため，アイディアをどのレベルで認定するかは非常に困難な場合が多い。

(1)　従来の学説

従来の学説においては，配列が同じでも素材がまったく異なる場合には侵害を構成しないと解されてきた。配列のみで侵害を認めた場合には，配列方法自体を保護したのと同様の結果となるというのがその理由である[155]。ただし，12条は，素材について何ら限定を付していないため，何を素材と解するかということは法的に解釈されるべき問題とされている[156]。

裁判例では，編集著作物における素材が1つしかありえないことを前提としているかのような説示をのべる裁判例も存在するが[157]，編集著作物における素材が複数存在し得ると解するものが多数であり[158]，こうした一般論

---

(152)　前掲注(20)にあげた裁判例とそれぞれに該当する本文を参照。しかし，これらの事件の具体的事案は，従来の創作性基準を採用したとしても同様の結論が下されたと思われるものであることに注意する必要がある。

(153)　横山・前掲注(62)11-12頁。梅谷・前掲注(23)14-15頁は，実用的作品の場合，保護範囲が広範にならぬよう，創作性の判断において新規性や進歩性を考慮することが必要であると説く。

(154)　横山・前掲注(62) 6－7頁。

(155)　吉田・前掲注(23)79頁，加戸・前掲注(23)127頁，椙山敬士＝筒井邦恵「データベースの著作物性」斉藤博＝牧野利秋編『裁判実務体系27　知的財産関係訴訟法』111頁（青林書院，1997），茶園成樹「新聞記事の要約」斉藤＝牧野編『知的財産関係訴訟法』183-184頁，三山・前掲注(130)66頁，作花・前掲(127)111頁。

(156)　田村・前掲注(10)85頁。横山・前掲注(62) 4頁。

第2節　日本著作権法

自体は学説上も支持されているといってよい[159]。

しかし，素材を抽象化したレベルで認め得るとすると，著作権法がアイディアを保護しないとしていることとの緊張関係が生じる[160]。また，事実的編集著作物に関しては，無制限に素材の抽象化を認めた場合，事実自体の独占を生じさせるため，事実の自由利用を害さないよう注意する必要性があろう[161]。したがって，編集方法そのものを保護することになる場合や，その抽象的素材から具体化していく過程で多数の具体的な表現方法が考えられるために，独占を認めた場合に他者の創作行為を害する危険性が高い場合には，アイディアとして保護すべきではないことになる[162]。

(2) 新規性類似基準を主張する学説

しかし，編集物においては，まさに抽象化したレベルにおける創意工夫（たとえば，編集体系の構築，情報に対する評価など）が創作者の中心的寄与であるということが少なくない。こうした要素に対し，素材の抽象化という手段により保護を認めようとするのが前述の創設的規定説である。

同説のうち，素材の抽象化について詳述した論稿は，12条を条文上の根拠として，創作のプロセスにおいて著作者が最も重視した要素を素材と認定することを許容し，それによって生じる過保護の弊害を除去するために，創作性の基準として新規性類似，あるいは，進歩性類似の高い基準を要求すべきことを主張する。すなわち，素材を抽象化するのに反比例して，創作性基準は高いものが要求されるべきことを主張している[163]。

---

(157) カーテンカタログ事件・前掲注(27)。この説示に対する評価については拙稿［判批］著作権判例百選（第3版）72頁参照。
(158) The Wall Street Journal事件・東京高判平成6年10月27日（知裁集26巻3号1151号）最判平成7年6月8日（判例集未登載），NTTタウンページ事件・東京地判平成12年3月17日（判時1714号128頁）。
(159) 茶園・前掲注(57)91頁，田村・前掲注(10)85頁，潮海・前掲注(57)ジュリ1111号234頁，横山・前掲注(62)4頁。
(160) 茶園・前掲注(57)91頁。
(161) 吉田・前掲注(23)74頁参照。
(162) この点が考慮された裁判例として，知恵蔵事件・前掲注(43)，色画用紙見本帳事件・東京地判平成12年3月23日（判時1717号140頁）。
(163) 横山・前掲注(62)10-12頁。

そこで，こうした手段による過保護の弊害の排除の有効性について以下で検討する。

IV 検討

1 新規性類似基準

(1) 新規性類似基準の問題点

新規性の判断は芸術的な価値の優越を問題とするものではないから司法判断に委ねることも可能である。新規性を基準として用いることにより保護対象となる編集体系は限定されるであろうし，保護の要請が大きいと考えられている，経済的な価値の高い部分に対して保護を認めることができよう。

しかし，新規性基準によって過保護が回避できるのは，すでに類似の創作物が存在している場合に限られる。既存の創作物のなかに類するものが存在しない著作物については，その編集体系は当然新規であるということになるが，他者も同様の編集体系に達しやすいというものであったり，標準的な体系として利用されるものとなる可能性は残されている。この場合，新規であるということだけで保護を認めると，その後の他者の創作行為を抑制する危険性は否定できないであろう。そこで，論者は，当業者が容易に創作し得るかどうかという進歩性に類似した基準も加味することを提唱しているが[164]，進歩性に関しては，新規性と異なり，裁判所による判断になじまないという問題が別途生じることに注意しなければならない。

(2) 保護範囲における制限

次に，保護対象の拡大による過保護の危険を回避するには，創作性の基準における調整のみで十分かどうかという検討が不可欠と思われる。編集体系等の利用が問題となるのは，それが競業者によって利用される場合であり，創設的規定説の論者もそうした場面において保護の必要性を説いている。しかし，現在の著作権法の体系では，侵害の成否において，競業者による利用か否かという点は原則として考慮されない。そのため，著作権の保護範囲が商業的利用のみならず，私的な利用にも及び得ることをどのように調整するかが問題となる[165]。

考えられる解決策は，制限規定による調整である。わが国の著作権法30条

---

(164) 横山・前掲注(62)10-12頁。

第 2 節　日本著作権法

は私的利用目的での複製を許容しており，この点に関してはアメリカ著作権法のフェアユース判断におけるような不明確性は存在しない。しかし，現在の通説的見解は，家庭内と同視できる範囲でしか利用を認めておらず，会社内部，カルチャースクール，セミナーなどにおける利用はこれにあたらないと解しているため(166)，競業関係以外の利用に対しても規制が及ぶことは避けられない。さらに，わが国における制限規定は限定列挙の方式を採用しているため，30条が適用できない場合に保護範囲を画する手段が存在していない(167)。

　加えて，保護期間の問題についても触れておくべきであろう。法は，原則として，著作者の死後50年という長い保護期間を付与している（51条）。新規性基準を要求することによりアイディアに該当する部分を保護する場合，これほど長期の保護を付与することは，特許法をはじめとする他の知的財産権との均衡から問題があるように思われる。

　以上の理由から，創作性要件の変更による編集体系の保護については慎重であるべきと考える。

　したがって，いくつかの裁判例にみられる独創性や新規性基準への言及は，事実的著作物における安易な創作性の認定が事実やアイディアの独占を招く危険性から，個性の存否を慎重に判断すべきとする裁判所の態度が昂じたものと捉えるべきであろう。

2　創作性判断における創作過程の考慮

　他方，創作性の判断において創作プロセスを考慮するという，上記の創設的規定説が提示する視点は，有益な編集体系の保護だけではなく，情報の集

---

(165)　田村善之『知的財産法（第 3 版）』381-382頁参照。

(166)　加戸・前掲注(23)216-217頁，玉井克哉「情報と財産権」ジュリ1043号78頁(1994)，斉藤・前掲注(130)218頁。裁判例では東京地判昭和52年 7 月22日（無体集 9 巻 2 号534頁）を参照。ただし，複製技術の普及により，企業内の複製行為に対しても30条 1 項の（類推）適用を認める必要性が生じていることを指摘するものとして，田村善之「自由領域の確保（自由統御型知的財産法の発想）知的財産法(4)」法教238号108頁，特に注(12)を参照。

(167)　わが国の著作権法におけるフェアユース理論の採用を否定した裁判例として，東京地判昭和59年 8 月31日（判時1127号138頁），東京高判平成 6 年10月27日（判時1523号118頁），東京地判平成 7 年12月18日（判時1567号126頁）。

第1章　著作権法による保護

積に対する保護を認めるための理論的根拠となる可能性を有している。というのは，編集物における創作者の寄与は，効率的に構成された編集体系の構築だけではなく，大量の情報の収集にも存する場合もあり[168]，創作過程における著作者の中心的寄与を重視した創作性の判断を認めるという見解に基づくならば，後者についても保護を及ぼしうると考えられるからである。もっとも，創設的規定説は，あくまでも著作権法の保護要件として創作性（あるいは新規性）が必要であるとしており，個性発揮の余地がない情報収集行為の保護まで認めるものではない[169]。しかし，こうした立場に立脚したとしても，情報の収集行為に行為者の創意工夫が認められるという場合や，編集物に蓄積されたデータや数値が創作者の経験，知識に基づいた主観的な判断によって決定されたものである場合には[170]，こうして獲得した情報に保護が認められる可能性が生じよう[171]。

しかし，こうした解釈は，結果としてデータそのものの独占を認めることを意味し，事実を保護しないとする著作権法の原則と対立する。

法は二次的著作物に対する権利をも付与しているため（27条），こうした解釈のもとでは，当該情報を利用したすべての著作物が侵害とされる危険性も無視できない。

さらに，著作権の保護範囲が競業的・商業的利用のみならず，私的な利用にも及び得ること，保護期間が著作者の死後50年とかなりの長期にわたること，こうした権利範囲や保護期間を制限するための理論が欠如していること等の問題を有する著作権法は，情報の集積自体を保護する制度としては適切ではないと思われる。

---

(168)　梅谷・前掲注(23) 8頁。

(169)　むしろデータベースに対しては，実用性が要求されるためその保護範囲は狭く解されるべきであるとする（潮海・前掲注(57) 236頁）。

(170)　たとえば，具体例として，選挙の当落予想自体に創作性が観取される場合に，その表現に対して著作物性を認めるといったことが考えられる（当落予想表事件・前掲注(36)に該当する本文を参照）。こうした創作性の判断は，Feist判決後のアメリカの裁判例においても，データの決定にあたり主観的判断を行使したことをもってオリジナリティを肯定するという形で現れている。その妥当性も含めて詳しくは本章第1節第2款第1項Ⅲ**3**を参照。

(171)　横山・前掲注(62) 9頁。

こうした観点は，すでに見たアメリカの裁判例の変遷および学説（第1節第2款，3款）からの示唆とも整合する。アメリカにおける議論では，事実を保護しないという原則やオリジナリティの要件は，権利取得の容易性や，広範な保護範囲，長期間の保護期間を認める著作権制度のもとで，言論の自由の確保や将来の創作活動のためのパブリックドメインの自由利用を可能とするための役割を有していた。この点については，わが国の著作権法にも同様に当てはまるといえる[172]。これらの原則を緩和し，侵害の要件において保護範囲を柔軟に画するという方策は，現行の著作権法制度の下では十分に過保護の弊害を除去し得ないのである。

さらに付言すれば，わが国の著作権法は，著作物に対して著作者人格権を付与している（17条）。こうした権利が付与されているのは，著作物は創作者の思想・感情の表明であり，その者の人格の発現であることという認識を前提としているからである[173]。情報の収集や，情報の発見における工夫については，著作者の人格的利益は小さいものと思われるため，これを保護しなければならない必要性は乏しい。また，こうした情報の無断利用行為を禁止すべき必要性は，他者のフリーライドにより投資回収の機会が害されることの不正性にあり，経済的な利益に関するものであるから，人格的権利を付与する必要性が低いだけでなく[174]，こうした保護を与えることによって，情報の自由な流通や利用が害される危険性があることは，財産権である著作権に関して述べたことと同様である。

したがって，創作過程における著作者の創作性を考慮することにより，著作権法によって情報収集投資の保護を図るという救済は妥当ではないと結論付けられよう。

---

[172] 田村・前掲注(10)20頁，作花・前掲注(127)83-84頁参照。
[173] 斉藤・前掲注(130)138-140頁参照。
[174] 創作性が欠如した事実的編集物に関して人格権を付与することに疑問を呈する見解として，金子・前掲注(124)NBL348号15-16頁，椙山＝筒井・前掲注(155)116頁（1997）。

第1章　著作権法による保護

第3節　本章のまとめ

　本章では，アメリカ法と日本法それぞれについて，事実的編集物およびデータベースの創作投資の保護を中心として，その創作性判断，および侵害判断について検討してきた。

　アメリカ法においては，保護要件であるオリジナリティの要件を独立創作という低いレベルに解することによって競争者による情報の流用に対して保護が図られてきた。こうした見解は，もともとはイギリス著作権法における労力保護法理に端を発したものであり，当初は，オリジナリティを認めることが困難な編集物の事案において，競争者が自己の資本を投下することなく，他者の収集した情報を無断利用するといった不正競争的行為に対して適用される理論であった。しかしながら，著作権の権利範囲が拡大するにつれて，労力保護の法理も競争関係にある利用を超えて適用されるようになになる。その結果，同法理は，裁判例上も学説上も確立したものとはなり得ていない。というのは，不正競争的行為を禁止するための制度として，著作権法は，その保護が及ぶ人的範囲，および，物的範囲が広範に過ぎ，かつ，オリジナリティ要件を独立創作と解した場合に，その保護範囲を限定するための理論を十分には備えてはいないからである。同要件は，他者の創作活動や情報の普及を阻害することがないよう，こうした保護が付与される保護対象を限定するという役割を有しており，こうした機能を考慮したうえで解釈されなければならない。したがって，独立創作のみでオリジナリティの充足を認めることはできなかったのである。

　これに対し，わが国においては，アメリカ法とは対照的に創作性レベルを高く解することによって保護範囲を拡大する試みが生じている。しかし，このような傾向に対しても，上記のアメリカ法における問題が同様に妥当する。

　わが国の著作権法は，保護要件として創作性を課し，さらに，アイディアや事実を保護しないという原則を維持することにより創作活動や知識の普及等を害さないよう調整をしつつ，業としての利用に限定しない保護範囲を付

第3節　本章のまとめ

与している。こうした前提を変更する際には，同時に著作権の保護範囲についても調整を行うことが不可欠となる。そうした対策なしでは，著作権法の目的とする知識の普及や学問の発展に不可欠な情報や表現が独占権のもとにおかれることになってしまうからである。しかし，アメリカ法において明らかとなったのと同様に，わが国においても，保護範囲の調整を行うための適切な解釈枠組は存在しておらず，加えて，著作者人格権の存在と，制限規定の一般条項的役割を有するフェアユース規定の欠如というアメリカ法には存しない問題も認められる。

　したがって，著作権法は，創作の投資を保護する制度としては不適切であるといわざるを得ない。しかし，著作権法における創作投資の保護が認められないとすると，事実的編集物やデータベースの創作のインセンティブが欠如した状態を甘受しなければならない。もっとも，こうした結論は，著作権法による保護が不適切であるということを意味するだけであって，それ以外の法制度による保護の可能性を否定するものではない。そこで，次章では，著作権法以外の保護手段について検討する。

第2章 著作権法以外の法制度による保護

　前章では、著作権法における創作投資の保護の可否について検討を行い、同法による保護が妥当でないことが明らかとされた。本章では、創作の労力を保護する法制度として同法以外の選択肢を検討する。前章でみたように、アメリカ著作権法における「額に汗の法理」は不正競争法的理論に端を発しており、このことを考慮すれば、不正競争法による創作投資の保護の可能性を探っておく必要があろう。仮に著作権法以外の法制度によって保護を付与し得るのであれば、著作権法の原則を歪めてまで労力の流用に対する救済を認めることの正当性は一層乏しいこととなる。

　また、既存の法制度による保護の現状を確認しておくことは、新規立法としてどのような保護が必要であるのかという問題を考える前提としても必要であろう(1)。

　そこで、本章では、著作権法以外の法制度による保護の可能性について、第1節においてわが国の状況を、次節においてアメリカ法の状況を概観する。

---

(1)　近時の技術的手段の発達がデータベース利用の対価回収を容易にし、契約による利用規制を可能としたことを理由として、新たな保護立法の構築に対し疑問を呈する見解もある（John M. Conley et. al, *Database Protection in a Digital World*, 6 Rich. J. L & Tech. 2 (1999) <http://www.richmond.edu/jolt/v6i1/conely.html> {95-104}；U. S. Copyright Office, *Report on Legal Protection for Databases*, 68 (1997)）。

第1節　日本法における保護の現状

第1款　創作投資保護制度

　わが国の不正競争防止法（以下，不競法とする）は，不正競争に該当する行為を限定列挙しており，データベースからの情報流用行為を直接に規制する条項を有していない。

　ただし，創作投資の保護に関連する規定として2条1項3号が存在する[2]。本号は，他人の商品形態を模倣した商品を譲渡等する行為を商品の最初の販売から3年間禁止することを定めている。本号を設けた趣旨として，商品形態の開発にはコストがかかる一方でそのコピーは容易であるため，競争者のデッドコピー行為を許容すると，先行者は市場の先行利益を奪われるために商品化にかかる投資を回収できず，ひいては創作のインセンティブが害される結果となるからであると説明されている[3]。

　本号が，創作の投資回収の機会に着目した規定であること，保護要件として創作的な価値を要求していないことから，データベース保護への活用可能性が浮上しよう。本号が譲渡行為等に限定した規制を行っており，保護期間も販売から3年間と短期間である点は，前章で明らかとなった著作権法で保護した場合の弊害を解消しているといえそうである。

　しかし，同規定の保護対象となるのは商品形態であり，これに情報そのも

---

[2]　田村善之『不正競争法概説（第2版）』282-285頁（有斐閣，2003），通商産業省知的財産政策室『逐条解説不正競争防止法』37-38頁（有斐閣，1994），外川英明「不正競争防止法上の商品形態の模倣規制と意匠の類比判断」パテント45巻8号80頁（1995），土肥一史「不正競争防止法による商品形態の保護」マックス・プランク知的財産・競争法研究所編『F.K.バイヤー教授古稀記念論文集・知的財産と競争法の理論』403頁（第一法規出版，1996）。

[3]　田村・前掲注(2)284頁，逐条解説・前掲注(2)37頁。

のが含まれると解することについては文言上困難がある。学説における有力な見解も、情報自体は物理的な形態を有していないため、本号の保護対象とはなり得ないと解している[4]。本号は保護要件として独立創作以上のものを要求しておらず、また、権利の制限として、「同種の商品が通常有する形態」が除外されることを定めるのみであるため、同号によるデータベースの保護は情報の独占を招く危険性が高い。そのため、本号によるデータベースの保護は困難であると考える。

第2款　技術的手段にかかわる法制度

情報の集積の流用行為自体を禁止する法制度が存在しなくとも、コピープロテクションやアクセスプロテクション等の技術的な制限手段を駆使することによって、データベース開発者は事実上データベースからの情報の流用を予防し得る。そうした手段を回避する行為が法的に禁止されている場合、技術的な対策が電子的データベースの保護に有効に働くことが期待されよう。しかし技術的な制限手段による解決が、データベース保護に十分かつ適切であるのかについて検討する必要がある。以下では、技術的な制限手段に対して法律上いかなる支援がなされているのかを俯瞰する。

1　著作権法

著作権法は、技術的保護手段の回避のみを目的とする装置の譲渡行為等、および、公衆の求めに応じて業としてその回避を行う行為に対して刑事罰を課し（120条の2第1号第2号）、加えて、技術的保護手段を回避することにより可能となったことを知りながら複製を行う場合には、私的利用の目的であったとしても侵害を構成することを定めている（30条1項2号）。ただし、著作権法上の技術的保護手段とは、著作権等の侵害行為を防止、抑止するも

---

[4]　田村・前掲注(2)215頁、渋谷達紀「商品形態の模倣禁止」マックス・プランク知的財産・競争法研究所編『F.K.バイヤー教授古稀記念論文集・知的財産と競争法の理論』372頁注38（第一法規出版、1996）、中山信弘『マルチメディアと著作権』172頁（岩波新書、1996）、山本庸幸『要説不正競争防止法（第3版）』124頁（発明協会、2003）、梅谷眞人『データベースの法的保護』106頁（信山社、1999）、小野昌延編著『新・注解不正競争防止法』321頁（青林書院、2000）。

のみが該当するため（2条1項20号），創作性を有しないデータベースに関する技術的手段には適用されない。また，かりにデータベースが著作物足りうる場合であっても，著作権（および著作者人格権）侵害を構成しない行為（アクセス行為，視聴行為など）を防止するために講じられている手段に対して本条は適用をみないことになる[5]。私的複製についても同様に，創作性のある要素が利用された場合にのみ救済を受けうる。また，回避装置の提供行為に対する救済としては刑事罰が課されているのみであり，データベースの作成者が，回避行為によって奪われた利益の返還を求めることは不可能である。

結局のところ，創作的表現を保護対象とする著作権法の下では，技術的保護手段の回避規制も創作性に関わるものに限定されざるを得ず，情報収集の労力に対する保護とはなりえない。データベースに関する技術的手段の実質的保護は，次に述べる不正競争防止法による規制に委ねられることとなる。

2　不正競争防止法

不正競争防止法は，2条1項10号と11号において，営業上用いられている技術的制限手段を妨げる機能のみを有する装置を譲渡等する行為を禁止している。同法にいう技術的制限手段には，著作権等で保護されない情報に付されたものも含まれており（2条5項），創作性要件を満たさないデータベースについても適用可能である。データベース開発者は，データベースにコピープロテクションやアクセス規制など技術的な措置を講じることによって，無許諾での複製行為やアクセス行為を排除することができるが，両号の規定により，こうした技術的保護手段の実行性は高まったといえる。

しかし，両号によって規制される行為は，技術的保護手段を無効化する装置の提供であり，無効化行為そのものではない。自ら技術的保護手段の迂回技術を有しないであろう多くの一般ユーザーに対しては，これらの規定が有

---

[5]　文化庁＝通産省『著作権法・不正競争防止法改正解説』90-91頁（有斐閣，1999）。ただし，著作権侵害を抑止する手段に該当するかどうかの判断は困難な場合が多いであろう（この点については，田村善之『著作権法概説（第2版）』142-143頁（有斐閣，2001）も参照）。たとえば，データベース内の情報の複製や抽出行為をコントロールする手段については，個々の利用行為が侵害における類似性要件を満たす場合とそうでない場合が考えられるからである。

効に機能することが期待できよう。しかし，競争者がプロテクションの回避手段を自ら有している場合には防止策とはなり得ず，このことは，創作投資の保護が競争者による流用をきっかけとして問題とされてきたことを考慮すれば無視できないものと思われる。

さらに，この規定の下では，技術的制限を迂回して得た情報の第三者による無断利用行為に対しては救済が与えられない。技術的制限手段回避に対する法規制は，制限手段が付された情報の価値の問題とするものではなく，特に情報の利用に対する対価回収という場面においてそれを法的に支援するという機能を果たしうるといえよう。しかし，一度流通におかれアクセスが許された情報のその後の利用行為に対して保護を図る制度とはなり得ない[6]。同法の技術的保護手段に関する規制が，契約や知的財産権の保護を補完する役割を有していると捉えるならば[7]，データベースの創作投資に関する法制度が存在してはじめて，こうした救済に実効性を持たせる手段としてこれらの条項が機能することになり，それによって保護される利益が明らかになるものと思われる[8]。

(6) なお，平成11年に成立した不正アクセス行為の禁止に関する法律により，アクセス制御機能による制限を回避する情報の入力行為等に刑事的な制裁が課されることとなり，データベースの無断利用行為に対する抑止効果が期待される（法律の概要については，檜垣重臣「不正アクセス行為の禁止等に関する法律」法律のひろば1999年12月号31頁（1999），露木康浩＝砂田務＝檜垣重臣「不正アクセス行為の禁止等に関する法律の解説」警察学論集52巻11号58頁（1999）などを参照）。しかし，こうした規制についても，情報へのアクセスの場面においてのみ，情報の利用制限の実効性を有することは不正競争防止法における規定と同様の問題があり，また，刑事的規制であるため，データベース開発者に対し情報の無断利用によって被った損害の救済を付与するものでもない点は，著作権法における技術的保護手段と同様の問題がある。

(7) 田村善之「自由の領域の確保（自由統御型知的財産法の発想）知的財産法(4)」法教238号108頁（2000）。

(8) 他方で，同号の規定は，既存の知的財産権では保護されない情報に付加された技術的手段にも保護を認めるものとなっており，情報の利用を過度に妨げる危険性が指摘されている。（田村善之「デジタル化時代の知的財産法制度」『情報と法（岩波講座現代の法　10）』301頁（1997）参照）。また，技術的保護手段と契約の併用により，データベース開発者が一方的に自己の欲する保護を獲得する危険性については次款を参照。

第1節　日本法における保護の現状

3　小　括

　以上の検討から，技術的な自衛手段が有効に機能しうる場面が存在するものの，情報の流用に対する救済としては必ずしも十分なものとはなっていない。また，そもそもコピーコントロールやアクセス規制をかけることができない紙媒体の編集物[9]や，これらの規制をかけることになじまないデータベースについては，技術的な保護手段に解決を頼ることは望めない。

第3款　契　約　法

　データベースの提供に際しては利用契約が締結されることも少なくない。そのため，昭和61年の著作権法改正時は，ユーザーによる無許諾の検索行為への対処としては，契約による制限を課すことで十分であると解されていた[10]。当該データベースが著作権法等で保護されうるか否かに関わらず，データベース内のデータの利用行為に対して，契約による制限を課すことは可能である。

　もっとも，契約の効力は原則として当事者間にのみ及び，契約当事者ではない第三者が情報を入手してデータベースを作成，販売する行為に対して法的な救済を求めることは困難である。契約による規制は主にユーザーの行為の規律を念頭においているため，競争者による情報の流用に対する対応策としての有効性は疑問といえよう。新たなデータベース保護法の制定は，契約当事者以外の者に対して情報の流用を規制することが可能になるという点で意義がある。

　他方，契約による情報の利用制限に関しては，契約法による知的財産法（特に著作権法）のオーバーライドといわれる問題が指摘されている[11]。すなわち，一般のユーザーとの間で締結される利用許諾契約において，権利者が一方的に自己に有利な契約条項を定めることによって，著作権法が許容す

---

[9]　紙媒体の編集物がスキャナを利用して簡単に電子的データに変換することができることを考慮すれば，アナログ媒体のものについても情報の流用から保護する必要性は否定されないと思われる。

[10]　「著作権審議会第7小委員会（データベース及びニューメディア関係）報告書」（文化庁昭和60年9月）39-40頁，54-55頁。

る利用行為を権利者が禁止しうるという状況が生じてきたのである。技術的な保護手段の発達とそれらを支援する法制度が整うにつれて，事実上，創作者が契約によって全ての利用に対してコントロールを及ぼすことも不可能ではなくなっている。これにより，創作者に過大な保護の手段が与えられる一方で，利用者はその利用条件等を著しく制限されるため，必要な情報へのアクセスや既存の情報を利用した創作行為が害される危険性があり，著作権法の定めた利用と保護のバランスが無視されるとの危惧がある。

　もっとも，データベースも著作権法の保護対象に含まれているが，既述のように，創作性を利用しない形態での無断使用については保護が及ばない。そのため，厳密には，創作投資の保護に関して著作権法と契約法といった対立は存在していないとみることも可能である。しかし，データベースの保護制度は，事実の利用にかかわる公衆の利益，および，学問や文化の発展に与える影響が小さくないため，著作権法が定める事実の不保護の原則を害する危険性は必ずしも排除されず，当事者の任意によって定められる契約のみにその規制を委ねておくことは妥当ではないであろう。

第4款　不法行為法による保護

　その他，データベースの保護制度としては不法行為法が考えられる[12]。

　従来から，裁判例上，著作物に該当しない印刷用書体に対し，その開発にかかる莫大な投資に競争者がフリーライドする行為の違法性が争われていた。裁判例の中には，印刷用書体について，当該書体が創作的なものであり，過去のものと比べて特有の特徴を有している場合に，他人が不正競争の意図をもってそっくり模倣したものを制作販売する行為に対して，抽象論として不

---

(11)　上野達弘「契約に依る著作権制限規定のオーバーライドをめぐる議論状況」コピライト1998年11月50頁，曽野裕夫「情報契約と知的財産権」ジュリ1176号88頁（2000），小泉直樹「デジタル化と情報契約—電子契約，技術的手段，著作権」知財研フォーラム405号50頁（2000）を参照。

(12)　由上浩一「データベースの法的保護」工業所有権法研究113号31頁，中山信弘「財産的情報における保護制度の現状と将来」『情報と法（岩波講座現代の法　10）』275頁（岩波書店，1997），田村・前掲注(5)。

法行為の成立の可能性を示唆したものが存在した⁽¹³⁾。

　また，商品の形態を競業者がデッドコピーした事案では不法行為による保護が認められている⁽¹⁴⁾。学説においては，この判旨の抽象論に従えば，①データベースに創作的要素があり，②競争相手がデットコピーないし酷似的模倣を行い，③それを廉価で販売したことにより営業上の利益が侵害されたような場合には，不法行為による保護が可能であることが指摘されていた⁽¹⁵⁾。しかし，本件は商品形態に関する事案であり，情報の収集にかかる労力の保護についてまで射程が及ぶと考えることには疑問がある⁽¹⁶⁾。また，①〜③の要件は，問題とされた事案から導き出されたものであるため，異なる事案に対しても同様に妥当するのかについては検討の余地が残されていた。

　なお，データの流用に関して直接に争われた事件としては，原告会社の元従業員が在職当時に入手した顧客名簿データベースのコピーを利用して原告商品を廉価販売した行為に対し，不法行為の成立を認めた裁判例⁽¹⁷⁾が存在している。裁判所は，その理由として，原告顧客データベースに財産的価値が認められ，それを無許諾で販売行為に利用することは原告の営業上の利益

---

(13)　結論として不法行為の成立は否定されているが，大阪地判平成元年3月8日（無体集21巻1号93頁），最判平成12年9月7日（民集54巻7号2499頁）。後者の控訴審である大阪高判平成10年7月17日（民集54巻7号2562頁）では，このような書体が多くの労力，時間，費用を費やして作成されることという要件が付加されている。また，著作物性を満たさない袋帯の図柄を模倣した行為に対し，不法行為を認めた裁判例が存在するが（京都地判平成元年6月15日判時1327号123頁），模倣品の製造販売により原告が品質の劣る類似製品を安価で販売しているように消費者に誤解され，営業上の信用が侵害されたことを理由としており，必ずしも創作にかかる投資を保護したものと解することはできない（本判決の理解について詳しくは田村善之［判批］ジュリ1033号10頁参照）。

(14)　木目化粧紙事件・東京高判平成3年12月17日（判時1418号120頁）。田村善之「他人の商品のデッドコピーと不法行為の成否」特許研究14号32頁（1992）参照。

(15)　由上・前掲注(12)31頁，中山信弘「デジタル時代における財産的情報の保護」曹時49巻8号1845頁，梅谷・前掲注(4)102-104頁。判旨がいう①の創作的要素とは，著作権法の概念である創作性とは異なり，請求権者が独立に対象物を作成したという意味と理解される。

(16)　この事件を契機に新設された不正競争防止法2条1項3号の規定が，有形的形態を有しない情報に対して適用されることの是非については，本節第1款を参照。

(17)　東京地判平成10年8月26日（判タ1039号199頁）。

を違法に害するものであるというごく簡潔なものしか述べていない。しかし，当該情報に財産的な価値が存在するということのみを理由としてその利用行為が違法とされてしまうと，市場で取引される全ての情報に保護を認める結果となるため競争を抑制する危険性が高く，また，知的財産法において特定の要件を満たした財産的情報のみが保護されていることを無意味にしてしまうものと思われる。おそらく本件の判断には，被告が原告会社の元従業員であったこと，原告商品を原告よりも廉価で同じ顧客に販売したこと，といった事案の特徴が大きく影響していると考えられる[18]。

ところが近時，競争者によるデータベースの情報の無断利用に対して不法行為の成立を認めた裁判例が現れた[19]。この事件では，著作権法によっては創作性が認められないデータベースから情報を複製し，同種のデータベースを作成・販売した被告の行為が問題とされた。判旨は，創作者が①費用や労力を費やして情報を収集し，整理し，②そのデータベースを製造販売することで営業活動を行っており，③利用者が創作者の販売地域と競業する地域で，そのデータを複製したデータベースを販売しているという，3つの事情を指摘した上，これらの条件満たす場合には，データの複製に対して不法行為が成立すると判断した。

この判決は，まさに情報収集の投資を不法行為法によって保護したものと評価しうる。学説の中には，データベースに対する保護が欠如している現状において同法による解決を示すものが存在したが[20]，本件はこれを実現したものとして注目される。

もっとも，不法行為法による救済には差止請求権が認められておらず，救

---

(18) 本件で問題となったデータベースが秘密管理されていたならば，不競法2条1項7号において保護が可能である。本件ではこの点についての主張が一切行われていないため事実関係は明かではないが，原告が請求しているのは損害賠償のみであったので，事実上，営業秘密の保護を不法行為法によって行ったものと解する余地もあろう。なお，不正競争防止法に営業秘密に関する規定がおかれる以前であってもその不正取得行為に対し，不法行為の成立が認められている（大阪高判平成6年12月26日判時1553号133頁）。

(19) 東京地裁中間判決平成13年5月25日（判時1774号132頁），東京地裁本案判決平成14年3月28日（判時1793号133頁）。

(20) 田村・前掲注(5)25頁。

済手段として問題を残していないわけではない(21)。そのため，裁判例上，不法行為による解決が示されたことによって，必ずしも新規立法の必要性が否定されたわけではないと考える。

　もっとも本件の判旨からは，データベース保護に関して以下のような示唆を得られよう。

　まず，投資保護の選択肢として，著作権法のような権利付与制度ではなく，行為規制制度の可能性が示された点である。ただし，こうした法制度の違いが存するとはいっても，著作権法において保護が否定されている情報が保護されるのであるから，同法との対立が完全に回避されたと考えるのは早計である(22)。むしろ本件は，創作の投資について，規制範囲を競業関係のみに限定することによって，私的な利用行為に対しても保護が及ぶとされる著作権法の問題点を回避した点に重要性があるといえよう。加えて，単なる商業的な利用ではなく，当該データベースの市場に着目し，直接に投資の回収が害される行為に限定した保護を指向している点で評価できると思われる。

　ただし，判旨があげた上記3つの要件の他にも，本件には，利用された情報の量，両データベースの目的の同一性，被告の独立の調査の欠如など，結論の前提として不可欠と考えるべきいくつかの事情が存在しているように思われる。そのため，侵害成立の要件については今後，さらに精密化していく必要がある(23)。また，本件の示した要件に基づく限り，企業内部で利用されるデータベースや原告と競業しない地域における情報の利用行為については不法行為の成立は困難と思われるため，保護範囲が十分であるかについてはさらなる検討の余地があろう。

---

(21)　由上・前掲注(12)31頁，中山・前掲注(12)275-276頁，渋谷達紀「財産的成果の模倣盗用行為と判例理論」判時1430（判評405）号148頁，小泉直樹「不正競争防止法による秘密でない情報の保護」判タ793号41頁（1992），吉田邦彦「不正な競争に関する一管見―競争秩序規制の現代的展開―」ジュリ1088号44頁（1996），松本恒雄「情報の保護」ジュリ1126号194頁（1998）。

(22)　この点については，次節，アメリカ法におけるミスアプロプリエーションと著作権法による専占に関する議論を参照。

(23)　詳しくは，拙稿［判批］コピライト2001年10月号参照。不法行為成立の要件が不明確であると，情報の利用に関する抑止効果も大きくなることを指摘する文献として，松本・前掲注(21)194頁も参照。

しかし，少なくともその他の法制度による保護が困難な状況において，要件を明示した上で不法行為による保護が認められたことは，今後の創作投資保護に大きな影響を与えるものといえよう。

第2節　アメリカ法におけるその他の保護制度
　──ミスアプロプリエーション理論の発展

　アメリカ法においては，著作権法による保護と並んで，早くから不正競争の理論の1つといわれるミスアプロプリエーション（misappropriation）の理論の活用により，情報収集に対する保護の欠如を埋める試みがなされてきた。本説では，同理論について概観する。

　もっとも，同理論に基づく以外にも，データベース開発者は技術的保護手段に関わる法や契約法等により一定の保護を受け得る[1]。

　デジタルミレニアム著作権法（DMCA）[2]の成立に伴う改正により，著作権法§1201（a）は，著作物へのアクセスをコントロールする技術的保護手段を迂回する行為，及び，迂回の目的のみを有する製品を製造販売等する行為を禁止している[3]。同条はアクセス制限手段をも規制対象とし，かつ，その迂回行為自体を禁止している点で，わが国著作権法の技術的保護手段に関する規制とは異なっている。

　しかし，こうした法制度は紙媒体のデータベース及び著作物性を有しないデータベースに対する保護を与えるものではない。また，技術的な自衛手段に多大のコストが必要となれば，それらのみに保護を頼ることは，データベ

---

(1) Jonathan Band & Makoto Kano, *The Database Protection Debate in the 106th Congress,* 62 Ohio St. L. J. 869（2001）; Committee on Issues in the Transborder Flow of Scientific Data, National Research Council, *Bits of Power : Issues in Global Access to Scientific Data,* National Academy Press（1997）.

(2) The Digital Millennium Copyright Act（Pub. L. 105-304）*codified,* 17 U. S. C. §1201.

(3) ただし，本条の規定が著作物に対するアクセスに限定して付与されるのだとすれば，著作物性を有しないデータベースはこの適用を受けない可能性がある（John M. Conley et. al, *Database Protection in a Digital World,* 6 Rich. J. L & Tech. 2 （1999） <http://law.www.richmond.edu/jolt/v6i1/conley.txt> {66-67}）。

第2章 著作権法以外の法制度による保護

ースの流通の阻害や価格の高騰をもたらす要因となり，公衆が有益なデータベースにアクセスする機会を減少させる可能性を生じさせることも指摘される[(4)]。加えて，技術的手段の迂回行為が法的に規制されることにより，コンテンツの権利者は，プロテクションを一方的に課すことによってありとあらゆる情報に対して法的な保護を享受しうることとなり，公益的な理由から情報へのアクセスを確保すべき場合，情報の利用を認めるべき場合等にそれを阻害する危険性が指摘されているところである[(5)]。

また，データベースの利用契約の活用により保護を図ることも可能であるが，契約の効力は，原則として契約当事者以外の利用行為に対しては及ばない[(6)]。加えて，アメリカにおいて，契約法は州法に属するため，著作権法と対立する内容を含む条項は連邦法である著作権法の専占に服する可能性もある[(7)]。

すなわち，以上の保護手段には前節の日本法の検討において指摘したのと同様の問題が存在し[(8)]，特に公衆の利益とのバランスをとる手段に乏しいという欠点が存する[(9)]。

---

(4) Laura D'Andrea Tyson & Edward F. Sherry, *House Judiciary Committee Hearings*, 23 Oct. 1997 on H. R. 2652＜http://www.house.gov/judiciary/41118.htm＞

(5) J. H. Reichman & Pamela Samuelson, *Intellectual Property Rights in Data?*, 50 Vand. L. Rev. 51, 108-109 (1997); National Reserch Council, The Digital Dillemma: *Intellectual Property in the Information Age*: *Exective Summary*, 62 Ohio St. L. J. 951, 962-963 (2001).

(6) Reichman & Samuelson, *supra* note 5, at 137; G. M. Hunsucker, *The European Database Directive*: *Regional Stepping Stone to an International Model*, 7 Fordham Intell. Prop. Media & Ent. L. J. 697, 717-718 (1997). また，シュリンクラップ契約やクリックオン契約の有効性に疑問を示すものとして，Jane C. Ginsburg, *Copyright, Common Law, and Sui Generis Protection of Databases in the United States and Abroad*, 66 U. Cin. L. Rev. 151, 164 (1997)。

(7) Ginsburg, *supra* note 6, at 165-171. また，契約については州ごとにその解釈が別れる可能性もある (Note: *Just the Facts, Ma'am a Case for Uniform Federal Regulation of Information Databases in the New Information Age*, 48 Syracuse L. Rev. 1263, 1287-1289 (1998))。

(8) 技術的保護手段については前節第2款，契約については前節第3款を参照。

そこで，注目されるのがミスアプロプリエーション理論である。同理論は，自己が労力や資金を投下して収集した事実を競争者に流用された者に対して救済を与えるための基礎として，裁判例上古くから主張されてきた。事業者間の行為を規律するといわれるミスアプロプリエーション理論は，著作権法における額に汗の理論がもともとは不正競争法的な理論であったことに鑑みれば[10]，情報収集の労力を保護するための有力な選択肢となり得よう。Feist判決が情報の流用に対して不正競争法による保護の可能性を示唆したことも[11]，同理論の活用が期待される要因となっている。かりに同理論による事実の流用行為に対する救済の可能性があるとすれば，著作権法による保護の必要性は乏しくなり，また，新たな立法も不可欠なものではなくなるであろう[12]。

加えて，ミスアプロプリエーションによる保護が困難であるとしても，その理由を明らかにしておくことは新規立法の検討にも有益である。以下で詳しく述べるように，州法に属する同理論による救済には，連邦法である著作権法との関係で専占という大きな障壁が存在する。専占という制度はアメリカ法特有のものではあるが，単に連邦制度を維持するためのものではなく，著作権法との調整という機能をも有していると捉える場合には，新たなデータベースの保護制度を考える際にも検討すべき問題といえよう。

よって，以下では，主に情報の流用に関する事案を中心にミスアプロプリエーション理論の発生と発展の経緯を見た後，学説の議論をみていくことにする。

---

(9) C. D. Freedman, *Should Canada Enact a New Sui Generis Database Right ?*, 13 Fordham Intell. Prop. Media & Ent. L. J. 35, 98 (2002).
(10) 第1章第2款第1項Iを参照。
(11) Feist Publications, Inc. v. Rural Tel. Serv. Co., 499 U. S. 340, 354 (1991).
(12) ただし，ミスアプロプリエーション理論は州法上の法理であるため，同理論により保護が可能であるとしても州ごとにその保護範囲が異なりうるという問題は存在する。そのため，データベースのように州を超えて流通する創作物については，法制度の統一の点から新規立法の必要性がなくなるわけではないとの指摘がある(Sarah Lum, *Copyright Protection for Factual Compilations — Reviving The Misappropriation Doctrine,* 56 Fordham L. Rev. 933, at 950 (1988))。

第1款　ミスアプロプリエーション理論の発生

不正競争 (unfair competition) という用語は裁判例において多義的に使用されてきた。その多くは，詐称通用 (passing off)，すなわち，他者が自己の信用を利用してサービスや商品の販売を行うことを禁止するための理論として適用されていた(13)。

この不正競争行為の類型にミスアプロプリエーションが含まれることを明示したのが，INS 判決(14)である(15)。当時，ミスアプロプリエーション理論は，「自ら種をまかずに刈り取る (one reap where he has not sown)」という不正な行為に対して保護を与えるためのコモンロー上の理論とされていた。本判決以降，自己の労力や費用を費やして獲得した商業的価値を競争者が利用することの禁止を求める裁判例が増加したが，こうした主張の多くは先例として INS 判決を引用している。同判決の事実と判旨は以下のとおりである。

原告 (Associated Press) と被告 (International News Service) はいずれもアメリカ全土にわたって新聞記事を配給している法人である。被告は原告が東海岸で発行した新聞記事を入手し，そこに掲載されたニュースをコピーまたは書き直しをして自己の記事とし，東海岸と西海岸の時差を利用して西海岸で原告の記事が発行されるよりも前に自己の記事を発行した(16)。原告は被告行為の差止等を求めて提訴した。

裁判所は，まず，原告の記事に掲載されているニュース自体は著作物性がないため著作権の保護を受けることは出来ないと述べた。その上で，原告は公衆に対する関係では何の権利も主張し得ないが，競争関係にある被告との関係では自らが収集したニュースに対して準財産権 (quasi property) を有

---

(13) Mark W. Budwig, Comment, *The Misappropriation Doctrine after the Copyright Revision Act of 1976,* 81 Dick L. Rev. 469, 475, n 50 (1977).

(14) International News Service v. Associated Press, 248 U. S. 215 (1918). 本件ついて言及した邦語文献として，由上浩一「データベースの法的保護」工業所有権法研究113号12-13頁 (1993)，小泉直樹『模倣の自由と不正競争』121-124頁 (有斐閣，1994)，梅谷眞人『データベースの法的保護』108-109頁 (信山社，1999)。

すると判断した。当該ニュースは原告の組織，技能，労力，資金を費やして収集されたものであり，かつ，それに対価を支払う者に対して配布，販売されている商品であるところ，被告がこれを利用，販売して利益を得る行為は「自ら種を播かないところから刈り取る」ものであり，不正競争と認定できるというのである。結論として，原告のニュースの商業的価値がなくなるまでの間，被告が原告から取得したニュースを利用することが禁止された。

しかし同判決には，対価性のある価値が，ただそのことのみを根拠として法的に保護されるべきではなく，その他に何らかの理由が必要であるというHolmes判事その他の補足意見が付されている。また，Brandeis判事は，当該情報が営業秘密に該当する，または，契約による利用の制限が存在する場合を除いて，ニュースを対価なしに利用することによって利益を得ることは法も認めるところであるから，たとえ競争関係にある者がそれを利用したとしても不公正な競争ということはできないのであり，立法によって権利の範囲が規定されない限り保護が認められるべきではないとの反対意見を述べている[17]。

---

(15) Comment on Recent Cases, 13 Ill. L. Rev. 708, 716-717.

　　ただし，これ以前にも，同様の保護を認めた裁判例が存在しなかったわけではない。たとえば，National Tel. News Co. v. Western Union Tel. Co., 119 F. 294（7 th cir. 1902）がある。この事件の原告は，受信した情報を自動的にプリントアウトするtickerという装置を使用して，各会員の装置に情報を送信するサービスを行っていた。被告は原告からの情報を受信すると直ちに同一の情報を自己の会員に転送していた。裁判所は，プリントアウトされた記事は出来事を記述したものに過ぎず，著作者の考えを体現したものではないとして著作物性を否定した（Id. at 297-298）が，原告がニュースの収集と送信に多くの費用を費やしており，こうした被告の行為を許容すると当該産業自体が崩壊する可能性が高いこと（Id. at 296），原告サービスの本質的な価値はより早く情報を届けることにあり，情報の価値が短期間で失われることを考慮し（Id. at 298-299），エクイティ上の救済としてニュースがプリントアウトされてから60分間，そのコピーの頒布，販売，使用の禁止を認めた。

　　その他，tickerを使用した同様の事案に対して保護を認めたケースについて簡便には，Dale P. Olson, *Common Law Misappropriation in the Digital Era*, 64 Mo. L. Rev. 837, 872-874（1999）その他，情報の利用に関わる裁判例について詳しくはRudolf Callmann, *He Who Pears Where He Has Not Sown: Unjust Enrichment in the Law of Unfair Competition*, 55 Harv. L. Rev. 595, 602-603（1942）を参照。

とはいえ，この判決の多数意見によれば，①原告と被告が競争関係にあり，②原告がその情報の収集にかなりの技能，労力，資金を費やしており，③被告がその情報を利用することによって商業上不正な利益を得ている場合には，同理論による救済が与えられる可能性がある。そのため，本判決以降の多くの裁判例において，情報の流用に対する保護を求める際の根拠として同理論が主張されることとなった(18)。

しかしながら，上記の①から③の要件を満たす場合に，常に救済が認められるのかについて，次款で述べるようにその後の裁判例および学説の見解は一致していない。INS判決が示した法理がいかなる根拠に基づいているのか，侵害を認める要件は何かという点について，判決文の文言は不明確だからである。「蒔かざるもの刈り取るべからず」という一般論は，適用される創作物の性質や利用態様を選ばずに適用され得るものであり，保護範囲が非常に広くなる可能性を有していたため，このことが以後の裁判例や学説において様々な混乱を引き起こす要因となったのである。

---

(16) 本件では，この他に，原告と契約関係にある社員を買収し発行前のニュースを横流しさせた行為や，情報を収集している原告のメンバーを買収しニュースを獲得した行為も問題とされたが，これらの行為に対する原告の請求は原審で認められており，最高裁では争われていない。

(17) *INS*, 248 U. S. at 250-267. もっともこうした競業者による財産的情報の利用を規制するための立法の必要性についてはHolmes判事自身も否定してはいない（*Id.* at 247-248)。

(18) この3点をINS判決が示したミスアプロプリエーションの要件であると解する裁判例として，Synercom Technology, Inc. v. University Computing Co., 474 F. Supp. 37 (N. D. Tex. 1979)；Mercury Record Productions, Inc. v. Economic Consultants, Inc., 218 N. W. 2d 705 (Wis. 1974)；Stanford & Poor's Corp, Inc. v. Commodity Exchange, Inc., 683 F. 2d 704 (2nd cir.,1982)；United States Sporting Products, Inc. v. Johnny Stewart Game Calls, Inc., 865 S. W. 2d 214 (Tex. App. 1993) などがある。③の要件を原告に損害が生じていることが必要であると解する裁判例として，Gary Van Zeeland Talent, Inc. v. Sandas, 267 N. W. 2d 242 (Wis. 1978) を参照。

第 2 節　アメリカ法におけるその他の保護制度

第 2 款　ミスアプロプリエーション理論の発展

　INS 判決で示されたミスアプロプリエーション理論は，その後，他者の労力や時間の成果を無断で利用したとされる多様な事案において，救済を求める際の根拠として援用される[19]。INS 判決の直後は，主に無許諾で音楽や舞台等の実演を録音・録画・放送する行為やスポーツの試合を放送する行為などに関し，その後は，コンピュータプログラムやタイプフェイスの利用行為に関して主張されてきた[20]。新しい技術の発展によって生じた創作物に対し，その適用が拡大されてきたということができよう。これにあわせて，ミスアプロプリエーション理論の根拠や要件の解釈も多様化している。

　また，INS 判決の法理は連邦コモンローに基づくものであったところ，その後，1938年に下された Erie 事件に対する最高裁判決[21]が連邦コモンローの存在自体を否定したため，これを基礎としたミスアプロプリエーション理論は存在しえないものとなった。しかし，Erie 判決後も同法理は州法上

---

(19)　Callmann, *supra* note 16, at 604-608. Edmund J. Sease, *Misappropriation is Seventy-Five Years Old*: *Should We Bury it or Revive it,* 70 North Dakota L. Rev. 781, 787-794 (1994).

(20)　INS判決以後，連邦コモンローとしてミスアプロプリエーションが問題とされたケースに関して詳しくは，Sease, *supra* note 19, at 787-790参照。ただし，Seaseによれば，この時期の裁判例の中には，詐称通用（palming off）や商標（trade mark）の事案も含まれており，INS判決の事案との区別が必要であることが指摘されており（*Id.* at 787-788）以下では，情報の流用が問題となった事案を中心に検討する。その他，ファッションデザインの流用，実演の無断放送の事案に関しミスアプロプリエーションを認めた裁判例については，Sease, *supra* note 19, at 789，コンピュータプログラムとタイプフェイスの事案における同理論の拡大については，Haward B. Abrams, *Copyright, Misappropriation and Preemption*: *Constitutional and Statutory Limits of State Law Protection*, 1983 S. Ct. Rev. 509, 532-537 (1983), 音楽ライブの録音・放送や，スポーツ試合の録画・放送に関する適用については，Case Comment: *NBA v. MOTOROLA*: *A Case For Federal Preemption of Misappropriation*, 73 Notra Dame L. Rev. 461, 467-469 (1998) を参照。

(21)　Erie. R. R. ｖ. Tompkins, 304 U. S. 64, 78 (1938).

の理論として引き続き主張されることとなる。これに伴い，同法理には連邦法による州法の専占という新たな問題が生じ，これが同法理の要件の解釈にも影響を与えることとなった。

つまり，現在のミスアプロプリエーション理論による保護には，第1に理論自体の不明確性，第2に連邦法による専占という2つの相互に関連した大きな障害が存在している。

第1項　裁判例における INS 判決の理論の適用
(1)　ミスアプロプリエーション理論による保護を否定した裁判例
INS 判決後の裁判例には，同判決の抽象論自体を否定するものも存在する。

その一例として，Learned Hand 判事が批判的な見解を述べたケースとして有名な Cheney Bros. 判決[22]がある。同判事は，INS 判決の抽象論は問題となった事案と実質的に同一な場合以外に及ぶものではないとしてその射程を限定している。その理由は，ミスアプロプリエーション理論を広く認めることは，裁判例において特許権や著作権等の権利を創設することを意味し，憲法によって議会のみがその立法権限を与えられていることと対立するというものであり[23]，INS 判決における Brandeis 判事その他の反対意見を想起させるものである。また，cheney Bros. 判決はフリーライド行為がそれ自体では違法性を有するものではないことも示している。

同様の見解は編集物の事案である Triangle Publications 事件[24]においても判示され，競争者が集めた情報を利用し，その創作の費用にフリーライドしたという事実のみでは不正競争とは認められないとされた[25]。

また，INS 判決の示したミスアプロプリエーション理論自体は否定して

---

(22)　Cheney Bros. v. Doris Silk Corp., 35 F. 2d 279（2 nd cir. 1929). シルクのデザインをコピーして低価格で販売した被告の行為が問題とされた事件である。
(23)　Id. at 280.
(24)　Triangle Publications, Inc. v. New England Newspaper Pub., 46 F. Supp. 198, 203-204（D. Mass. 1942).
(25)　Learned Hand判事がその他の裁判例においてもINS判決の法理の適用を限定的に解していることについて，Sease, *supra* note 19, at 786；Abrams, *supra* note 20, at 518-519；Budwig, *supra* note 13, at 478-479を参照。

第 2 節　アメリカ法におけるその他の保護制度

いないものの，その要件を厳格に解することによって結論として保護を否定する裁判例がある。

その第 1 の類型は，原告と被告間に直接の競争関係を要求するものである。たとえば，原告が創作したゴルフのハンディキャップの算出方法（formula）の利用が問題とされた事件で，第一次的な市場において原告・被告間に競争関係が存在しないことを理由にミスアプロプリエーションの成立を否定する裁判例がある。裁判所は，原告の第一次的市場とはゴルフ場でのプレイの販売であり，被告のハンディキャップ自体を販売する市場とは異なっていると認定し，こうした間接的な競争関係においてミスアプロプリエーションは成立しないと説いた[26]。判旨は，創作者が情報に対して経済的利益を有していることのみではその保護が正当化されないことを指摘し，直接の競争関係の要件は情報への自由なアクセスという公共の利益の確保のために必要であることを根拠として述べている[27]。

第 2 に，保護の具体的な必要性を要求するものがある。Gary Van Zeeland Talent 事件[28] は，①原告と被告が競争関係にあり，②原告がその情報の収集にかなりの技能，労力，資金を費やしており，③原告が商業上の損害を被っているという 3 点が INS 判決の示したミスアプロプリエーション理論の要件であると解し，本件はこれらを満たしていると認定したが，顧客リストについては営業秘密でない限り保護は認められないと結論付けた。顧客リストはビジネスの過程において当然に創作されるものであり，秘密管理されていない場合には法的な保護がその作成のインセンティブを提供しているわけではないというのがその理由である[29]。

---

(26) United States Golf Ass'n v. ST. Andrews System, Data-Max, Inc., 749 F. 2d 1028（3 rd cir. 1984）. この他，市場が異なることを理由としてミスアプロプリエーションの成立を否定した事件として，Intermountain Broadcasting & Television Corp. v. Idaho Microwase, Inc., 196 F. Supp. 315, 325-326（D. Idaho 1961）；The University of Colorado Foundation, Inc. v. American Cyanamid, 880 F. Supp. 1387, 1403-1404（D. Colo. 1995）；The National Basketball and NBA Properties, Inc. v. Motorola, Inc., 105 F. 3d 841（2nd cir. 1997）がある。

(27) *United States Golf Ass'n*, 749 F. 2d at 1038. n17.

(28) Gary Van Zeeland Talent, Inc. v. Sandas, 267 N. W. 2d 242（Wis. 1978）.

(29) *Id.* at 252. *Triangle Publications, Inc.*, 46 F. Supp. at 203-204 も参照。

第2章 著作権法以外の法制度による保護

　第3の類型として，流用された情報が短期間でその価値を失う性質を有していることの要件（いわゆるホットニュースの要件）を課すものがある。バスケットボールの試合の情報を主催者に無許諾でリアルタイムにポケットベルへ送信する行為が問題とされたNBA事件(30)では，ミスアプロプリエーション成立の要件の1つとして，当該情報が時間の経過の影響を受ける性質を有していることがあげられている(31)。

　第4に，著作権法との対立を考慮するものがある。原告が相当の労力と費用を費やして作成したカタログの70頁を被告がフォトコピーした事件(32)では，コピーされた広告は著作権上保護されないパブリックドメインであったため，これをミスアプロプリエーション法理によって独占することは許されないとされた(33)。

(2)　ミスアプロプリエーション理論による保護を肯定した裁判例

　これに対し，INS判決により不正競争の概念には「蒔かずところを刈る」という行為も含まれることが明らかにされたとして，表紙の広告を他のものに変更しただけで原告電話帳を販売する行為はミスアプロプリエーションに該当するとして行為の差止を認める裁判例が現れた(34)。

　また，ニュース記事が利用された事件においては，INS判決の理論に基づいて保護を認めるものが多く存在する。たとえば，F. W. Dodge事件(35)では，原告のニュースレポートを被告がニュース購読サービスにおいて利用

---

(30)　The National Basketball and NBA Properties, Inc. v. Motorola, Inc., 105 F. 3d 841 (2nd cir. 1997).

(31)　もっとも，これらの要件は著作権法の専占を免れるかどうかの判断に関連して要求されている。専占については，本節第3款を参照。

(32)　Crump Co., Inc. v. Lindsay, Inc., 107 S. E. 679 (1921).

(33)　事実の流用以外の事件においてもINS判決の法理をその事案に限定された理論であると解するものは多い。たとえば，Affiliated Enterprises, Inc. v. Gruber, 86 F. 2d 958 (1st cir. 1936) は，富くじのシステムに関して，原告が当該システムの開発に膨大な時間や費用を費やしたということのみでは何ら財産的権利を獲得することは出来ないと述べている（Id. at 961)。

(34)　National Telephone Directory v. Dawson Mfg. Co., 214 Mo. App. 683 (1924).

(35)　F. W. Dodge Corp. v. Comstock, 251 N. Y. S. 172 (N. Y. App. Div. 1931).

第 2 節　アメリカ法におけるその他の保護制度

することが禁止された。また，AP 事件(36)は，原告の新聞から得たニュースをラジオ放送した事案に対しミスアプロプリエーションの成立を認めている(37)。

金融情報に関する事件でも保護を認めるものが存在する。先物取引価格のインデックスに関する Stanford & Poor's Corp. 事件(38)は，INS 判決を引用し，①インデックスの創作に多大な費用，労力，専門的知識が費やされたこと，②原告が当該インデックスから実質的な経済的利益を得ていること，③直接的に競争関係にある者がそれを利用していることの 3 要件を満たすとして仮差止を認めた(39)。

また，スポーツのライブ放送に関しても，同理論による救済を認める裁判例がみられる(40)。これらは，利用された情報の価値が短期間しか存在しないという事情に注目して保護を認めており，当該期間を過ぎた場合には救済

---

(36)　Associated Press v. KVOS, Inc., 80 F. 2d 575 (9th cir. 1935) *rev'd on other grounds*, 299 U. S. 269 (1936).

(37)　その他，ニュース記事の利用に関してミスアプロプリエーションを認定した事件として，Gilmore v. Sammons, 269 S. W. 861 (Tex. Civ. App. 1925)；Pottstown Daily News Publishing Co. v. Pottstown Broadcasting Co., 411 Pa. 383, 192 A. 2d 657 (Pa. 1963) がある。

(38)　Stanford & Poor's Corp., Inc. v. Commodity Exchange, Inc., 683 F. 2d 704 (2nd cir. 1982).

(39)　*Id*. at 710-711. もっとも，ここでいう「直接的な競争」には，実際にライセンス料を徴収していた市場での競争が含まれている。その他，金融情報の利用に対してミスアプロプリエーション成立の可能性を認めたものとして，The Bond Buyer v. Dealers Digist Publishing Co., 267 N. Y. S. 2d 944 (1th dep't 1966), Financial Information, Inc. v. Moody's Investors Service, Inc., 808 F. 2d 204 (2d cir 1987) *cert. denied*, 484 U. S. 820 (1987) がある。

(40)　National Exhibition Co. v. Fass, 143 N. Y. S. 2d 767 (N. Y. Sup. Ct. 1955)；Mutual Broad Systems, Inc. v. Muzak Corp., 30 N. Y. S. 2d 419 (N. Y. Sup. Ct. 1941)；Twentieth Century Sporting Culb, Inc. v. Transradio Press Service, Inc., 300 N. Y. S. 159 (N. Y. Sup. Ct. 1937)；Pittsburgh Athletic Co. v. KOV Broad. Co., 24 F. Supp. 490 (W. D. Pa. 1938). その他，コンサート情報の流用に関する Pollstar v. Gigmania Ltd., 170 F. Supp. 2d 974 (E. D. Cal. 2000) は，被告の却下申し立てに対する判断において，ミスアプロプリエーションが成立するにはホットニュースの要件を満たす必要があると判断している。

第2章 著作権法以外の法制度による保護

されないことを明言している[41]。

　以上の裁判例は，短期間しか市場価値を有しない情報に関するものであったという点でINS判決の事案に類以する事案であった。しかし，こうした性質を有しない情報についてもミスアプロプリエーション理論の適用は拡大した。たとえば，Gorbe Press事件[42]は，原告がパブリックドメインである書物を出版する際，タイプと版作りに実質的な投資をしており，被告はそれをそのまま複製することによって制作コストを節約し不当な利益を得ているとして不正競争の成立を認めた[43]。

　また当時，著作権法による保護が付与されていなかった音楽の実演の保護を図るためにミスアプロプリエーション理論の活用が試みられたことで[44]，同理論において情報の価値の経時変化性（ホットニュースの要件）が重視されなくなったことも同理論の要件の不明確化と適用範囲の拡大を招いたといわれる[45]。

　また，法理の形成の当初から，競争関係の要件については直接の競業関係だけではなく間接的な競争関係も含まれると解する裁判例が存在したが[46]，その後，抽象論として，ミスアプロプリエーションの成立には競争関係を要しないと明言する裁判例まで現れた[47]。

---

(41)　*National Exhibition Co.*, 143 N. Y. S. 2d at 768；*Twentieth Century Sporting Culb, Inc.*, 300 N. Y. S. at 160；*Pittsburgh Athletic Co.*, 24 F. Supp. 490.

(42)　Gorbe Press, Inc. v. Collectors Publication, Inc., 264 F. Supp. 603 (C. D. Cal. 1967).

(43)　この結論は，*Crump*, 107 S. E. 679 (1921) における結論と全く正反対である（前掲注(32)にあたる本文を参照）。また，原告テキストブックの解答本の出版に対してINS判決の理論を適用したケースとして，Addison-Wessley Publishing Co. v. Brown, 207 F. Supp. 678 (E. D. N. Y. 1962) がある。

(44)　Natilnal Broadcasting Co. v. Nance, 506 S. W. 2d 483 (1974)；たとえば，Columbia Broadcasting System, Inc. v. Melody Recordings, Inc., 341 A. 2d 348 (Sup. Ct. N. J. App. 1975) は，原告が創作に実質的な投資を行っていること，被告が製品を直接利用していること，被告の利用が原告と競業すること，原告に商業上の損害が発生していることという4つの要件がミスアプロプリエーションに必要であると解している（*Id*. at 354）。

(45)　Olson, *supra* note 15, at 884-885.

(46)　*Associated Press*, 80 F. 2d 575, *Stanford & Poor's Corp.*, 683 F. 2d 704.

こうしてミスアプロプリエーション理論はその適用範囲を拡大し，商業的な価値の不正な侵害や商業上の不道徳的（immorality）な行為を禁止するための理論として広く活用されるようになったのである[48]。

(3) 裁判例のまとめ

　INS判決の示したミスアプロプリエーション理論は，その説示が抽象的であったため，その後の裁判例において多様な解釈がなされている。利用された情報の価値がホットニュースの性質を有していることが不可欠かどうかについては見解の一致がないが，これが要件とされる場合には，データベース保護の観点から，ホットニュースに該当しない情報を蓄積したデータベースに対する救済とはなり得ないとの問題が生じよう[49]。しかしながら，情報の性質に何ら限定を付すことなく保護を認めた場合，情報の独占による弊害は大きくなり，著作権法との均衡の点からも問題が生じうる。また，原告・被告間にどの程度の競争関係を要求するのかという点についても裁判例上混乱が生じており要件に統一をみていないため，アメリカ不正競争法のリステイトメントにおいてもミスアプロプリエーションの理論は採用されていない[50]。

　INS判決の文言自体は被告のフリーライドの不正性を強調するものであったため，新しい技術やビジネスに対して，知的財産法の隙間を埋めるものとして柔軟に活用される可能性を有していた。しかし，そのために，ミスアプロプリエーション理論を援用する裁判例には，フリーライド一般を禁止で

---

(47) Metoropolitan Opera Ass'n v. Wagner-Nichols Recorder Corp., 101 N. Y. S. 2d 483, 492 (Sup. Ct. 1950), aff'd, 107 N. Y. S. 2d 795 (App. Div. 1951).

(48) その他に必ずしも競争関係は要しないとしたものとして，Board of Trade of the City of Chicago v. Dow Jones & Co., 98 Ill. 2d 109, 119-20 (Sup. Ct. Ill. 1998) がある。判旨も指摘しているように本件は原告の信用を利用した事案であり，同理論に基づかなくとも同様の結論を導くことが可能であったことに注意を要する。加えて，反対意見においては，裁判所が同理論の拡大によって保護を付与することは妥当ではなく，議会の立法に委ねるべきことが指摘されている（Id. at 123-125）。

(49) Roger L. Zissu, *Protection for Facts and Data Bases in the New World Order*, 36(2) Cop'y. L. Sympo. 271, 283 (1998)；Jordan M. Blanke, *Vincent Van Goch, "Sweat of the Brow", and Database Protection*, 39 Am. Bus. L. J. 645, 675 (2002).

きるかのような広い抽象論を展開するものも存在し，情報の流通や競争の阻害の危険性は否定できないところである。

ともあれ，こうした適用の拡大の原因の1つには，同理論が自然権的な理論として発生してきたと捉えられたことがあるのかもしれない(51)。しかし，INS 判決自体は，創作の促進のために法的な保護が必要であることに言及しており，自然権論に基づく判例と解することによってその適用の拡大を根拠づけることには疑問がある(52)。ミスアプロプリエーション理論の要件をより厳格に解する裁判例が存在していることは，フリーライド一般を禁止した場合の弊害が認識された結果であるといえる。また，不明確な理論を根拠に裁判所が情報の利用を禁止することに対して，利用者の予測可能性の観点から，立法による明確性の確保の必要性を指摘する一部の裁判官の主張は一定の説得力を有しているよう思われる。

ちなみに，Erie 判決以後，ミスアプロプリエーション理論は州法上の法理として位置付けられたが，一部の裁判例では同判決を理由としてミスアプロプリエーション理論の存続が否定されている(53)。また，存続を認める裁判例においては，州によってその解釈や適用が分かれるという結果が生じている(54)。さらには同理論が州法として援用されることにより，連邦法であ

---

(50) Restatement (Third) of The Law of Unfair Competition §38, cmt. b (1995). 茶園成樹・小泉直樹「アメリカ不正競争法リステイトメント試訳（五）」民商112巻2号136頁以下（1995）。こうしたリステイトメントの立場は，パブリックドメインと公衆の情報へのアクセスを確保するものであるとして評価する文献として Gary Myers, *The Restatement's Rejection of the Misappropriation Tort*：*A Victory for the Public Domain*, 47 S. C. L. Rev. 673（1996）参照。

(51) *United States Golf Ass'n*, 749 F. 2d 1028 (3rd cir. 1984) は，ミスアプロプリエーションはインセンティブ理論に基づくものと解すべきであると述べているが，その理由は，社会的な利益を考慮することによってより適切な制限を課すことができるからであるという（*Id*. at 1035 n 12）。

(52) *INS*, 248 U. S. at 235. ただし，自然権に基づくことを理由として必ずしも広範な保護が正当化されないことについては後掲注(65)を参照。

(53) Addressograph-Multigraph Corp. v. American Expansion Bolt & Mfg. Co., 124 F. 2d 706 (7th cir. 1941), *cert. denied*, 316 U. S. 682 (1942)；Columbia Broadcasting System, Inc. v. De Costa, 377 F. 2d 315 (1 st cir. 1967), *cert. denied*, 389 U. S. 1007 (1967).

る知的財産法との関係が専占の問題として扱われるようになり，同理論の採用自体が不可能ではないかという問題を生じさせた(55)。

第2項　学　説

学説においても，ミスアプロプリエーション理論に対して様々な見解が存在する。

まず，同理論の存続を否定する見解は，Erie判決(56)が連邦コモンローの存在自体を否定したことによりINS判決の先例的価値は失われたと解している(57)。そこまで厳格ではなくとも，INS判決が同法理の根拠を明確に述べていないために，その要件や保護範囲が不明確であることを批判し，同理論をINS判決の事実に対する間に合わせ的な理論以上のものではないと評してその適用を限定する見解もある(58)。

他方で，同法理の柔軟性を評価し，不正な利用行為や不道徳的行為から投資者を保護するための原則として活用すべきことを主張する見解も少なくな

---

(54) ほとんどの州は，何らかの形でミスアプロプリエーションの法理を認めているが，たとえば，マサチューセッツ州（eg. Triangle Publications 46 F. Supp. 198 (D. Mass. 1942) at 200-201）ではミスアプロプリエーションは連邦法により専占されるとして認められていない（Sease, *supra* note 19, at 801-803も参照）。John Tessensohn, *The Devil's in the Details : The Quest for Legal Protection of Computer Databases and the Collections of Information Act, H. R. 2652,* 38 Idea 439 (1998) 460 n 110 ; Note, *The Heist of Feist : Protecting for collections of Information and the Possible Federalization of "Hot News",* 21 Cardozo L. Rev. 871, 895 n 150 (1999) も参照。

(55) この点については，前掲注(23)に該当する本文で示したLearned Hand判事の説示も参照。

(56) Erie. R. R. v. Tompkins, 304 U. S. 64 (1938).

(57) G. L. Francione, *The California Art Preservation Act and Federal Preemption by the 1976 Copyright Act-Equivalence and Actual Conflict,* 31 Cop'y Sympo. 105, 124 (1984).

(58) INS判決の説示の不明確さを指摘するものとして，Leo J. Raskind, *The Misappropriation Doctrine as a Competitive Norm of Intellectual Property Law,* 75 Minn. L. Rev. 875, 881, 896以下 (1991) ; Note, *The "Copying-Misappropriation" Distinction : A False Step in the Development of the Sears-Compco Pre-emption Doctrine,* 71 Colum. L. Rev. 1444, 1459 (1971) を参照。

い(59)。

　もっとも，同法理がフリーライド一般を禁止しかねない広範な潜在的保護範囲を有していることについては批判が強く(60)，ミスアプロプリエーション理論の柔軟性を評価する見解においてもすべてのフリーライド行為を規制することについては否定的である。というのは，社会は一般に模倣によって発展していくという性質を有しているため，他者の労力の成果を利用すること全てが違法とされてしまうと，社会の発展が阻害される危険が生じるからである(61)。また，ミスアプロプリエーション理論の広範囲な適用は，自由競争のために必要な利用をも禁止することになりかねないことも指摘されている(62)。そのため，学説では，INS判決が示した「蒔かざる者刈り取るべからず」という命題の適用を限定するための法理論が模索されている。

　その際，保護範囲を画するために被告の行為が公正（fair）か不公正（unfair）かという区別を提示するものがある。しかし，これに対しては，何をもって不正，あるいは，不道徳（immoral）と判断するのかが明らかとされない限り，この基準は循環論でしかなく，結局は裁判官の主観的判断による解釈を導くとの批判がなされている(63)。そして，根拠や要件の不明確性は，保護範囲を拡大させる危険性を生じさせるだけではなく，予測可能性を害する要因となっているとして批判される(64)。

---

(59) Callmann, *supra* note 15 ; Patricia Ann Mitchell, *Misappropriation and the New Copyright Act : An Over View*, 10 Golden Gste U. L. Rev. 587, 589-591 (1980) ; James A. Rahl, *The Right to Appropriate "Trade Values"*, 23 Ohio St. L. J. 56, 60 (1962) ; Budwig, *supra* note 13, at 477.

(60) Ginsburg, *supra* note 6, at 157 ; Raskind, *supra* note 58, at 896-899. INS判決の結論には，両当事者の競争関係の程度，ホットニュースの性質，被告の利用行為から生じる結果の不正性（unfairness）といった事案の特殊性が大きく影響していると解する見解として，Budwig, *supra* note 13, at 477, ニュースのケースに限定されると解するものとして，Comment, *supra* note 15, at 719を参照。

(61) Zechariah Chafee, *Unfair Competition*, 53 Harv. L. Rev. 1289, 1318 (1940) ; Rahl, *supra* note 59, at 70.

(62) Mitchell, *supra* note 59, at 597 ; Douglas G. Baird, *Common Law Intellectual Property and the Legacy of International News Service v. Associated Press*, 50 U. Chi. L. Rev. 411, 417 (1983).

(63) Rahl, *supra* note 59, at 71.

第2節　アメリカ法におけるその他の保護制度

　ミスアプロプリエーション理論の根拠を明確にしようとする学説によれば，同理論の広範な保護や保護範囲の不明確さを生じせていることの本質的な理由は，その根拠を自然権に求めることにあるとされる。自然権論はその適用を制限するための基準を有し得ないだけではなく，そもそも投資の結果をなぜ保護しなければならないかを明確にしていないという根本的な問題と有しているというのである。そこで，ミスアプロプリエーション法理は，自然権的発想に基づくものと理解すべきではなく，創作の適切なインセンティブを与えるという命題にも基づいたものと解すべきことを提示する(65)。

　こうしたミスアプロプリエーション理論の理解は，同じく創作のインセンティブの付与を目的とすると考えられている著作権法を中心とする知的財産権との関係をミスアプロプリエーションの要件に検討に取り込むことを促した。すなわち，著作権法が保護しない情報に対して同理論による保護を認めることで著作権法が定める利用と保護のバランスを害する危険性が生じるため，対立を避けるために同理論の適用が限定されるべきというのである(66)。また，憲法の定める著作権条項(67)との関係から同理論を疑問視する見解もある。あらゆる情報に対して同法理の成立を認めることは，原告が商業的な使用を行っている限り半永久的な禁止権を認める可能性がある。このことは，

---

(64) 例えば，Raskind, *supra* note 58, at 881；Chafee, *supra* note 61, at 1311；Comment, *supra* note 15, at 717；Ginsburg, *supra* note 6, at 157-158.

(65) Note, *supra* note 58, at 1459. 自然権論への批判としてBaird, *supra* note 62 ； Wendy J. Gordon, *On Owning Information : Intellectual Property and the Restitutionary Impulse,* 78 Va. L. Rev. 149 (1992) を参照。もっとも，自然権理論から直ちに広い保護が導かれるわけではない（Alfred C. Yen, *Restoring the Natural Law：Copyright as Labor and Possession,* 51 Ohio St. L. J. 517 (1990) ； Baird, *supra* note 62, at 420-421)。ロックの自然権論に基づく場合であっても，コモンプールが十分にあり，他者の利用が確保されていることを条件とするという制約が課されており（いわゆる「ロックの但し書き」），無制限に保護が認められるわけではないことが指摘されている（小泉直樹『アメリカ著作権制度』28-37頁（弘文堂，1996），吉田邦彦「情報の利用・流通の民事法的規制―情報法学の基礎理論序説」ジュリ1126号189頁も参照）。

(66) Mitchell, *supra* note 59, at 597；Baird, *supra* note 62, at 417；Comment on Recent Cases, *supra* note 15, at 719.

(67) U. S. Const. Art. Ⅰ, §8, cl 8.

著作権条項が制限された期間のみ保護を認めていることに反するというのである。そこで，こうした批判を回避するために，ミスアプロプリエーションの要件として利用された情報がホットニュースの性質を有することを要求し，当該情報がホットニュースとしての価値を有する期間のみに保護を限定する見解が現れることとなる[68]。

しかし，著作権法（知的財産法）との調整という観点は，同理論の要件の具体化のみならず，連邦法である著作権による同理論の専占の問題とも深く関わっている。特に，著作権法上保護対象とされている編集著作物やデータベースに関してはこの問題を回避できない。そのため，アメリカ法においては，かりにミスアプロプリエーション理論の要件を適正に定めることによって著作権法との対立を回避することが可能であるとしても，結局は専占のところで躓きかねないという特殊な事情が存在する[69]。そこで以下では，ミスアプロプリエーションと専占の関係について概観しておく。

第3款　ミスアプロプリエーション理論と専占

専占とは，連邦法が同じ対象分野を扱う他の州の救済手段に優先し，最終的な支配原則でなければならないという法理である。著作権法によって既に規制された事項について救済を認めようとする州の試みは，専占に服し無効となる[70]。

第1項　連邦憲法に基づく専占

著作権法に専占に関する規定がおかれたのは1976年法が最初である。しかし，それ以前にも合衆国憲法の連邦法規優越条項（Supremacy Clause [71]）

---

(68) Zissu, *supra* note 49；Note, *supra* note 54 at 881.
(69) 専占の問題が存在するために，ミスアプロプリエーション理論による保護が困難であると解する見解として，Lum, *supra* note 12, at 950. Debra B. Rosler, *The European Union's Proposed Directive for the Legal Protection of Databases : A New Threat to the Free Flow of Information,* 10 High Tech. L. J. 105, 130 (1995).
(70) A・R・ミラー／M・H・デーヴィス　松尾悟訳『アメリカ知的財産法』307頁（木鐸社，1995）
(71) U. S. Const. art. VI, §2.

に基いて専占の問題が論じられていた。

　連邦知的財産法の保護要件を満たさない，あるいは，保護の対象として明記されていない製品の利用に対し，州法上の保護を求める裁判例は以前から存在していた。これに対し，憲法上の専占の問題を取り上げて疑問を投げかけた裁判例がある。それは，Sears 判決[72] と Compco 判決[73] の2つの最高裁判例である。

　両判決は，意匠権の保護要件を満たさないランプのデザインに関して，不正競争法による保護の可否の問題を扱ったものである。最高裁は，当該物品が特許権または著作権で保護されない場合に，州法によってそのコピー行為を禁止することは，それを自由利用とした連邦法の趣旨を害することになるため認められないと判断した。ここに，州法上の保護が広く連邦法によって専占されることが明らかにされたのである。

　この2つの最高裁判例は意匠（デザインパラント）法の対象が扱われた事案であるため，著作権法に関する説示は厳密には傍論である。しかし，両判決の基礎にあるのは，連邦知的財産法においては，事実やアイディアを自由利用とすることに存する公衆の利益と，創作のインセンティブのために著作者や発明者に与えられる経済的な利益とのバランスが図られており，同法がパブリックドメインとしたものに対して州法上，同様の保護を認めることは，そのバランスを害するという認識である[74]。こうした根拠に基づくならば，両判決は著作権法にも適用をみることになる。しかし，両判決後の最高裁の判断は必ずしも統一されていない。

　まず，Goldstein 判決[75]において，Sears, Compco 両判決で示された専占の範囲に制限を加える判断が下された。この事件では，音楽録音物のコピーを禁止するカリフォルニア州法が著作権法によって専占されるかどうかが

---

(72) Sears, Roebuck & Co. v. Stiffel Co., 376 U. S. 225 (1964).

(73) Compco Corp. v. Day-Brite Lighting, Inc., 376 U. S. 234 (1964).

(74) Deborah Kemp, *Preemption of State Law by Copyright Law,* 9 Computer/Law Journal 375, at 381 (1989)；Jorgenson & McIntyre-Ceil, *The Evolution of the Preemption Doctrine and Its Effect on Common Law Remedies,* 19 Idaho L. Rev. 85, at 89 (1983) 参照。

(75) Goldstein v. California, 412 U. S. 546 (1973).

争点となった。当時,音楽録音物は著作権法の保護の対象とはされていなかったのである。最高裁は,連邦議会は音楽録音物の保護については何ら判断をしていない（保護しないことを意図してはいない）と解し,著作権法による専占を認めず,州立法は妨げられないと判断した[76]。

しかし,Sears, Compco 両判決は,ボートのデザインアイディアを保護する州法は特許法によって憲法上専占されると判断した Bonito Boats. Inc. v. Thunder Craft Boats, Inc. 判決[77]によって再び確認されることになる。裁判所は,特許法が保護を否定した対象物に対して保護を与える州法は専占されると結論付けた。特許法は,保護要件を満たさない技術的思想について,模倣や改良を認めることが発明自体の促進にとっても競争的な経済の活力にとっても必要であるとの判断を示しているというのがその理由である。Sears, Compco 両判決と同様に著作権法においても射程が及び得る説示であるといえよう。

そのため,Sears, Compco 両判決,および Bonito Boats 判決によれば,INS 判決の理論はもはや専占によって存続し得ないのではないかという問題が生じうる。しかし,学説,裁判例においては,ミスアプロプリエーション理論についてはこれらの影響をうけないと解するものが多い[78]。その理由として,専占に関する上記の3つの最高裁判決は,対象物が知的財産法のカテゴリーに含まれるものであるが保護要件を満たしていないという事案に関して判断したものであり,そもそも著作権法の対象に含まれていなかった創作物に対しては,Goldstein 判決が妥当するとの解釈を示している[79]。あ

---

(76) また,トレードシークレットに関しては問題とされる秘密情報が特許法や著作権法の対象に含まれる場合であっても専占されないというのが通説的見解となっている。Kewanee Oil 最高裁判決は,特許性を認めうる情報に関してトレードシークレットによる保護は専占されないことを明示した（Kewanee Oil Co. v. Bicron Corp., 416 U. S. 470 (1969)）。その他のケースについては,Jorgenson & McIntyre-Ceil, *supra* note 74, at 90を参照。また,公衆の混同が生じている場合に専占を否定するものとして,Nester's Map & Guide Corp. v. Hangstrom Map Co., 796 F. Supp. 729, at 735-736 (E. D. N. Y. 1992) がある。

(77) 489 U. S. 141 (1989).

(78) 簡便にはSideny A. Diamond, *Preemption of State Law,* 25 Bull. Copy. Soc'y 204, 210-211 参照。詳しくは,本節第2項3を参照。

るいは，著作権の裁判例に関する先例は Goldstein 判決であり，特許に関する Sears, Compco, Bonito Boats 判決は，著作権に関する事件の先例とはなり得ないと解する見解もある(80)。連邦法のみが存在する特許法と異なり，著作権法は過去において州法と連邦法の2つの保護が並立していたため，両者の専占の分析は異なるというのである。

しかし，データベースの保護に関して考えた場合，かりに前者の見解に基づいても，データベースは編集著作物として著作権のカテゴリーに含まれうるため，専占の可能性は否定されない。また，後者の見解に立脚したとしても，Goldstein 判決は，当時著作権法の保護対象とされていなかった録音物に関するものであり，従来から保護対象とされてきたデータベースについても当然にその射程が及ぶと考えることはできず，専占に服する可能性は否定できないと考える(81)。

第2項　著作権法に基づく専占
1　専占に関する規定

1976年著作権法において301条が定められたことにより，著作権に関わる専占の問題は，著作権法の解釈の問題となった。同条が定める専占の要件は，当該著作物が著作権法102条，103条に規定する保護対象の範囲に含まれること（以下，第1の要件）と，106条に規定される権利と同等の権利であること（以下，第2の要件）の2つである。

しかし，この規定の文言からは，ミスアプロプリエーション理論が専占を免れ得るかについて必ずしも明らかではない。そこで，まず，301条制定の経緯について確認しておく。

2　1976年法301条の立法経緯

前述のように，専占の問題については裁判例上混乱が生じていたため，76年法の改正過程においては早くから専占規定の導入が検討されていた(82)。

---

(79)　Kemp, *supra* note 74, at 382.
(80)　Case Comment, *supra* note 20, at 474-475；Budwig, *supra* note 13, at 489-490 n145.
(81)　Columbia Broadcasting System, Inc. v. Victor DeCosta, 377 F. 2d 315, 319（1 st cir. 1967）*cert. denied,* 389 U.S. 1007（1967）も参照。

しかし，これによってどのような解決が意図されたのかは，以下にみる立法経緯からは不明であるといわざるを得ない。

1965年の立法案301条には，専占を免れるものの例示として契約違反やプライバシーの侵害などが列挙されていたが，この中にミスアプロプリエーションは含まれていなかった(83)。しかし，75年になって，著作権と同等でない同理論も専占されないものとして例示するよう法案が修正された(84)。この議論の際にミスアプロプリエーション理論として念頭におかれていたのは前述のINS判決が示した法理である(85)。しかし，これについて76年になって反対意見が提出され，その結果，専占を免れるものの例示はすべて削除されることになり，現行法の301条となったのである。

ミスアプロプリエーションの例示を削除した理由については詳しい説明がなされていない。例示の挿入に反対したとされる司法省の書簡(86)は，INS判決の法理は学説において批判が強く，Sears, Compco両判決の示した憲法上の専占により否定されたと主張する。しかし，すでにみたように，必ずしも書簡の立場が通説的見解となっていたわけではない。学説からは，書簡に示された見解は多くの裁判所においてINS判決の基本的な原則が認められているという事実を無視していると批判されている(87)。

さらに下院報告書によれば，削除の趣旨はミスアプロプリエーション理論を認めている現行州法を変更するものではないことが確認されている(88)。この点に着目して，削除の意図は，同法理による保護を州に委ねることにあったとする見解が生じている(89)。

---

(82) 立法経緯の状況について詳しくは，Abrams, *supra* note 20, at 537-550；Nimmer on Copyright, §1. 01 [B] [1] [f] [i]．

(83) Sec. 301(b)(3), H. R. 4347 and S. 1006, 89th cong. (1965). 1964年法案（sec. 19(b)(3), H. R 11947 and S. 3008, 88th cong. (1964)）も同様であった。

(84) Sec. 301 (b)(3) S. 22, 94 th Cong., 1st Sess. (1975)．

(85) H. R. 94-473, 94th Cong., 1st Sess. at 116 (1975)．

(86) Nimmer on Copyright, Appendex17.

(87) Diamond, *supra* note 78, at 211；Budwig, *supra* note 13, at 489-490．

(88) H. R. Rep. 94-1476, 94 th Cong., 2d Sess. at 132. 削除に関する当初の意図と委員会における発言との矛盾点について，Note, *supra* note 54, at 885 n 85参照。

(89) Case Comment, *supra* note 20, at 477．

また，下院報告書では，オリジナリティなどの要件を欠くために著作権保護を受けることができない著作物であっても，301条の専占の効力を受けることが明確に述べられている[90]。その反面，「州法は，競争者による，ホットニュースを構成する事実の継続的な無許諾の利用といった行為類型に対して，INS判決の伝統的な方法による場合であっても，科学，ビジネス，または金融に関するデータベースからアップデイトするという新しい形態による場合であっても，救済を与える柔軟性を有するべきである」という言辞もみられ[91]，立法意図として，少なくともホットニュースの性質を有する情報の反復・組織的な流用に関しては例外的にミスアプロプリエーションの成立を認めたものと解することも可能である[92]。

　以上を要するに，立法経緯を探っても，301条によってミスアプロプリエーションが専占されるか否かについての手がかりは何ら得られないということになる[93]。したがって，裁判例は，個々の事案におけるミスアプロプリエーションの主張についてそれぞれに301条の要件を検討しており，学説も同法理の専占については立法趣旨以外の根拠に基づいた解釈を示している。

---

(90)　H. R. Rep. 94-1476, 94 th Cong., 2d Sess. at 131. 立法時の議論においても，第1の要件の記述に際し，「保護の対象」という文言を使用せず，「対象物の範囲に含まれる」という文言を使用したことには，オリジナリティの要件を満たさないものであっても専占の対象に含める意図があるとの説明がなされている（Copyright Law Revision Part 6, Supplement Report of the Register of Copyrights on the General Revision of the U.S.Copyright Law：1965 Revision Bill, Ch.4 at 84, in *Omnibus Copyright Revision Legislative History*, Vol.4）。

(91)　*Id.* at 132.

(92)　Note, *supra* note 54, at 884-885.

(93)　Abrams, *supra* note 20, at 548；Budwig, *supra* note 13, at 488-489；Diamond, *supra* note 78, at 212；Kemp, *supra* note 74, at 386；Francione, *supra* note 57 at 129；Fetter, *Copyright Revision and the Preemption of State "Misappropriation" Law : A Study in Judical and Congressional Interaction,* 27 Copy. L. Sympo. 1, 5；Mitchell, *supra* note 59, at 607；Note, *supra* note 54, at 884-885；David Djavaherian, Comment, *Hot News and No cold Facts : NBA v. Montorola and the Protection of Database Contents,* 5 Rich. J. L. & Tech 8 (1998)＜http://www.richmond.edu/?jolt/v5i2/djava.html＞；Nimmer on Copyright, §1.01［B］［1］［f］［i］.

第2章　著作権法以外の法制度による保護

3　裁判例，学説の状況

では，1976年法制定後，情報の流用行為と専占の関係について扱った裁判例と学説をみておこう。

(1)　裁　判　例

(i)　専占を否定したケース

ミスアプロプリエーション理論の専占を否定する裁判例は，301条の第1の要件について，事実，アイディア，システム自体は著作権の対象ではないためこの要件を満たしていないと解する(94)。そして，第2の要件である「権利の同等性」に関しては，形式的に著作権法106条に列挙される行為が含まれているかどうかを検討する。被告行為が著作物の複製（copying），頒布（distributing）ではなく，使用（use），利用（appropriate）に該当する場合には106条に規定される行為とは異なっているため第2の要件も満たさないというのである(95)。しかしながら，こうした解釈が，著作権法が事実やアイディアを保護しないとしていることや著作物の使用を権利の対象外としていることの趣旨と対立するのではないかという観点からの検討は行われていない。

(ii)　専占を肯定したケース

一方，専占を肯定したケースでは，事実や情報自体は著作権の保護対象ではないから専占を免れるとする見解は否定されている(96)。こうした部分的

---

(94)　Miller v. Universal City Studios, Inc., 650 F. 2d 1365 (5th Cir. 1981)；Columbia Broadcasting Sys., Inc. v. De Costa, 377 F. 2d 315 (1st Cir. 1967)；United States Golf Asso. v. Arroyo Softwaare Corp., 81 Cal. App. 4th 607 (1999)．これに対する批判は後掲注(96)を参照。

(95)　*United States Golf Ass'n. v. Arroyo Software Corp*., 69 Cal. App. 4th 607 (Cal. 1999)；Nimmer on Copyright, §1. 01 [B] [1] [f] [iii] 参照。

(96)　Financial Information, Inc. v. Moody's Investors Service, Inc. 808 F. 2d 204, at 209 (2nd cir. 1986))；Del Madera Properties v. Rhodes and Gardner, Inc., 820 F. 2d 973, at 976-977 (9th cir. 1987).

(97)　Triangle Publications, Inc. v. Sports Eye, Inc., 415 F. Supp. 682, 686 (E. D. Penn. 1976)；*NBA*, 105 F. 3d at 849；Skinder-Strauss Assocs. v. Massachusetts Continuing Legal Education, Inc., 914 F. Supp. 665, at 680-681 (D. Mass. 1995).旧法下の事件であるが，同様の理由に基づき専占を認めたものとして，Columbia Broadcasting System, Inc. v. Victor DeCosta, 377 F. 2d 315, 319 (1 st cir. 1967)。

第 2 節　アメリカ法におけるその他の保護制度

な専占の解釈を認めると，著作権法がそれらをパブリックドメインとし，自由利用を認めている趣旨を無意味とするからである[97]。

第 2 の要件である権利の同等性に関しては，著作権法の侵害成立の要件とミスアプロプリエーションの要件との違い（後者に前者にはない要件が付加されているか否か，いわゆるエクストラエレメントテストとよばれる基準[98]）を問題とする単純な裁判例[99]は例外に属し，主流を占めるのは，原告の法的主張が質的に著作権が付与する保護と異なったものといえるか否かを判断するというものである。この場合，単に商業上の不道徳性 (commercial immorality) が存在するという違いは，権利の同等性を否定する根拠とはなり得ないと考えられている[100]。

そのため，そうした裁判例では，専占を免れるため，ミスアプロプリエーション理論の要件として次のものを要求している。

バスケットボールの試合の情報をリアルタイムで顧客に送信した行為が問題とされた NBA 事件では，専占を免れるミスアプロプリエーション理論の要件として，①原告がコストをかけて情報を創作，収集していること，②当該情報の価値が時間の経過の影響を受けるもの (time-sensitive) であること，③被告の情報の利用が原告の努力に対するフリーライドを構成すること，④被告の事業が原告によって提供されている製品やサービスと直接の競争関係にあること，⑤フリーライドを認めた場合，その製品やサービスの存在または質を脅かすほど創作のインセンティブを減少させること，が必要であるとされた[101]。

②の要件は，INS 判決に類似する事案に同法理の保護範囲を制限しようとするものであり，既述のように多くの裁判例において採用されている[102]。こうした情報は時間の経過によって商業上の財産的価値を失うため，この要

---

(98) Nimmer on Copyright, §1. 01 [B] [1].
(99) Suid v. Newsweek Magagine, 503 F. Supp. 146 (D. D. C. 1980)（結論として付加的要件がないとして同等性を肯定している）.
(100) Nash v. CBS, Inc., 10 USPQ 2d 1026, at 834 (N. D. Ill. 1989); Mayer v. Josiah Wedgewood & Sons Ltd., 601 F. Supp. 1523 (S. D. N. Y. 1985); Financial Information, Inc. v. Moody's Investors Service, Inc. 808 F. 2d 204, at 208-209 (2 nd cir. 1986); Schuchart & Associates, Professional Engineers, Inc. v. Solo Serve Corp., 540 F. Supp. 928 (W. D. Tex. 1982).

189

件のもとでは保護期間が比較的短期間に設定されることとなる。そのため，著作権条項が定める保護期間の限定の問題を回避することができると考えられているようである。したがって，たとえば，スポーツの試合に関する情報をリアルタイムに利用した事案では，試合後に当該情報が公表された時点で保護すべき経済的な利益もなくなるため，専占が認められると判断されている(103)。

④の直接の競争関係の要件について，裁判例においては，専占の問題としてではなくミスアプロプリエーション理論の不正競争法としての性質を重視し，同法理の要件として要求されることが多い(104)。

またMBA事件以外にも⑤の要件を厳密に要求する裁判例として，映画館の上映情報のデータベースに関するものがある(105)。この事件では，原告は映画上映業を行っている以上，必然的に上映に関する情報を提供しなければならず，当該情報を被告が流用したとしても原告のビジネス自体を脅かす

---

(101) 裁判所は，この判断を行う際に，本件で問題となる製品をa）ゲームを行うことによる情報の生成の場面，b）ライブの伝達の場面，c）ゲームの事実的情報の収集と再伝達の場面に分け，a）とb）の場面については，競争上の影響がないとし，c）については，被告が情報の伝達にコストをかけており，低いコストで原告と競争しているわけではないとしてフリーライドの要件を欠くと判断した。しかし，こうした判断に対しては，本件では被告がゲームの作出に何らコストを払っていないことが問題なのであり，被告がそれ以外の要素に何らかの投資を行ったかどうかは考慮すべきでないとの批判がある（Marc S. Williams, *Copyright Preemption*: *Real-Time Dissemination of Sports Scores and Information,* 71 Southern Cal. L. Rev. 445, 461-462（1998）；Zissu, *supra* note 49, at 281-283）。

(102) Nash v. CBS, Inc., 10 USPQ 2d 1026, 1035 (N. D. Ill. 1989) *aff'd,* 899 F. 2d 1537, 14 USPQ 2d 1755 (7th cir. 1990)；NFL v. Delaware, 435 F. Supp. 1372 (D. Del. 1977)；Fred Wehrenberg Circuit of Theaters, Inc. v. Moviefone, Inc., 73 F. Supp. 2d 1044 (E. D. Missuri 1999)；Pollstar v. Gigmania Ltd., 170 F. Supp. 2d 974 (E.D.Cal. 2000)；Gannett Satellite Info. Network, Inc. v. Rock Vally Community Press, Inc., 1994 U. S. Dist. LEXIS 15736 (N. D. Ill. 1994)；GI Corp. v. U. S. Elecs. Components Corp., 1994 U. S. Dist. LEXIS 12587 (N. D. Ill. 1994).

(103) *NFL*, 435 F. Supp. 1372.

(104) 専占の問題として扱うケースとして，*NFL*, 435 F. Supp. 1372，ミスアプロプリエーションの要件として扱うケースとして，前掲注(28)の裁判例を参照。

ものとはならないとして，被告勝訴のサマリージャジメントが出された[106]。
⑤の要件を課すことによって，裁判例は知的財産法との対立を回避するだけでなく保護の必要性をも根拠付けようとしたものと思われる。この見解は，自然権的根拠に基づいた上でその保護範囲を他の法制度との関係から限定していく裁判例とは発想が異なっているといえよう。

専占の可否において検討されている要件はいずれも，先に見たミスアプロプリエーション理論の適用範囲を限定的に解する裁判例の中でも示されている。これらの裁判例が，同法理の潜在的保護範囲が既存の知的財産法と対立する可能性を認識し，その調整を図るという共通した観点から同法理の明確化を図っているためと思われる。しかしながら，両者が重複する問題を含んでいるとしても専占の機能が法制度間の調整のみにあるのではないとすれば，ミスアプロプリエーションの要件の精緻化がなされたことから直ちに専占の問題を解決し得るということはできないであろう。

(2) 学 説
(i) 第1の要件——対象物テスト

専占判断の第1の要素は，当該著作物が著作権法の対象物に含まれているか否かである。裁判例においても争いが見られるように，事実的編集物の保護で争点となるのは，102条(b)に規定されたアイディアと表現の区別の理論や事実は保護されないという原則との関係である。

事実に対する保護は専占されないと解する見解は，著作権法は事実やアイディアを保護するものではないため，事実の集積自体も著作権法の対象物ではないと主張する[107]。この解釈は Feist 判決[108]によっても支持されたと解する見解もある。すなわち，同判決の判旨は，著作権保護をうけるには独占創作以上の創作性（クリエイティビティ）が不可欠の要件であるとし，事実情報は著作権法の対象外であることを明示したのであるから，これに対して州法上の保護を与えることは可能であるというのである[109]。

---

(105) Fred Wehrenberg Circuit of Theaters, Inc. v. Moviefone, Inc., 73 F. Supp. 2d 1044 (E. D. Missuri 1999).

(106) 専占に関する検討においてではないが，同様の要件を要求する裁判例として，*Gary Van Zeeland Talent, Inc.*, 267 N. W. 2d 242 (前掲注(28)-(29)に該当する本文を参照) がある。

第2章　著作権法以外の法制度による保護

　他方で，多くの学説は，著作権の対象となっているがオリジナリティの要件を欠いているため保護されないものについても専占の対象となると解している(110)。そして，著作権法が事実を保護していないということのみを理由として専占を免れると解することには批判的である(111)。著作権法が事実やアイディアに対して保護を否定しているのは，これらを自由利用とすることによって公衆の利益やパブリックドメインの確保を図るためであり，それによってさらなる創作物の促進を可能とするためであるから，それを骨抜きにするような州法上の保護は認めるべきではないというのが，その理由である(112)。

　たしかに，Feist 判決には，「リサーチの成果に対する保護は，……特定の状況においては不正競争の理論の下で獲得可能である」という説示がある(113)。しかし，これは傍論であり，ここでいう「特定の状況」とはどのような状況をいうのかということについての説明はなされていない。同判決が，事実の集積に対して著作権という独占権を付与することから生じる弊害を回避したという意義を有しているのだとすれば，この説示をオリジナリティの

---

(107) David E. Shipley & Jeffrey S. Hay, *Protecting Research*：*Copyright, Common-Law Alternatives, and Federal Preemption,* 63 N. Caro. L. Rev. 125, at 164-166 (1984) (よって，創作物全体が著作物性を満たす著作物であっても，事実のみの利用の場合には専占は認められないと解する)．著作権で保護されないものについては専占を免れるとするものとして，Williams, *supra* note 101, at 453-454.

(108) Feist Publications, Inc. v. Rural Tel. Serv. Co., 499 U. S. 340 (1991).

(109) Case Comment, *supra* note 20, at 478-479；Note, *supra* note 54, at 888-889；James E. Schatz, Bradley W. Anderson & Holly Garland Langworthy, *What's Mine is Your's？The Dilemma of Factual Compilation,* 17 U. Dayton L. Rev. 423, 437-439 (1992).

(110) Kemp, *supra* note 74, at 382-383；Robert A. Gorman, *Fact or Fancy？The Implications for Copyright,* 29 J. Copy. Soc'y 560, 601 (1982)；Jorgenson & McIntyre-Ceil, *supra* note 74, at 95；Nimmer on Copyright, §1. 01 ［B］［1］［f］［iii］；Note, *supra* note 54, at 884.

(111) Nimmer on Copyright, §1. 01　［B］［2］［b］；Abrams, *supra* note 20, at 559-566；Note, Nothing but Internet, 110 Harv. L. Rev. 1143, 1148 (1997) ；Gorman, *supra* note 110, at 604；Ginsburg, *No "Sweat" Copyright and Other Protection of Works of Information after Feist v. Rural Telephone,* 92 Colum. L. Rev. 338, 361 (1998).

第 2 節　アメリカ法におけるその他の保護制度

要件を満たさないものすべてについて専占を否定したと解することは妥当ではないだろう(114)。したがって，同判決を専占否定の根拠として積極的に援用することには疑問がある。同判決はミスアプロプリエーション理論による情報の保護が全て専占に服するわけではないことを確認したものにすぎないと捉えておくべきであろう(115)。なぜなら，事実が著作権法の対象外であることを理由に専占の第1の要件をクリアしていると解した場合，事実に対して著作権と同等の保護が与えられる場合であっても，専占を免れるという結果になってしまうからである。

そこで，専占を免れるため，保護の対象となる情報をホットニュースの性質を有するものに限定することを主張する見解がある(116)。しかし，以上に述べた理由からは，ホットニュースであることを理由として当然に専占が回避されると解することは出来ないと思われる。ホットニュースであっても，著作権法が保護しない「事実」に該当することに変りないからである。しかし，保護対象をホットニュースに限定し，さらに，ミスアプロプリエーション理論によって付与される保護の内容をその性質に着目した限定的なものとする場合には，第2の要件を欠くことにより州法による保護の可能性が生じるよう。

---

(112)　Robert A. Gorman, *The Feist case : Reflections on a Pathbreaking Copyright Dicision*, 18 Rutgers Com. & Tech. L. J. 731, 759-766 (1992) ; Howard B. Abrams, *Originality and Creativity in Copyright Law*, 55 Contemp. Probs. 3, 35-40 (1992).

(113)　*Feist*, 499 U. S. at 354.

(114)　Feist判決の文言からは専占についていかなる立場をとっているのか不明であるとする見解として，Sease, *supra* note 19, at 800 ; Jorgenson & McIntyre-Ceil, *supra* note 74, at 98参照。

(115)　すべての事実や情報に対する不正競争による保護が専占に服するわけではないことを認めるものとして，Nothing but Internet, *supra* note 111, at 1150-1151 ; Ginsburg, *supra* note 111, at 361-362.

(116)　Case Comment, *supra* note 20, at 487-488. ; Note, *supra* note 54, at 887-886 ; Paul T. Sheils & Robert Penchina, *What's all the fuss about Feist The Sky is not Falling on the Intellectual Property Rights of Online Database Proprietors*, 17 U. Dayton. L. Rev. 563, 582 (1992) ; Conley, *supra* note 3, {70} ; Ginsburg, *supra* note 6, at 163-164.

以上の検討から，事実的編集物における専占の問題は，第2の要件である権利の同等性のところでの調整に委ねられることとなる。

(ii) 第2の要件──等価テスト

専占を免れるための第2の要件は，州法による保護が著作権法の与える権利と同等性を有しないことである。事実の利用行為の禁止はコピー行為や頒布行為の禁止を含むものであるから，一般には複製権や頒布権と同等といえそうである[117]。

ところが学説においては，ミスアプロプリエーション理論による保護は競争者だけに適用されるので著作権と同等ではないとの主張が行われることがある[118]。しかし，この見解に対しては，権利の同等性の判断は立証要件の違いのみに基づいて行われるべきではなく[119]，著作権法で禁止される行為と質的に異なっていることが必要であり，付加的な要件のみでは専占を免れるに不十分であるとの批判がある[120]。

もっとも，競争関係の要件が課されることにより，ミスアプロプリエーション理論の保護範囲は私的な行為をも禁止権の対象に含める著作権法のそれとは異なったものとなり得る。しかし問題は，保護範囲を画する「競争関係」の判断基準について学説上，見解の一致が見られない点にある[121]。「競争関係」に直接的競業だけではなく潜在的市場における競争も含まれるとするならば，結局，その規制範囲は広範なものとなるため，パブリックド

---

(117) Note, *supra* note 54, at 887.

(118) これを支持する学説として，Shipley & Hay, *supra* note 107, at 161 参照。しかし，同学説は，組織的な連続的利用ではなく，一回限りの行為である場合には専占を免れるために更なる要素が必要とされるという（*Id.* at 162）。

(119) Abrams, *supra* note 20, at 550. また，Budwigも，競争者の要件は，結局エクイティと公正さ（fairness）に基いているものであり，これらは著作権法においても考慮される要素であることから，権利の同等性は否定されないと主張している（*Budwig, supra* note 13, at 491）。ただし，INS判決に現れたような限定された保護であれば，専占を免れ得ると解している（*Id.* at 493）。

(120) Kemp, *supra* note 74, at 385, Francione, *supra* note 57, at 126-131. 裁判例においても，エクストラエレメントテストは，容易に専占を免れることを可能とするため適切ではないと述べるものがある。たとえば，Computer Ass'n Inte'l, Inc. v. Altai, Inc., 982 F. 2d 693, 717 (2nd cir. 1992) を参照。

第 2 節　アメリカ法におけるその他の保護制度

メインの確保等の観点からその妥当性についての検討が要求されよう。

　また，権利の同等性を否定するために，著作権法が規制するコピー行為（copying）とミスアプロプリエーションが規制する不正利用（misappropriation）の違いを持ち出す見解もある[122]が，この二つの区別は単なる文言上の区別に過ぎないとの批判がある[123]。仮に，この区別がコピー行為は競争者以外にも妥当するが，不正利用は競争者間でのみ行われることを意味しているというのであれば，前述と同様の区別を述べたに過ぎないこととなる。また，不正利用の下では「不正」な行為のみが禁止されると解したとしても，いかなる基準で「不正」と判断されるのかが明確にされない限り，複製行為との違いは明らかではない[125]。

　そうなると，専占の第 2 の要件を満たすか否かは，結局のところ，ミスアプロプリエーションが成立するための具体的な要件に左右されることとなる。しかし，この点については，すでに見たように，裁判例・学説のいずれも混乱した状況にある。

　データベース保護において問題となるのは，同理論が専占を免れるためには保護対象である情報の価値が経時変化性（ホットニュースの性質）を備えていることが不可欠か否かである[126]。データベースにおいて収集・蓄積される情報はホットニュースに限定されず，そうした情報であっても収集や整理に相当の労力が費やされると考えられるため，かりに経時変化性の要件の

---

(121)　ある見解は，原告が被告の市場へ参入を意図していること，もしくは，第三者と情報提供のライセンスを行っている場合には，直接的な競争関係になくとも専占を認めるべきではないとするが（Williams, *supra* note 101, at 461-466.），他方で，被告製品が原告の製品にとって代わる場合を除いて専占を認めるべきとする見解も存在している（Note, *supra* note 111, at 1153.）。

(122)　この区別が裁判例においても採用されていることについて，supra note 95およびその本文を参照。これは主にレコードの剽窃行為のケースで述べられ，その他のケースにも派生している（*See also*, Budwig, *supra* note 13, at 48 1 n 94, 95；Note, *supra* note 58, at 1461-1462）。

(123)　Note, *supra* note 58, at 1461.

(124)　Case Comment, *supra* note 20, at 479；Note, *supra* note 54, at 889.

(125)　Note, *supra* note 54, at 889-899は，この基準の明確化として*NBA*, 105 F. 3 d 841で示された要件を評価している。

下でのみ保護が与えられるのだとすれば保護範囲としては不十分といわざるを得ない。

そのため，学説には，同要件を満たさずともミスアプロプリエーション理論が専占を免れるとする見解がある[127]。そこでは，INS 判決の理論は当該商品に対する投資回収の機会の確保を目的としているため，保護対象が必ずしもホットニュースに限定される必要はないとの見解が提示され，それぞれの情報製品の開発費用の回収に必要な期間が保護期間として認められるべきことが述べられている。そして，ミスアプロプリエーションが事業者間の行為のみを規制すること，さらに，当該情報製品の現実の市場と直接の競争的関係にある利用行為のみを保護範囲とすることという限定を付加することにより専占を免れることは可能であるという[128]。しかし，ホットニュースの要件が，保護期間を限定するために課されたものであるならば，この場合に保護期間をどのように限定するのかが，問題となってしまう。

ところが，かりにミスアプロプリエーション理論の精緻化により著作権法との対立を回避可能であるであるとしても，以下に述べるような理由から同理論が専占を克服するには困難な事情が存在する。

(3) 専占の役割とミスアプロプリエーション理論

上記の検討に見られるように，専占制度は，州法が著作権法と対立した保護を付与することを回避するという役割を有しており，主に，著作権法の定める利用と保護のバランスとの調和といった観点からの分析が進んでいる。

しかし，専占の法理には，単に実質的に両法の対立を回避するというだけではなく，立法権限を分配するという機能も存在する。後者の観点は，すでに INS 判決における反対意見やミスアプロプリエーション理論に反対する Hand 判事の一連の裁判例において示されていた[129]。すなわち，専占の法理が，著作権や特許権の対象となるものに対して保護を与え得るのは連邦議会の立法のみであるという憲法上の要請を反映しているのだとすれば，仮に知的財産法との対立が回避されたとしても，州法によって保護を付与するこ

---

(126) ホットニュースの要件を課す見解として前掲注(116)掲載の文献を参照。
(127) Djavaherian, *supra* note 93.
(128) Djavaherian, *supra* note 93, {26-34}.
(129) 前掲注(17),(23)に該当する本文を参照。

とは専占に服し許されないことになる(130)。専占の法理が，連邦議会に立法権限を一元化することにより州ごとの保護の不統一を防止するという機能を果たしていることからもこの結論は支持されよう(131)。

この見解は，情報収集物の創作投資の保護に着目した検討の下においても再評価されよう。学説が正当に指摘しているように，データベース保護に関しては，保護の明確化と統一した法制度の確立という要請を軽視することはできないからである。というのは，データベースのように州を超えて流通し，同時に異なった州で取引がなされる製品に対して州ごとに異なる保護を認めること(132)は，取引の混乱を生じさせ，政策上妥当ではないと考えられるからである(133)。著作権条項が統一的な保護の必要という要請を有していること(134)，301条を新設した1976年の著作権法改正が統一的な保護を志向していたこと(135)も，こうした立場を補強するものと考える(136)。

また，自由利用の必要性が高い事実や情報に対して要件が不明確なままで法的規制を認めることは第三者の予測可能性を害する危険が大きいため，情報の利用や流通への抑制効果を防ぐという意味で，連邦議会による立法の重要性は無視し得ない(137)。

以上の理由から，結論として，ミスアプロプリエーション理論が専占を免れることは困難といえよう。同理論による保護が期待できなかったという事情により，専占の問題が生じない著作権法による情報収集物の投資保護が試

---

(130) Comment, Dead or Alive: *The Misappropriation Doctrine Resurrested in Texas,* 33 Hous. L. Rev. 447, 467-468 (1996).

(131) Capital Recoeds, Inc. v. Mercury Records Corp., 221 F. 2d 657, 667 (2 cir. 1955) の反対意見においてHand判事が指摘するところである。

(132) 各州ごとの保護が異なっていることについては，*supra* note 54を参照。

(133) Tessensohn, *supra* note 54, at 463 ; Djavaherian, *supra* note 93 {92}。

(134) Lum, *supra* note 12, at 949.

(135) H. R. Rep. 94-1476, 94 th Cong., 2d Sess. at 129.

(136) ところが，ジョージア州においては，州の不正競争法に基づいたデータベース保護の立法案が提出された (Georgia Database Protection and Economic Development Act of 2003, 2003 Bill text GA S. B. 38)。連邦法による立法（詳しくは次章において検討する）の挫折がこうした州ごとの対策を進めているものと思われる。

(137) Note, *supra* note 54, at 895-897 ; Djavaherian, *supra* note 93 {91}。

第 2 章 著作権法以外の法制度による保護

みられ，この要望に応えるために発展してきたのが額に汗の理論であると捉えることができる。著作権法の原則を歪めてまで投資保護を図ろうとしてきた裁判例や学説の背景にはこうした事情が存在していたのである。

第3章 データベース保護のための国際的動向

　前章までの検討から明らかなように，現行法上，情報収集物の創作の投資に対して確立した保護は与えられていない状況にあった。データベースの経済的な価値が増加し，複製技術の発達によって膨大な情報のコピーが容易となるにつれて，保護の欠缺は無視し得ないものとなってきた[1]。

　こうした中，データベースの経済財としての重要性を認識し，その対応に真っ先に着手したのは EC であった。EC のデータベースの保護に関するディレクティブは，他国のデータベース保護に対して大きな影響を与えている。以下では，EC ディレクティブの採択の経緯とその内容，および，それに続く WIPO 条約案，アメリカ立法案について，学説の議論を交え検討していく。

第1節　EC ディレクティブ

第1項　採択の経緯と目的

　欧州委員会がデータベースの保護の必要性を指摘したのは，1988年のグリーンペーパー[2]においてであった。同ペーパーは，データベースの保護に

---

[1] Patricia Ann Mitchell, *Misappropriation and the New Copyright Act : An Over View,* 10 Golden Gste U. L. Rev. 587 (1980)；J. H. Reichman & Pamela Sumuelson, *Intellectual Property Rights in Data?,* 50 Vanderbilt L. Rev. 51, 65-66 (1997)；U. S. Copyright Office, *Report on Legal Protection of Databases,* 66-67 (1997).

[2] COM (88) 172 final, at 217, 7. June. 1988.

は著作権による保護が適切であるとの立場をとっていた(3)。その後，委員会では独自立法（sui generis 権の採用）の検討がなされたが支持されず，著作権法のオリジナリティの基準に基づく保護が最も適切なアプローチであると結論付けられた(4)。

ところが一転して1992年に委員会は，sui generis 権を採用したデータベースの保護に関する EC ディレクティブ案を提出する(5)。ディレクティブ案はその後様々な修正が加えられ，1996年に最終的なディレクティブ(6)として採用された。

ディレクティブの目的は，データベースが既存の著作権法の原則に必ずしも適合していないことから生じる問題を解決し，EC 域内で統一されたデータベース保護制度を確立することにより，データベース市場が自由に機能することを促すことにある(7)。

ディレクティブ成立以前の EC 域内においては，データベースを含めた編集物の著作権保護に要求されるオリジナリティのレベルに関して各国間で一致が見られなかった。

イギリスにおいては，19世紀に発展した額に汗の理論により，編集者の投資に対して著作権法上，保護が認められてきた(8)。また，北欧のフィンラ

---

(3) Id. §6. 6. 2.
(4) Follow up to the Paper on the Challenge of Technology, COM (90) 584 final §6. 2. 1 - 6. 2. 2. これには，同時期に議会で議論されていたコンピュータソフトウェアの保護に関して著作権法による保護が適切であるとしてsui generis権の新設が見送られたことが影響しているとの指摘がある (Mark Powell, *The European Union's Database Directive : An International Antidote to the Side Effect of Feist?*, 20 Fordham Int'l L. J. 1215, 1218-1219 (1997))。
(5) Proposal for a Council Directive on the Legal Protection of Databases, OJ No. C 156/4 of 23. 6. 1992.
(6) Directive 96/9 EC of the European Parliament and of the Council on the Legal Protection of Databases, 11 March 1996, OJ No. L 77/20 of 27 March 1996.
　邦語文献として，知的財産研究所『データベースの法的保護のあり方に関する調査研究報告書』77頁以下（1998），梅谷眞人『データベースの法的保護』169頁以下（信山社，1999），小橋馨「EUデータベース指針―ドイツ著作権法における具体化と日本法との比較考察―」石川明編『EU法の現状と発展』155頁（信山社，2001）がある。

ンド，スウェーデン，ノルウェー，デンマークでは，カタログルールとよばれる法理によって，データベースやカタログに対して10年間の複製禁止権が付与されていた(9)。したがって，これらの国々においては，新たな立法を認めずとも創作投資の保護が可能な状況にあった。

一方，その他の国の多くでは，著作権の保護要件として，素材の選択・配列の創作性が要求されると解されていた(10)。そのため，これらの国々では，選択・配列に創作性が認められない編集物はもちろん，仮に創作性があったとしても，その選択・配列を利用せず，事実のみを使用する行為に対しては保護が与えられない状況にあった(11)。EC委員会は，このように各国で保護基準が異なっていることが，ECの市場におけるデータベースの自由な流通を妨げる要素となり得ると考え，その是正策としてディレクティブを提案し，保護の統一をはかったのである。

しかしながら，後述のように，ディレクティブが国内法化の際に多くの選

---

(7) Directive 96/9, *supra* note 6, (1)；W. R. Cornish, *1996 European Community Directive on Database Protection,* 21 Colum. -VLA J. L & Arts 1 (1996)；Jean Hughes and Elizabeth Weighman, *EC Database Protection*：*Fine Tuning the Commission's Proposal,* [1992] EIPR 147, 147 (1992)；Note, *Satndards of Protection for Databases in the European Community and the United States*：*Feist and the Myth of Creative Originality,* 27 Geo. Wash. J. Int'l L. &Econ. 457, 472 (1993-1994)；Deber B. Rosler, *The European Union's Proposed Directive for the Legal Protection of Database : A New Threat to Free of Information,* 10 High Tech. L. J. 105, 109-110 (1995)；Reichman&Sumuelson, *supra* note 1, at 73 -74.

(8) Simmon Chalton, *The Effect of the E. C. Database Directive on United Kingdom Copyright in Relation to Databases : A Comparison of Futures,* 19 [1997] EIPR 278 (1997).

(9) *See.* Cunnar W. G. Karnell, *The Nordic Catalogue Rule,* in Egbert J. Dommering & P. Bernt Hugenholtz ed., *Protecting Works of Facts,* 67-72 (1991).たとえば，スウェーデン著作権49条の規定は，「多くの事項が集約されたカタログ，表，その他の類似の編集物は，それが発行された年から10年を経過するまでは，創作者の同意なしに複製することはできない」との規定があり，その他の北欧諸国にも類似の規定が定められているという(*Id*. at 67-68)。デンマーク著作権法は95年に改正が行われ，カタログルールによる保護期間が，10年から15年に延長されたとのことである(Powell, *supra* note 4, at 1228 n 50)。

択肢を与えたこと，及び重要な概念の定義が不明確であることから，域内における保護の完全な統一が図られているとはいい難い(12)。そのため，ディレクティブはデータベース開発者が自己の利益を保護するために行ったロビー活動の結果であるとか(13)，その背景には，データベース先進国として世界市場でそのシェアを拡大しているアメリカのデータベース産業に対抗するため，十分な競争力を獲得しようとするヨーロッパ各国の意図があったとい

---

(10) Cornish, *supra* note 7, at 2-3. 特に，個性的，精神的著作物（persönliche geistige schöpfung）が保護の対象となると規定されているドイツ著作権法（§2 Abs. 2 UrhG）の下では，高いレベルのオリジナリティが要求されてきたといわれる(Powell, *supra* note 4, at 1232, Hughes & Weighman, *supra* note 7, at 147)。ただし，同国では，編集物などに対して，例外的にkleine münzeといわれる低いレベルでオリジナリティを認めるケースが存在してきたことについて，P. Bert Hugenholtz, *Protection of Compilation of Facts in Germany and the Netherlands, in Protecting Works of Facts, supra* note 9, at 62-65参照。もっとも，このkleine münzeは，オリジナリティの要件が低いレベルで十分であることを明らかにした理論であって，オリジナリティを必要とせず，労力のみで保護が認められるという額に汗の理論やカタログルールとは異なるものである。

(11) ただし，Powell, *supra* note 4, at 1221-1223は，フランス，アイルランド，オランダ，ポルトガル，スペイン等では，必ずしも知的創作物を構成しているかどうかを問題とせずに著作権保護が与えられており，オリジナリティを要件とするドイツやイタリアなどにおいては，競争者の隷属的コピーに対して不競法上の保護が認められていたため，更なる立法の必要性はなかったことを指摘する。逆に著作権法において創作投資の保護を認めているイギリス等の国々では，不正競争法が存在しなかったために著作権法によって保護を図るべき事情が存在したことを指摘するものとして，F. W. Grosheide, Symposium on Intellectual Property, *Digital Technology & Electronic Commerce : Digital Copyright and Database Protection : Database Protection-The European Way,* 8 Wash. U. J. L. & Pol'y 39, 44(2002)。しかし仮に，上記の指摘のように既存の法制度の柔軟な解釈によってデータベースの保護が可能であるとしても，より適切な保護制度の選択および域内の法制度の統一という点からは新規立法の必要性は必ずしも否定できないと思われる。

(12) Christopher Rees & Simon Chalton ed, *Database Law,* 11(1998)；Xuqiong Wu, *Foreign and International Law: EC Database Directive,* 17 Berkley Tech. L. J. 571, 573 (2002)

(13) Charles von Simson, *Feist or Famine-American Database Copyright as an Economic Model for the European Union,* 20 Brook. L. Int'l Rev. 729, 754-755(1994).

うことが指摘されている(14)。

　第2項　ECディレクティブの内容
　本項では，ディレクティブが定める規定の内容を概観し，その問題点を抽出する。
1　保護の対象となるデータベース
　「データベース」とは，「著作物，データ，その他の個々の素材を体系的に（systematic）または方法論にしたがって（methodical）配列した収集物で，電子的またはその他の方法によって個々の素材にアクセスが可能であるもの」と定義されている（1条2）。体系的，または方法論的な配列が必要とされるため，無造作に素材を集めただけのものはデータベースに該当しない。また，個々の素材にアクセスできないものも含まれない(15)。データベースを構成するためのコンピュータプログラムは保護対象から除外されている（1条3）。
　ディレクティブは，電子的媒体だけでなく紙媒体の情報収集物も上記の要件を満たす場合には保護対象に含めているが，これは，電子的なデータベースのみを対象としていた92年のディレクティブ案(16)，93年の修正案(17)との大きな差異である。
　保護対象を非電子的なものへと拡大させた理由には，TRIPs協定(18)において電子的データベースと非電子的データベースの区別がなされなかったこととの整合性を図ったこと(19)，電子スキャナ等の普及によって非電子的なデータベースにおいても電子的なデータベースと同様に安価で容易な複製の

---

(14) Reichman & Sumuelson, *supra* note 1, at 73-74.
(15) よって，録音物，視聴覚著作物，映画，文学，音楽の著作物自体は除外される（Directive 96/9, *supra* note 6, recital(17)）。また，ここでいう素材は情報であることが前提とされており，有体物のコレクションは保護されるデータベースにはあたらないと解されている(Grosheide, *supra* note 11, at 59)。
(16) Proposal Directive, *supra* note 5, Art. 1. 1.
(17) Amended Proposal for a Council Directive on the Legal Protection of Databases, OJ No C 308/1 of 15. 11. 1993, Art. 1. 1.
(18) 知的所有権の貿易的側面に関する協定。10条(2)において，編集物は，その選択と配列が知的創作物を構成する場合に保護されると規定されている。

危険性が高まっていること[20]，電子的データベースと非電子的データベースのオリジナリティの基準が異なることから生じる保護範囲の不一致を好まなかったことがあげられている[21]。

非電子的データベースが保護対象に含まれたことについては，過剰な権利の強化であるとか，域内における保護の統一のため補足的に立法するとしたディレクティブの目的を超えているといった反対意見があったとされているが[22]，議論の詳細は不明である。

2 保護の内容

ディレクティブは，著作権と sui generis 権[23]の二重の保護システムを採用している。

(1) 著作権による保護

(i) 保護要件と権利の内容

まず，著作権が付与されるための要件として創作性が要求され，その創作性の範囲で保護が認められることが明らかにされた（3条1）。これは，著作権法における額に汗の理論の採用を否定するものであり，ヨーロッパ各国の著作権法においてデータベースに関してオリジナリティの解釈の違いを統一するという点で意義を有する。

額に汗の理論の採用が否定された理由には，創作性を要件とする大陸法系の国々において同理論の採用が困難であったことや，同理論の認める保護範囲が広範に過ぎたことが指摘されている[24]。これにより，従来著作権法において一定の投資保護を認めてきたイギリスおよび北欧諸国においては，著作権法の保護が縮小される結果となった[25]。

権利の内容は，従来著作権法で与えられてきたものとほぼ同様である[26]。

---

(19) Jenes L. Gaster, *The New EU Directive Concerning the Legal Protection of Databases,* 20 Fordham Int'l L. J. 1129, 1132(1997).

(20) Gaster, *supra* note 19, at 1132 ; Groseide, *supra* note 11, at 49.

(21) Powell, *supra* note 4, at 1228-1229 ; Gaster, *supra* note 19, at 1132-1133.

(22) Gaster, *supra* note 19, at 1132.

(23) Directive 96/9, *supra* note 6, Art. 16. 1.

(24) Powell, *supra* note 4, at 1226-1127 ; C. D. Freedman, *Should Canada Enact a New Sui Generis Database Right?,* 13 Fordham Intell. Prop. Media & Ent. L. J. 35, 90-92(2002).

ただし，オンラインで提供されるデータベースについては，合法に販売された商品のその後の頒布に関して権利消尽の理論は適用されないことが明記された[27]。

(ii) 制 限 規 定

6条には，著作権の制限が規定されている。まず，データベースの適法な利用者（lawful user）が通常の使用にあたり必要とする行為は権利者の許諾なく行うことができることが明記されている（6条1）。本条に該当する行為は契約によって制限することができない（15条）。

ところが，ディレクティブは「適法な利用者」の概念に関して何ら定義規定を有していない。92年のディレクティブ案において，適法な利用者とは，権利者との間で使用契約を締結した者およびデータベースが蓄積された有体物を適法に入手した者と理解されていたようである[28]。

最終的なディレクティブでは，利用者がデータベースの一部の使用のみを権利者から許諾されている場合には，同人は当該部分の利用に対してのみ6条の制限規定の適用を受け得ると述べられており（6条1），データベース使用のライセンスを受けた者が適法な利用者に該当すると考えられていることは明らかである[29]。

しかし，本来，著作権の制限規定は著作権者と契約関係にない者に対しても一定の利用を許容するものであった[30]。契約を根拠とする適法な利用者

---

(25) *See, supra* note 8-9. イギリス法とディレクティブとの関係に関する文献として，Stanley Lai, *Database Protection in the United Kingdom：The New Deal and it's Effects on Software Protection,* [1998] EIPR 32 (1998)；Database Law, *supra* note 12 参照。

(26) Directive 96/9 , *supra* note 6, Art. 5 . 一次的又は固定的な複製，翻訳，要約，配置，その他の変更，公衆への複製物の頒布，公衆への伝達，展示，上演の権利が与えられている。

(27) Directive 96/9, *supra* note 6, recital (33).

(28) Proposal Directive, *supra* note 5, art. 6. 1-6. 2, recital (24) (25). *Database Law, supra* note 12, at 25.

(29) Directive 96/9, *supra* note 6, rec. (34) は，権利者が，適法な利用者との契約に定められた目的・態様でのデータベースへのアクセス及び利用を可能とすべき義務を有する旨述べている。Vinciane Vanovermeire, *The concept of the Lawful User in the Database Directive,* 31 IIC 63, 69-71 (2000).

の認定は，契約条項の設定如何により，許容される利用行為が異なるものとなることを生じさせ，6条は単なる確認規定としての役割しか有しないこととなろう。こうした解釈は，従来の著作権法が定めている制限規定の範囲を大きく減少させている。

学説には，直接に権利者との間でライセンス契約を締結していない者であっても，データベースが有体物に固定されて提供されている場合に，売買，譲渡，貸し渡しなどによってそれを取得した者も適法な利用者に含まれると解するものが有力である[31]。もっとも，この点についてはオンラインのデータベースについては消尽理論が適用されない旨の規定があることから (rec. 33)，6条の規定がなかったとしても有体物であるデータベースについては消尽が認められていると解することは可能であろう。

以上の理由から，適法な利用者に関する制限規定が定められたことの意義は不明確であるといえる。

ディレクティブは，その他にも(a)非電子的なデータベースの私的複製，(b)授業または科学的研究目的の非商業的な利用，(c)公衆の安全を目的とする行政，司法上の利用，(d)前記以外に伝統的に著作権において認められてきたもの，という4つの例外規定の国内法化について各国に判断を委ねている（6条2）。ただし，私的複製として利用が許されるのは非電子的なデータベースの利用に限定されている。

結局のところ，ディレクティブの制限規定は，著作権法が従来認めていた制限規定の範囲を縮小するものであり，このことが，科学や教育の分野における情報の利用が十分に確保されていないとの批判を生じさせる一因となっている[32]。

(2) sui generis 権による保護

(1－i) 保護要件と権利の内容

sui generis 権が付与されるためには，当該データベースが，その素材の獲得，確認，表示において，量的または質的，またはその双方からみて，

---

(30) Vanovermeire, *supra* note 29, at 67.

(31) *Database Law, supra* note 12, at 25；Vanovermeire, *supra* note 29, at 72-77, 79-81.

(32) Reichman & Sumuelson, *supra* note 1, at 76-79.

第1節　ECディレクティブ

「実質的投資」がなされたものでなければならない（7条1）。この要件は同権利が創作における投資を保護することを明確にしたものである[33]。

保護要件を満たしたデータベースの作成者には，データベースのコンテンツ全体，あるいは，量的，質的，または，その双方において実質的と評価された部分について，抽出（extraction），および，再利用（re-utilization）の禁止権が与えられる（7条1）。抽出とは，データベースの素材を他の媒体に移転する行為であり，いかなる手段によるものも含まれる（7条2(a)）。再利用とは，複製物の頒布，貸与，オンラインその他の手段によって公衆に入手可能とする行為を意味し，いかなる形態によるものでも構わない（7条2(b)）[34]。さらに，非実質的な部分であっても，反復され組織的に行われる抽出や再利用行為は，当該データベースの通常の活用を妨げる場合，またはデータベース作成者の正当な利益を不当に害する場合には侵害を構成する（7条5）。

sui generis 権は，92年の最初の提案では「不正な抽出行為（unfair extraction）」に対して保護を与えるものとされていた[35]。これは，後続者が自らはデータの収集や確認の努力をすることなく，他者のデータの集積を商業的目的で利用する行為に対して禁止権を及ぼすものであったとされる[36]。しかし96年の最終的なディレクティブにおいては，商業的利用に限らず，ユーザーの利用に対しても禁止権が及ぶように修正された。さらに sui generis 権は，譲渡が可能な権利として規定されることとなった（7条3）。

（1—ⅱ）　学説による批判

①　保護要件における実質性

ディレクティブを支持する見解は，その保護が広範に過ぎるとの批判に対し，実質的な時間，労力，費用を費やしたデータベースのみに保護対象が限

---

(33) Directive 96/9, *supra* note 6, recital(40)(41).
(34) ただし，許諾を得て販売された複製物については，その後，当該複製物の販売に関してコントロールする権利は消滅する（7条(2)(b)）。
(35) Proposal Directive, *supra* note 5, Art. 2. 5.
(36) Richman & Samuelson, *supra* note 1, at 81. *Database Law*, *supra* note 12, at 20も参照。この立場は，93年の修正案においても維持されていた（Amended Proposal, *supra* note 17, Art. 10. 1）。

定されていること,および,制限規定の存在を挙げて反論する[37]。

しかし,前者に関して,ディレクティブでは音楽CDはこれを満たさないと述べられているにすぎず[38],条項の文言からは「実質性」の外延は不明確であるといわざるを得ない。そのため,情報利用の抑制が引き起こされる危険性はぬぐえないとの批判がある[39]。さらに,投資の実質性については,データベース自体からそれを客観的に読み取ることが困難であるため,判断が主観的にならざるを得ないとの指摘もある[40]。

投資の実質性の判断基準として,小量の情報のみを有するデータベースを排除するという基準と,情報の自由利用の原則との考量によって保護に値する投資があったかどうかを判断するという2つの基準が存在しうる[41]。しかし,前者の考えを採用する場合,情報の独占の危険性が高く,情報自体に権利を設定したことと同様の結果を生じさせるため,これを回避する必要があると思われる[42]。

また,「実質性」の概念は保護要件だけでなく,侵害,保護期間の更新,制限規定の要件としても採用されている概念であるが,それぞれの関係についてディレクティブには何ら言及はない[43]。

② 侵害要件における実質性

---

[37] G. M. Hunsucker, *The European Directive* : *Regional Stepping Stone to an International Model ?,* 7 Fordham Intell. Prop. Media & Ent. L. J. 679, 476-747(1997).

[38] Directive 96/9, *supra* note 6, recital(19).

[39] Lai, *supra* note 25, at 34. Terry M. Sanks, *Database Protection* : *National and International Attempts to Provide Legal Protection for Databases,* 25 Florida St. U. L. Rev. 991, 997-998, 1006(1998) ; J. H. Reichman & Paul F. Ublir, *Database Protection at the Crossroads* : *Recent Developments and their Inpact on Science and Technology,* 14 Berkley Tech. L. J. 793, 804(1999) ; Freedman, *supra* note 24, at 93 ; 修正案の段階におけるECディレクティブに対する同様の批判として,Rosler, *supra* note 7, at 118-119.

[40] Powell, *supra* note 4, at 1238.

[41] Matthias Leistner, *Legal Protection for the Database Maker-Initial Experience from a German Point of View,* 33 IIC 439, 448-49(2002).

[42] *Id.* at 450-452.

[43] Rosler, *supra* note 7, at 118-120.

第1節 ECディレクティブ

　侵害の成立に要求されている「実質的部分」という概念についても不明確さが指摘される(44)。これは，データベースのコンテンツに関しての実質性を要求しており，投資の実質性を検討するものとはなっていない。ECディレクティブはこの判断基準について何ら説明を与えていない。他方，ディレクティブとほぼ同様の権利を定める後述のWIPO条約案(45)は，2条5項において，実質的部分とは「質的，または量的にデータベースの価値に対して重要な部分を意味する」と規定している。そして，注釈2.09では，実質性の判断はデータベースの商業的価値との対比でなされることを示し，創作に費やされた投資額とそれによって完成されたデータベースの市場価格の予測によって判断されると述べている。

　利用された情報の経済的価値の高さのみに着目した実質性判断は，利用されたデータが量的にはわずかであっても実質性を満たすと判断される可能性を生じさせ(46)，情報の独占の危険性を高める。加えて，質的基準を採用した場合，利用者にとっては自己の利用するデータが実質的であるのか，非実質的であるのかについての予測が困難となり(47)，情報の流通や利用が害される可能性も否定できない。

　また，仮に情報の量に基づく実質性判断を行うとしても，利用された量がそれ自体で実質的かどうかを基準とするのか，当該データベースとの関係で利用された情報量が実質的といえるのかを基準とするのか，という問題が残されている。

　この点について，学説には，市場の同一性の観点から実質性を検討すべきであることを指摘するものがある(48)。たとえば，権利者の利益が害されるのは競争関係にある製品が作られた場合であるから，実質性の認定もこうし

---

(44) Freedman, *supra* note 24, at 94 ; Grosheide, *supra* note 10, at 55.

(45) Basic Proposal for the Substantive Provisions of Treaty on Intellectual Property in Respect of Databases, CRNR／DC／6 (1996)(以下，WIPO-Treaty).

(46) アメリカの立法案に関して，Marci A. Hamilton, *Database Protection and the Circuitous Route Around the United States Constitution,* in *International Intellectual Property and the Common Law World,* at 616 (2000)を参照。

(47) Reichman & Ublir, *supra* note 39, at 804.

(48) Grosheide, *supra* note 11, at 55 ; Cornish, *supra* note 7, at 8.

た場合に限定すべきであるというものである。他方で、ディレクティブの前文42が不正な利用行為の禁止を謳っていることから、競争関係だけを問題とすべきでなく、収益の回収に重大な害を及ぼすかどうかという観点から実質性を判断すべきとする見解もある[49]。この基準の下では、電話帳の一部の地域をそっくり完全に抽出した場合には実質性が認められるが、ランダムに同量のデータを抽出した場合には非実質的であると評価されることとなる。

そもそも、92年のディレクティブ案において、情報の利用に対する禁止権新設の根拠として述べられていたのは、時間や労力、組織的な技能が費やされた収集物の個々の素材を同一又は類似する製品の創作に利用することにより、創作にかかる相当のコストを削減する行為は不正競争行為と評価しうるということであった[50]。しかし、不正競争法による保護を採用した場合、EC加盟国において同法の統一が困難であったことから、独自立法が採用されたのである[51]。すなわち、ディレクティブが提案された当初は、情報自体に対する権利を創設することは明確に否定されていた[52]。しかし、最終案では、ユーザーの無許諾の利用行為も含めて規制することが望ましいとの意見が表明され、sui generis 権は、競争者間を規制するだけでなく、ユーザーの利用から生じる損害についても保護を及ぼすものとされ[53]、最終的なディレクティブでは侵害の成立において、利用の商業的目的の要件が排除された。これにより、sui generis 権の性質が競争関係に着目したものではなくなり、実質性判断の基準を不明確とさせたものと思われる[54]。

③ 非実質的部分の継続的・組織的抽出

ディレクティブは、非実質的部分であっても継続的、かつ組織的に行われ

---

(49) Leistner, *supra* note 41, at 452-454.

(50) Proposal Directive, *supra* note 5, Art. 11. 1 ; Explanatory Memorandum, COM(92)24 final at 25, 3. 2. 7.

(51) Explanatorg Memorandam, *supra* note 50, at 36, 5. 3. 9. その他の理由としては、不正の判断基準の策定が困難であったことも指摘されている (Rosler, *supra* note 7, at 115-116 ; Freedman, *supra* note 24, at 93)。

(52) Explanatory Memorandum, *supra* note 50, at 25, 3. 2. 8.

(53) Directive 96/9, *supra* note 6, rec (42).

(54) これにより、過保護の危険を増大されたとする見解として、National Research Council, A Question of Balance, 71 National Academy Press (1999).

る抽出・再利用行為が侵害を構成することを明記している。データベースの通常の利用行為が，継続的抽出・再利用により成り立っていることを考えると，こうした規制が一般の使用者の利用行為をも規制の対象に含めうる可能性が指摘される[55]。もっとも，この点については，適法な利用者の行為を非侵害とする制限規定（8条）により，対立を回避していると評価することもできるかもしれない。しかし，ディレクティブがいう「適法な利用者」の概念の不明確さからこの制限規定の有効性に疑問が呈されていることについては，後述のように，著作権法に関する規定と同様の問題が存在する。

そのため，データベースの使用行為を害さないためには，競業製品を作成する目的で継続的に非実質的部分を抽出する行為等に限定した侵害の認定が必要であるとの見解が主張されている[56]。

④　非商業的使用

既述のようにディレクティブは，原則として，侵害の要件から商業的利用の目的を削除している。非商業的利用は制限規定において広く許容されていると解する見解[57]もないではないが，後述するように多くの学説はディレクティブが定める制限規定では，過保護の弊害の除去には不十分であることを指摘している[58]。

そもそも，ディレクティブは利用者による抽出や再利用を規制対象に含めることとした根拠について明確には述べておらず，個人の利用から生じる経済的損害が新たな法的規制を要する程度であるのかについての十分な説明がなされていない。かりにその必要性が肯定されるとしても，sui generis権という権利による保護を与える場合，情報へのアクセスや情報の利用における公衆の利益を害するおそれを看過できないとの指摘がある[59]。

くわえてディレクティブが商業的利用の概念を排除したことがもたらした

---

[55]　Leistner, *supra* note 41, at 454.
[56]　Leistner, *supra* note 41, at 455-456.
[57]　Hunsucker, *supra* note 37. ただし，唯一の出所を有し，独立に収集することが困難な情報の場合には事実の独占の危険性があることを認識している（*Id.* at 741 n 211）。
[58]　(2-ⅱ)を参照。私的利用の認められる範囲が非電子的データベースに限定されている点も，情報の利用を阻害する要因となり得る。
[59]　Powell, *supra* note 4, at 1225.

大きな問題と思われるのは，利用される情報の実質性，抽出行為，再利用行為の概念の適用範囲が拡大されたため，それぞれの概念の不明確さをもたらす一要因となったという点である。

⑤　二次的データベース

ディレクティブが侵害の要件として競争関係の存在を要求していない点については，過度の保護であるとの批判が強い。既存のデータベースに付加価値をつけたデータベースに対しても権利が及ぶため，二次的データベースの作成が抑制されることとなるからである。オリジナリティのある要素が利用された場合にのみ二次的著作物の作成が権利侵害とされる著作権と異なり，sui generis 権は情報の集積に対する権利であるから，二次的データベースにまで保護を及ぼすことは事実自体の独占を認めるに等しく，知識の普及や学問の発展に及ぼす影響は無視し得ないとの批判がなされている[60]。

（2 ― i）　適用除外・制限規定の内容

ディレクティブは，sui generis 権についても著作権と同様に，公衆に入手可能とされているデータベースについて，適法な利用者はいかなる目的であっても非実質的部分の抽出，再利用を行うことが出来る旨規定する（8条1）。しかし，データベース作成者の通常の経済的活用と対立する場合や正当な利益を害する場合には許容されない（8条2）。

非電子的なデータベースの私的利用目的で行う抽出・再利用，授業，科学的リサーチのための非商業的目的の利用，公共の安全のための行政・司法上の利用については，各国で制限規定を定めることができる（9条）。しかし，私的利用は非電子的データベースのみに認められ，電子的なデータベースは除外されている（9条（a））。

（2 ― ii）　学説による批判

ディレクティブを支持する学説には，これらの権利制限により，適法な利用者に対しては非実質的な部分の利用が認められていること，授業，科学的なリサーチ目的の利用，及び私的利用が許容されていること[61]，独立の創作行為が許容されていること[62]を根拠に過保護の危険性について否定する

---

(60)　Reichman & Sumuelson, *supra* note 1, at 90. Guido Westkamp；*Protecting Databases Under US and European Law*, 34 IIC 772, 796 (2003).

第1節　ECディレクティブ

ものがある。

　しかしながら、これには以下のような反論がなされている。

　まず、著作権に関する制限規定と同様に、8条の制限規定の適用をうけるのは適法な利用者に制限され、その行為も限定されたものでしかない。また、適法な利用者の概念に関する問題も存在している。すなわち、契約により利用が許された者がこれに該当すると解する[63]場合、データベースの開発者は契約条項を巧妙に設定することにより、いかなる使用の制限も課すことが可能であるから、権利範囲を制限する機能を制限規定に期待するのは困難となる[64]。

　もっとも、既述の著作権に関する適法な利用者とsui generis権に関する適法な利用者の概念は必ずしも一致すべきものとは限らない[65]。しかしながら、多くの学説は、コンピュータプログラムに関するディレクティブ（5(1)条、および、rec. 18）と整合的に解すべきことを主張し、ライセンシーとデータベースが蓄積された有体物の購入者が適法な利用者にあたると解しており、この点についての十分な解決案は示されていない。

　次に9条については、授業や科学的リサーチの目的であっても抽出行為が許されるには非商業的利用であることが必要であり、しかも再利用は認められないため、特に科学的分野の研究を阻害するであろうことが危惧されている[66]。さらに、科学的研究以外の学問分野での利用や、批評目的の利用、さらなる価値を付した二次的データベースの作成に関しては明示の制限規定はおかれていない。

---

(61)　Thomas Horen, *EU Leads World Towards Database Protection,* IP Worldwide July/August 1997.

(62)　Hunsucker, *supra* note 37, at 747.

(63)　Grosheide, *supra* note 11, at 68-70；Leister *supra* note 41, at 457.

(64)　Colston C., *Sui Generis Database Right*：*Ripe for Review?,* Refereed Article 2001(3) JILT 〈http://elj. warwick. ac. uk/jilt/01-3/colston. html〉.

(65)　Grosheide, *supra* note 11, at 66-67.

(66)　*Report on Legal Protection of Database, supra* note 1, at 68-69；National Research Council, *Bits of Power*：*Issues in Global Access to Scientific Data* (1997 National Academy Press) (http://www. nap. edu/readingroom/books/BitsOfPower/において入手可能)；Wu, *supra* note 12, at 577.

第3章　データベース保護のための国際的動向

　また，私的利用が許されるのは非電子的データベースの抽出行為のみに限られ，自由利用が許される範囲は著作権法で認められているよりも狭い。そのため，個人の情報の利用行為に対する過度の抑制となる危険性が指摘される(67)。

　くわえて，情報の出所が限定されている情報に対して，情報の利用を確保するための対策は何ら施されていない。独立創作は侵害を構成しないことが明記されてはいるが，これが情報の独占を回避する規定として機能するのは，情報が公共の出所から入手でき，そのコストがそれによって得られる利益よりも高くない場合である(68)。特に科学的データについては，独自に情報を獲得するためのコストが高すぎるため，情報の独占の危険性は高いといわれる(69)。そのため，出所が唯一である情報に対して強制ライセンスの必要性を主張する見解もある(70)。

　92年と93年のディレクティブ案は，他の情報源からは得ることが出来ない情報及び公共機関の作成したデータベースの素材については強制許諾を認める規定を有していた(71)。しかし，最終的なディレクティブにおいてこの規定は削除された(72)。その理由は，情報の独占に対しては，Magill事件(73)によって独禁法による対応が可能であると判断されたこと(74)，データベース業界の強い反発があったためであるといわれている(75)。

　しかし，各国国内法において，sui generis権に対して競争法がいかなる

---

(67) Michael Freno, *Database Protection*：*Resolving the U. S. Database Dilemma with an Eye Toward Internationl Protection,* 34 Cornell Inte'l L. J. 165, 183(2001)；Leistner, *supra* note 41, at 458.

(68) Reichman & Sumuelson, *supra* note 1, at 89.

(69) Bits of Power, *supra* note 66.

(70) Michel J. Bastian, Note, *Protection of "Noncreative" Databases*：*Harmonization of United States, Foreigen and International Law,* 22 B. C. Int'l & Comp. L. Rev. 425, 445 n 171 (1999).

(71) Proposal Directive, *supra* note 5, Art. 8.1-8.2, Amended Proposal, *supra* note 17, Art. 11.1-11.2.

(72) ディレクティブ案の段階では，医療データベース等のように，対価を低くすることにより利用が促進されているデータベースに対しては，比較的長い独占期間が必要であるとし，強制許諾を認める前に5年間の独占権を与えるべきであるという提案がなされたが採用されなかった。

第1節 ECディレクティブ

制限をなしうるのかについては同権利の保護の利益を明確にする必要があり，この点について依然として不明確なままであることが指摘されている[76]。

以上の問題点から，ディレクティブの与える保護が，事実の独占を生じさせ公衆の情報の利用を害する危険性は否定できないとする見解が有力である[77]。

（3 — i ）　存続期間

sui generis権の存続期間は，データベースが完成した翌年の1月1日から起算して15年間である（10条1）[78]。ただし，この期間内にデータベースが公衆に入手可能な状態にされた場合には，その時点から15年間で保護期間が終了する（10条2）。さらに，データベースのコンテンツに対して新たな

---

(73) Radio Telefis Eireann and Independent Television Publications v. Commission, [1995] C. M. L. R. 718(1995). アイルランドの全てのテレビ局の番組情報を掲載したテレビ番組ガイドの出版を企画した者に対し各テレビ局側が番組表の複製・頒布のライセンスを拒絶した事件について，ローマ条約86条違反が認められた。本件を紹介，分析するものとして，白石忠志「データベース保護と競争政策」公正取引563号64頁(1997)以下，その他，長塚真琴「著作権の行使と支配的地位の乱用（ECC条約86条）―Magill事件判決の意義―」コピライト1996年6月号14頁(1996)などを参照。

(74) Cornish, *supra* note 7, at 11；Reichman & Sumuelson, *supra* note 1, at 87 n153. Database Law, *supra* note 12, at 24 n 4も参照。

(75) Cornish, *supra* note 7, at 11；Reichman & Sumuelson, *supra* note 1, at 75, 94, Rosler, *supra* note 7, at 121-122.

(76) Wu, *supra* note 12.

(77) Reichman & Sumuelson, *supra* note 1, at 90-95, 114-116. また，各国による制限規定の違いが，EC加盟国内の法制度の統一というディレクティブの目的を害しているとの指摘もある(Freedman, *supra* note 24, at 97)。

(78) 92年の最初の提案においては，存続期間は10年と定められていた(Proposal Directive, *supra* note 5, Art. 9. 3)が，93年の修正案において15年に延長された(Amended Proposal, *supra* note 17, Art. 12)。この変更は，最初の投資を回収するために業界が必要とする期間に一致させるためのものであるとの解説がなされているが(COM (93) 463 final, 4. 10. 1993 at 7)，その背景には，イギリスデータベース産業のロビー活動があったといわれている(F. William Grosheide, *Database Protection on the Borderline of Copyright Law and Industrial Property Law －A Status Report with regard to the Law of EU, The USA, and Japan*, at 31 n 63（知的財産研究所，平成9年度工業所有権研究促進事業報告書))。

215

実質的投資と評価される，量的または質的に実質的な変更が加えられた場合には，新たに生じたデータベースに対してさらに15年の保護期間が付与される。保護期間の更新に該当するための実質的変更には，継続的に付加・削除・変更が行われることによって生じるものも含まれる（10条3）。

（3 — ii） 学説による批判

学説では，保護期間の更新が認められ，その要件である実質性の概念が明らかではないため，永久的な保護が規定されたに等しい結果を生じさせる危険性が存するとの指摘がなされている[79]。新たな保護が認められるために必要とされる投資は，データベースの最初の作成に必要とされるものと同程度のものが要求されるべきであると見解があるが，こうした基準が各国で実際に適用されるかどうかについては，実質性概念の不明確さから疑問が出されている[80]。

(3) sui generis 権についてのまとめ

ディレクティブが著作権と sui generis 権の2つの制度を採用し，著作権の保護要件として独立創作以上のオリジナリティを課したことは，第1章の検討からも適切であったと評価されるが[81]，sui generis 権が示した保護制度については，権利範囲が広範にすぎ，公衆の利益や競争を疎外する危険性があるとしてその妥当性を疑問視する見解が多い。特にアメリカの学説はこれらの新規立法に対して批判的である。その背景には，ディレクティブが相互主義を定めていることを受けて[82]，アメリカのデータベース産業の国際競争における成功のためには，ディレクティブと同等の保護の国内法化が必要であろうことが意識されたという事情がある[83]。

---

(79) Jason R. Boyarski, Note, *Heist or Feist*: *Protection for Collection of Information and the Possible Federalization of "Hot News"*, 21 Cardozo L. Rev. 871, 907 n 229(1999) ; Sanks, *supra* note 39, at 998 ; Tessensohn, *The Devil's in Details* : *The Quest for Legal protection of Computer Databases and the Collections of Information act*, H. R. 2652, 38 IEDA 439, 465 ; Reichman & Sumuelson, *supra* note 1, at 90 ; Freno, *supra* note 67 at 183.

(80) Leistner, *supra* note 41, at 459.

(81) Freedman, *supra* note 24, at 99.

(82) Directive 96/9, *supra* note 6, recital (56).

(83) Sank, *supra* note 39, at 999 ; Boyarski, *supra* note 79 ; Wu, *supra* note 12.

第 1 節　EC ディレクティブ

　最初のディレクティブ案である92年案は，権利付与構成ではなく行為規制型の不正競争法的制度を採用していた。後者の制度は，禁止される行為として「不正な」利用という概念を用いることにより，事案に応じた判断を可能とし，侵害の成否に様々な利益（科学的，教育的利用に対する配慮等）を取り入れた判断を下す余地を有していたと評されている[84]。
　しかし最終的に採択されたディレクティブでは，業界のロビー活動によってより強い独占権を内容とした制度が定められた[85]。すなわち，権利付与型への移行と非商業的利用への権利の拡大がなされたのである。その理由として，加盟国の不競法によるハーモナイズが困難であったことが指摘されるが，実質的には，「全ての情報は自由（free）であるべきである」という信念に基づき非営利的にデータベースから抽出したデータを公衆に提供する，いわゆる「情報サマリア人」[86]とよばれる者に対しても規制を及ぼすためであったといわれる[87]。
　この変更により，学説においては，sui generis 権と著作権との緊張関係が明確に意識されることとなる[88]。すなわち，sui generis 権は Feist 判決が否定した額に汗の理論の立法化に他ならないという意見が提示され[89]，パブリックドメインであった情報の集積が独占される結果[90]，著作権法の趣旨が害されるとの批判がなされたのである[91]。

---

(84)　Grosheide, *supra* note 11, at 46 ; Reichman & Sumuelson, *supra* note 1, at 82. しかし，科学的・教育的使用の許容に関しては明確な制限規定をおくべきであったとの批判がなされている（*Id.* at 83.）。

(85)　Reichman & Sumuelson, *supra* note 1, at 81 ; Gaster, *supra* note 19, at 1142 ; John M. Conley, st. al, *Database Protection in a Digital World,* 6 Rich. J. L&Tech. 2, (Symposium 1999) 〈http://richmond. edu/jolt/v6i1/conley.thml〉 {83}.

(86)　Bastian, *supra* note 70, at 430 n 35参照。

(87)　Hunsucker, *supra* note 37, at 745 ; Bastian, *supra* note 70, at 444 ; Powell, *supra* note 4, at 1224-25.

(88)　Gaster, *supra* note 19, at 1142.

(89)　Wesky L. Austin, *A Thoughtful and Practical Analysis of Database Protection under Copyright Law, and a Critique of Sui Generis Protection,* 30(2) Law/Technoligy, 1, 27(1997) ; Boyarski, *supra* note 79, at 908 ; Simson, *supra* note 13, at 749 ; Reichman & Sumuelson, *supra* note 1, at 86。

もっとも，具体的な保護内容を別にすれば，権利付与型と行為規制型との違いは権利の移転を認めるか否かにあり，行為規制型を採用したからといって著作権法との対立が必ずしも解決されるわけではない[92]。しかし，ディレクティブの権利付与制度への変更は，利用行為の悪性よりも保護対象である情報の集積に関心を向けることを促しており，情報自体の独占の危険性を高めたといえるであろう。

そもそも，sui generis 権の範囲が非商業的利用にまで拡大された理由が，前述の「情報サマリア人」のように，非営利行為ではあるが，当該データベースに代替しうるものを入手可能とする行為を規制することにあるとするならば，こうした行為が当該データベースの市場に与える影響は，競争者が自己の費用をかけることなく代替製品を製造，販売する行為と同様のものということができる。この点では，こうした行為に対する保護は，データベースの市場における競争関係に着目した規制という範囲を超えていないといえよう。したがって，当初のディレクティブ案が，市場での公正な競争の確保という観点から策定されたものであったことからみて大きな変更は生じないように思われる。

ところが，商業的な利用目的が排除されたことにより，条文の文言の不明確性から，その解釈として，一般利用者の無許諾の抽出行為や再利用行為を同権利によって捕捉することが可能となり，これによって，sui generis 権は市場での競争に着目したものから，データベースの利用にかかる対価獲得の確保を目的とするものに変化したように思われる。競争のあり方に着目した各要件の判断と，対価獲得の確保に着目した各要件の判断とは，規制理由の違いから異なる基準が適用されることとなると考えられるが，ディレクティブはこの点の区別を不明確なままとしている。そのため，保護要件，保護範囲の確定，および許容されるべき行為において混乱が生じており，過保護の弊害を回避できないとの批判をうけているものと思われる。

---

(90) Austin, *supra* note 89, at 29-30；Reichman & Sumuelson, *supra* note 1, at 95. Rosler, *supra* note 7, at 138-140.

(91) Bastian, *supra* note 70, at 457-458.

(92) ミスアプロプリエーション理論における専占の議論を参照。

(93) WIPO-Treaty, *supra* note 45.

第2節　WIPO データベース条約案

第1項　条約案の内容

　ECディレクティブに関する議論をきっかけとして，情報，経済，文化，技術など様々な分野でその重要性を増しているデータベースに対して国際的なレベルにおいても保護が必要であることが認識され，その結果作成されたのがWIPO条約案[93]である。本条約案は，アメリカおよびECの提出案を組み合わせた形で作られているため[94]，その内容は前述のECディレクティブが定めるsui generis権および後述のアメリカ立法案H. R. 3531と大きく変わるものではない。したがって，前述のsui generis権に対する批判は同条約案にも同様に当てはまる。以下では，条約案の内容について簡単にまとめておく。

1　権利の対象となるデータベース

　条約案は，ディレクティブと同様，「素材の収集，整理，確認，組織化及び表示において実質的な投資」が行われているデータベースを保護する（1条(1)）。データベースの定義もECディレクティブにおける定義と実質的差異はなく[95]，非電子的なものも含まれる（1条(2)）。WIPO条約案は，2条4項において「実質的投資とは，データベースのコンテンツの収集，組立，確認，組織化，表示に対する人的，経済的，技術的，その他の資源の質的又は量的に重要なあらゆる投資を意味する」との定義をおくが，具体的なガイドラインは示されていない[96]。

---

(94)　Grosheide, *supra* note 78, at 45.

(95)　WIPO-Treaty, *supra* note 45, Art. 2 (1)．「系統的又は一定の方法にしたがい配列され，電子的その他の手段によって個別にアクセス可能な，個々の著作物，データ，その他の素材の収集物」と定義されている

(96)　注釈は，「質的，量的に重要な」という表現は保護を与えるのに十分，または実質的なものであることを意味し，その重要性の判断には客観要件を基準とする必要があることを述べるのみである(WIPO-Treaty, *supra* note 45, note 2. 07.)

2　権利の内容

データベース創作者の有する権利は,「データベースの素材の抽出(extraction)又は利用(utilization)を許可,禁止する権利」である（3条）。ディレクティブでは「再利用」とされていた点が「利用」となっているが,その意味するところは同じである[97]。この権利は譲渡可能である（4条(2)）。

3　権利制限

条約案は,権利の制限規定について,「権利者によるデータベースの通常の活用と対立せず,かつ,権利者の正当な利益を不当に害さない特定の場合に」国内法において定めることができるとしている（5条）。また,政府機関やその代理機関または従業員が作成したデータベースに対する保護の制限についても国内法で規定することができる（5条(2)）。

ディレクティブと異なり,非電子的なものだけでなく電子的データベースについても私的利用に関する制限規定を設けることが可能となっている[98]。ただし,これについても権利者によるデータベースの通常の活用を妨げないこと,及び,権利者の利益を不当に害さないことという2つの要件をクリアしなければならない点でディレクティブと同様の限定が付されている。

4　存続期間

保護期間について,条約案は,データベースが保護要件を満たした時点から15年と25年の2つの選択肢を認めている（8条(1)）。保護期間内に当該データベースが公衆に入手可能な状態におかれた場合,その時点から15年又は25年の保護期間が与えられる（8条(2)）[99]。

---

(97) 抽出とは,恒久的,または一次的にデータベースのすべて,あるいは実質的な部分を,いかなる手段や形態によるものも含めて,他の媒体に移転することを意味する（*Id.* Art. 2 (2)）。利用については,複製物の頒布,貸与,オンラインを含むあらゆる手段による,または,公衆のおのおのが選択した,いかなる場所,時間においても同じように公衆が入手できるようにすることを含むその他の形態での移転によって,データベースのコンテンツのすべて,または実質的な部分を公衆に利用可能とすることを意味する（*Id.* Art. 2 (6)）。

(98) WIPO-Treaty, *supra* note 45, Art. 5(1). しかし,注釈においては,各国が例外規定としてより厳格なものを定めることを制限しないことを明記している（*Id.* note 5. 03）。

(99) 保護期間の決定は外交会議に委ねられている（*Id.* note 8. 03）。

さらに，質的，量的に実質的変更と評価されるような変更で，かつ，新たな実質的投資を構成する変更があった場合には，その投資の結果については新しく保護期間が起算される。変更行為には，情報の付加，削除，確認，組織化，または，表示にかかわる改変が該当し，それらが累積された結果，実質性を満たした場合も含まれる（8条(3)）。

第3節　アメリカのデータベース保護立法案

アメリカでは，Feist 判決[100]以降，データベースの創作の投資を保護する必要性が議論され，1995年にはデータベースを保護するための最初の立法案（以下 H. R. 3531）[101]が提出された。しかし，同法案は公聴会が開かれることなく廃案となった。その後，Hatch 上院議員からのデータベースの法的保護についての詳細な検討の要請を受けて，アメリカ著作権局がデータベースの保護に関するレポート（以下，著作権局レポート）[102]を提出した。1997年10月には，新たな立法案（以下，H. R. 2652）[103]が提出され，下院は通過したものの，上院では審議されなかった。その後，1999年には，制限規定を充実させた立法案（H. R. 354）[104]，および，「消費者及び投資者の情報アクセス法案」（H. R. 1858）[105]が提出されたが成立を見ずに廃案となった。その後，2003年10月に入り，「情報のデータベース収集物不正利用法」（H.

---

(100) Feist Publications, Inc. v. Rural Telephone Service Company Inc., 499 U. S. 340 (1991).
(101) Database Investment and Intellectual Property Antipiracy Act of 1996, H. R. 3531, 104 th Cong., 2d Sess. (1996).
(102) *Report on Legal Protection for Databases, supra* note 1.
(103) Collection of Information Antipiracy Act, H. R. 2652 IH1S, 105th Cong., 1 st Sess. October 9, 1997.
(104) Collection of Information Antipiracy Act, H. R. 354, 106th Cong., 1 st Sess. January 19, 1999.
(105) Customers and Investors Access to Information Act of 1999, H. R. 1858, 106 Cong., 2nd Sess. July 29, 1999.

R. 3531）が議会に提出されている(106)。

第1項　H. R. 3531
1　法案の内容

最初の法案である H. R. 3531は，EC ディレクティブとともに WIPO 条約案のベースとなったものであり，その内容も後者の2つと実質的に大きく異なるものではない。そこで，以下では，これらと本法案との主要な相違点を指摘しておく。

(1)　データベースの定義について，(i)商業上，利用，再利用されているデータベース，または(ii)データベースの権利者が，そのデータベースを商業上，利用，再利用することを意図しているもの，のいずれかの要件を満たすことが要求されている（3条(a)）。また，政府機関によって創作されたデータベースは本法の対象から除外されることが明記された（3条(c)）。

(2)　禁止される行為として，「データベースの権利者が行う通常の営利的利用と対立する方法，または，データベースの現実の，または潜在的市場に有害な影響を与える方法による」データベースのコンテンツの量的，質的に実質的な部分の抽出，利用，再利用行為が規定されている（4条(a)(1)）。侵害の成立には創作者に経済的な損害が発生する（または，そのおそれがある）ことが必要とされるが，禁止される行為である抽出，利用，再利用は，商業的に行われる必要はない（2条，4条(a)）。さらに，非実質的部分の抽出であっても，その行為を反復することによってデータベースの権利者が行う通常の営利的利用と対立する方法，あるいは，データベースの現実の，または潜在的な市場に有害な影響を与える方法で行われる場合には侵害となる。制限規定である5条の適法な利用者の行為に該当する場合であっても同様である（4条(a)(2)）。

(3)　保護期間は，当該データベースが公衆に入手可能とされた時点から25年である（6条(a)）。保護期間の更新には，商業上重要な変更が要求される（6条(b)）。商業上重要な変更とは，データベースの合理的な利用者が，質的，

---

(106) Database Collections of Information Miappropriation Act, H. R. 3261, 108 th Cong., 1st Sess. Oct. 8, 2003.

量的，またはデータベース全体の情報の価値に影響を与えるものとみなすであろう変更を意味し（2条），新たに実質的投資が行われたかどうかを必ずしも考慮するものではない。

(4) 制限規定において，適法な利用者はいかなる目的であっても非実質的部分の抽出，利用，再利用を行うことが出来ると認められた（5条(a)）。しかし，これはデータベースの潜在的な市場を害さない場合という要件を満たす場合に限られている。また，ECディレクティブと異なり，この制限規定は強行規定とはされていないため，権利者が契約によりこれと異なる条項を付することが可能であると解される余地を残している。

2 学説，業界の対応

H. R. 3531は，各方面特に学術団体や図書館関係者からの反対が多く(107)廃案となった。同法案は，保護対象を商業的データベースに限定してはいるが(108)，前述のECディレクティブ及びWIPO条約案に存在する問題点(109)を同様に有しているからである。それどころか，いくつかの点では，ECディレクティブよりも強い保護を付与している。すなわち，第1に，当該データベースの潜在的な市場へ影響を及ぼし得る行為がすべて規制対象となる点(110)，第2に，保護期間が長期間であるのに加え，新たな投資を要しない改変であっても「商業的に重要な改変」に該当すれば保護期間の更新が認められ得る点(111)，第3に，制限規定が科学的・教育的利用への配慮を欠いて

---

(107) AALL（American Association of Law Libraries）の反対意見については Julius J. Marke, Database Protection Acts and the 105 th Congress, N. Y. L. J. March 18, 1997, 自然科学的の分野に関しては，*Bits of Power, supra* note 66を参照。

(108) ただし，データベースの定義が広範に過ぎるとの批判がある（*Report on Legal Protection of Database, supra* note 1, at 91-92）。

(109) 第1節第2項参照。

(110) Conley, *supra* note 85 {87}.

(111) *Bits of Power, supra* note 66. 同書はこの他にも，政府の情報であっても政府機関以外で創作されたデータベースについては保護が与えられることになり，重要な情報に対する独占権を増大させること，競争者間だけでなくエンドユーザーや価値を付加した情報製品の創作者についても規制の対象となること，制限規定が不十分なためリサーチや教育的行為を害する危険性があること等の問題を指摘している。

第3章 データベース保護のための国際的動向

いる上に，任意規定にとどまっている点(112)である。

同法案はあらゆる利用行為を規制対象に含めることによってデータベース開発者の経済的利益の最大化を図ったものと思われるが，その結果，情報の利用に対する考慮は欠如している。そのため，本法案は，科学・教育分野における情報のアクセスや流通の阻害，および，二次的製品やサービスの市場の崩壊を引きおこす危険があるとして支持を得ることはなかった(113)。

第2項　H. R. 2652

H. R. 3531に対する学説，業界の批判を受けて提出されたH. R. 2652(114)は，ECディレクティブ，WIPO条約案，H. R.3531とは異なり，要件を満たしたデータベースに対する権利付与という制度ではなく，行為規制という法制度を採用している。しかし，規制される行為の範囲についてはさほど大きな変更はない。

1　保護範囲

1201条は，「金銭やその他の資産の実質的な投資によって，他者により収集，編集，維持されている情報収集物のすべてもしくは実質的な部分を抽出，または商業的に利用し，その結果，当該情報製品が組み込まれ，かつ，当該他者が商業的に提供している商品または役務について，現在のまたは潜在的な市場を害した者に民事的責任を負わせる」と規定する。

1202条は，許容される利用行為として次のものを列挙していた。

(a)　個別の情報または非実質的部分の抽出および利用

(b)　他の手段による情報の収集および利用（独自収集）

2　法案の修正

H. R. 2652は，Information Industry Association（IIA）等の業界団体による支持を得たものの，Information Technology Association of America，銀行，ディレクトリ出版者，図書館，リサーチ協会はこれに対して反対意見

---

(112) Austin, *supra* note 89, at 33 ; *Bits of Power, supra* note 66.

(113) Reichman & Samuelson, *supra* note 1, at 113 ; *Bits of Power, supra* note 66, at145-160.

(114) *Supra* note 103. 本法案の委員会提出時の法案(H.R 2652 EH)に関する解説として梅谷・前掲注(6) 123頁以下。

第3節 アメリカのデータベース保護立法案

を表明した。学説においても，法案が情報（information）の定義をおいているにもかかわらず，情報の収集物（collection of information）の定義を有しないことから，すでに著作権で保護されている個々の創作的著作物までをも対象とされる可能性や「潜在的な市場」の不明確さ等が指摘された[115]。

反対論を考慮して修正された法案[116]は，1201条に情報の収集物と潜在的市場についての定義をおいた。それによれば，情報の収集物とは，「ユーザーがアクセスできるように，独立した情報のアイテムを1ヶ所または1つのソースにまとめる目的で収集され，編集された情報を意味」し（§1201(a)），潜在的市場とは，「1202条による保護を主張する者が，利益を得ている現在の，および，その計画を有していることを表明している市場，または，情報収集物を組みこんだ，類似する製品やサービスを提供する者が，通常利益を得ている市場を意味する」（§1201(b))。

さらに，1203条に列挙されている許容される行為[117]についての説明が付加された。

まず，データベースの「非実質的部分」の判断について，個々の情報はそれ自体では実質的とはみなされないことが明記された。しかし，非実質的な抽出や再利用を反復的，組織的に行うことによって1202条で禁止された行為を迂回することは認められないことが付記された（§1203(a)）。

そして，制限規定の内容として以下のものが追加された。

---

(115) Tessensohn, *supra* note 79, at 471-477は，この他に，期間制限がないこと，制限規定が不十分であることを批判している。Tessensohnは，本法案は著作権類似の保護を認めているものであると捉え，著作権法類似の制限規定は最低限必要であるとし，fair use類似の制限規定，強制ライセンス，及び，ファーストセールドクトリンの導入も検討すべきであると主張している。さらに，使用ごとの対価徴収（pay-per-use）の制度は，リサーチャー，学者，学生のアクセスを抑制する効果が強いことも問題視している。

(116) Collection of Information Antipiracy Act, H. R. 2652 RH, 105th Cong., 2nd Sess., May 12, 1998 ; H.R. 2652 EH, May 19, 1998 ; H.R. 2652 RFS, May 20, 1998. その後，Digital Millennium Copyright Act, H. R. 2281, 105th Cong., 2nd Sess. (1998)の第五章に組み込まれる。

(117) 1201条に定義規定が挿入されたことにより，修正前の法案から条文は1つずつ繰り下がり，許容する行為については1203条に規定されている。

(c) 自己の収集等した情報の正確性を確認するための使用

　この制限規定(c)は，事実の自由利用および事実の正確性における公衆の利益の確保を目的として規定され，これにより H. R. 3531 や EC ディレクティブよりも保護範囲を減縮させることが意図された。しかし，利用が許されるのは，情報の正確性の確認を唯一の目的とする場合に限られる。さらに，確認した情報の利用は組織または団体内で行われる場合のみが許される。したがって，情報の正確性の確認をした上でそれを団体や組織を超えて頒布することは侵害行為とされる。

(d) 非営利目的的の教育，科学，研究目的の使用

　教育・研究目的の利用については，非営利かつ当該製品やサービスの現在の，または潜在的な市場を害さない場合にのみ許容される。

(e) 報道を目的とする利用

　報道を唯一の目的とする利用のみが認められる。

(f) 合法的に創作された複製物に対してはファーストセールドクトリンが適用されることが規定された[118]。

　さらに，1204条は，政府機関の創作した情報収集物を権利の対象外とし，政府と雇用関係，代理関係にある者，またはそうした機関から独占的なライセンスを受けた者が創作した収集物についても同様であることを明記した。

3　学説，業界の対応

　同法案の制限規定の修正にもかかわらず反対論が終息することはなかった。法案の修正によっても保護の実質的な内容に変化がなかったためである。

　同法案は，保護要件として当該データベースの商業的提供を定めるが，侵害の成立に商業的使用を要求していない。これにより，教育・科学分野において必要な情報の利用が害される危険性は未だ払拭されていないと批判されている[119]。同法案の下で教育・研究目的の利用が許されるのは，権利者の現在の，または潜在的な市場を害さない場合のみに制限されているからである[120]。独立の創作が許容されてはいるが，（特に科学の分野においては）

---

(118) この他，コンピュータプログラムの中に組込まれることによって情報の収集物としての保護が否定されないことも明記された（Id. §1204(b)(2)）。

(119) Colony, *supra* note 85 {56}.

(120) Tessensohn, *supra* note 79, at 481. Reichman & Ublir, *supra* note 39, at 804.

第3節　アメリカのデータベース保護立法案

独立に同一のデータを作出するのは物理的にあるいはコスト面で困難な場合も多いこともこうした懸念を裏付ける要因とされる[121]。

　さらに，公衆の情報の利用を妨げる危険性も指摘される。ユーザーの利用行為が権利範囲に含まれていることにより，データベースへのアクセス，ダウンロードにも権利者のコントロールが及び，情報の流通が著しく阻害されるであろうことが問題視されている[122]。

　次に，競争者間に与える影響について，潜在的市場の定義が広範であるため，改良製品の開発を阻害するとの問題が無視できないとの批判がある[123]。侵害の成否において競争的な使用にあたるか否かという要素が欠如しているからである。加えて，情報の出所が唯一である場合，情報の独占状態を生み出し，市場参入の障害となるとの批判がなされている[124]。

第3項　H. R. 354

　行為規制型を採用したH.R.2652も議会での審議がすすまず，議会を通過することはなかったが，1999年に入り，H. R. 2652を更に修正した法案[125]（H. R. 354）が提出された。この修正案での大きな変更は，権利制限規定において著作権法のフェアユースに類似した規定を挿入し，より柔軟な侵害の成否判断を可能とした点にある。

　H. R. 354の1403条(2)は，一般原則として，「図示，説明，例示，批評，批判，教授，研究，分析の目的で，その目的に適切かつ慣習的である量の情報の使用や抽出を行う個々の行為は，その状況において合理的であると認められる場合には許容される」とし，合理的かどうかの判断には，次の4点を考慮すべきことを規定する。(i)その使用や抽出が商業的か，あるいは非営利か，(ii)使用や抽出を行う者の公正さ（good faith），(iii)別個に作られた著作物また

---

(121)　Reichman & Ublir, *supra* note 39, at 804. ディレクティブに対しBits of Power, *supra* note 66も同様の指摘をしている。

(122)　Tessensohn, *supra* note 79, at 481. Reichman & Ublir, *supra* note 39, at 806；Colony. *supra* note 85 {56}.

(123)　Colony. *supra* note 85.

(124)　Reichman & Ublir, *supra* note 39, at 808.

(125)　Collection of Information Antipiracy Act, H. R. 354, 106th Cong., 1st Sess., January 19, 1999.

は収集物に，使用・抽出された部分が含まれている程度とその態様，および，使用・抽出がなされた収集物と，別個の著作物または収集物との差異の程度，(iv)使用・抽出がなされた収集物が，主に，その使用・抽出を行った者が参加している分野やビジネスと同じ分野やビジネスのために開発・販売されているものであるかどうか，である[126]。

この規定により，たしかに柔軟な侵害判断は可能となった。ただし，同条がいかなる根拠に基づく制度であり，それぞれの判断要素がいかなる関係にあるのかなどが明らかにされない限り，学説が指摘してきた過保護の弊害が回避され得るかが判然としないことに変わりないため，科学分野で慣習的・伝統的に行われてきた利用行為については権利範囲外であることを明確に規定する必要があるとの見解もある[127]。さらに同条によってもデータベースをそっくりそのままコピーすることは認められない可能性が高く，情報の独占の危険性は払拭されていないとの指摘も存在する[128]。

また，前法案である H. R. 2652において指摘されていたその他の問題点もいまだ解決されずに残されている。

第4項　H. R. 1 8 5 8

1999年5月19日，今までのデータベース立法案とは全く異なる制度を採用した法案が下院に提出された。この H. R. 1858[129]は，データベースを全く同一に複製（いわゆるデッドコピー）する行為のみを規制しており，直接に競業する市場での複製物の作成・頒布行為のみを禁止している点で，従来の立法案とは保護範囲を大きく異にしている（§101(5)）。しかも，私人による民事訴訟の提起を認めず，連邦取引委員会（FTC）のみにその執行の権限を与えており，乱訴の抑制とデータベース作成への萎縮効果を防止する工夫が

---

[126] また，保護期間について，利用された部分が最初に取引におかれてから15年を経過したものである場合には刑事・民事的救済は受け得ないことが定められている（§1408(C)）。

[127] Reichman & Ublir, *supra* note 39, at 811-812.

[128] Paul J. Heald, *The Extraction/Duplication Dicthotomy*：*Constitutional Line-Drawing in the Database Debate,* 62 Ohio St. L. J. 933(2001)939-941.

[129] Customers and Investors Access to Information Act of 1999, H. R. 1858, 106th Cong., 2nd Sess.

施されている。また、情報の定義から著作物が除外され（§101(3)）、保護対象が限定された。

同法案は、教育機関、調査機関、インターネット関連会社などから支持を得ているようである。しかし、私人の提訴権を否定したため、データベース作成者は、情報を無断利用されたことから生じた損害を回復する手段を有しない。そのため、保護の実効性の面やインセンティブ確保の面で不足がないかどうかの検討を要するところであり(130)、また、保護期間の限定がない点についても疑問が呈されている(131)。

第5項　H. R. 3261およびH. R. 3872

2003年10月に提出されたH. R. 3261(132)は、2004年1月、下院司法委員会において修正のうえ、承認された。

本法案は、データベースの定義において、電子的なオンライン上の送信、受信を可能とするために必要とされる情報の収集物が除外されることを明記した（2条(5)(B)(ii)）。

禁止される行為に関しては、データベースの情報の量的に実質的部分を権利者に無許諾で、商業的に他者に入手可能とする行為を禁止し、以下の要件を満たした場合に責任を負うと規定している。(1)データベースが経済的資金または時間の実質的投資により作成、収集、維持されていること、(2)情報を無許諾で商業的に入手可能とする行為が経時により価値の変化を受ける(time sensitive)態様で行われており、データベース、製品、データベースにアクセスを提供するサービスに損害を与えていること、(3)原告の労力にフリーライドする他の当事者の可能性が、その製品およびサービスの存在や品質を実質的に脅かすほど、それらの創作のインセンティブを害すると考えられることである（3条(a)）。ここでいう損害を与えるとは、当該データベース

---

(130) Freno, *supra* note 67, at 195-196は、保護範囲が狭いこと、エンフォースの手段が不十分であることを理由として、本法案が不十分な保護しか与えないと主張する。

(131) Hamilton, *supra* note 46 at 618, 620-621.

(132) Database and Collection of Information Misapproproation Act, H. R. 3261, 108th Cong., 1st Sess. Oct. 8, 2003.

と同じ市場において，当該データベースに代替する同等の機能を有するものの提供，または，データベースの出所，販売，ライセンス，広告またはその他の収益を崩壊させる行為をいう（3条(b)）。また，無許諾の商業上の入手可能化行為が経時により価値の変化を受ける（time sensitive な）方法で行われたかどうかを検討するにあたり，裁判所は，その業界におけるデータベースの情報の時間的な価値を考慮すべきであることが定められている（3条(c)）。

本法案では，利用の実質性の判断を量的な基準に限定したこと，侵害の成立を情報の経時による価値の変化が生じる場合に限定したことにより，その保護範囲の縮減が図られている(133)。

また，非営利の教育，科学，研究機関による商業的な入手可能化行為については，裁判所が，そうした機関の使用に関わる慣習的実務やその他の要素を考慮して合理的であると判断する場合には許容される。加えて，ハイパーリンク行為は禁止されないことなどが明記された(134)。

本法案は，2004年1月，修正のうえ，下院司法委員会において承認されたが，その後，エネルギー通商委員会にて同法案は適切ではないとの報告(135)がなされた。その主な理由は，第1に，同法案が憲法上の立法権限に関して問題を有すること，すなわち，Feist 判決が著作権条項においては禁止し得ないとしたものと同等の権利を，通商条項に基づき立法を行うものであるという点である。第2に，データベース維持にかかる投資も保護することによって，永続する保護期間を与えている点である。

---

(133) ただし，委員会報告では，time sensitiveな態様という言葉の不明確さから，保護範囲が十分に限定されていないとの批判が出されており（H. R. 108-421, 108th Cong., 2nd Sess., Feb. 11, 2004），これが，同法案を否定する1つの理由となったようである。

(134) §4(b)(c). その他，4条では，独立に作成，収集された情報の利用，報道を第1次的な目的とする利用（ただし，情報が経時によりその価値が変化する性質を有し，かつ，報道主体により収集されたものであってそれらを商業的に入手可能とする行為が原データベースと直接の競争を目的とする継続的な行為に該当する場合を除く）が許容されている。また，5条では，連邦，州，または地方政府，または，それらの従業員や代理機関によりその業務の範囲において作成，収集，組織化，維持されるデータベース等が保護の対象とならないことが明記された。

(135) H. R. 108-421, 108th Cong., 2nd Sess., Feb. 11, 2004.

委員会報告は，適切な保護制度のあり方として，INS 最高裁判決[136]および NBA 判決[137]が示したミスアプロプリエーション法理をあげ，これらの判決が示した法理を立法化した法案が，H. R. 3872[138]として提出された。本法案は，データベースのミスアプロプリエーションが，連邦取引委員会法 (Federal Trade Commission Act, 15 U. S. C. 45 (a)(1)) に規定する不公正な取引方法等に該当するとし（1条），同法18(a)(1)(B)における侵害を構成するものとした（4条）。

　データベースのミスアプロプリエーションとは，(1)データベースの情報が，先行者の費用や投資により作成，収集されたものであり，(2)その情報に高い経時による価値変化の性質（time sensitive）があり，(3)他者の情報の利用が，先行者の作成や収集の努力に対するフリーライドを構成し，(4)その情報の利用が，先行者の提供する製品やサービスと直接の競争関係においてなされ，(5)そうしたフリーライドの可能性が，当該製品やサービスの開発のインセンティブを減少させ，または，その存続や品質を実質的に脅かす場合をいう（2条）とされ，NBA 判決が示した5要件とほぼ同様のものが規定されている。

第6項　立法案に関する学説の議論のまとめ
　EC ディレクティブはデータベース保護の重要性と必要性を認識し，早急にこの問題に対処したという点では評価されるが，学説の批判にあるようにその制度としては問題点が多いといわざるを得ない。アメリカにおいてはディレクティブの問題点を克服した法制度を構築すべく多数の立法案が提出されているが，いずれも業界や学会からの批判が強く，立法化には至っていない。

　データベース保護立法の対象となるデータベースに含まれる情報には，個

---

(136) International News Service v. Associated Press, 248 U. S. 215 (1918). 本判決について詳しくは，第2章第2節第1款参照。

(137) National Basketball and NBA Properties, Inc. v. Motorola, Inc., 105 F. 3 d 841 (2nd cir. 1997). 詳しくは，第2章第2節第3款第2項3(1)(ii)参照。

(138) Consumer Access to Information Act of 2004, HR. 3872, 108th Cong. 2nd Sess., Mar. 2, 2004.

人的データ，学術的データ，科学的データなど様々な情報が存在する。こうした性質の違いにより，情報の自由利用の必要性の高さ，当該データベースの市場の状況や利用者の範囲は多様なものとなり(139)，データベース保護立法の議論を困難なものとしているように思われる。

　本節では前節までにみたディレクティブ，および新規立法案への批判を踏まえ，学説においてはいかなる視点から立法案の検討が行われているのかについてまとめておく。

1　新規立法と憲法

　アメリカにおいては，連邦法による新規立法の可否に関して，憲法上の根拠条文の存否が論点の1つとして議論されている。

　アメリカ合衆国憲法では，著作権条項(140)により議会に創作物等に関する立法権限を付与しており，著作権法，特許法等が同条項に基づき制定されている。ところが，Feist判決が著作権法のオリジナリティの要件は憲法上の要請であると解したことにより，同要件を必要としないデータベース保護立法を著作権条項に基づいて行うことは困難となった(141)。そのため，新規立法を主張する学説の多くは通商条項（Commerce Clause(142)）にその根拠を求めている(143)。

　しかし，この問題は単なる根拠条項の選択に留まらず立法の具体的保護範囲の議論に影響を与えている。すなわち，議会が通商条項に基づいて新規立法を行う場合であっても著作権条項が課す制限を迂回することは許されず，かつ，言論の自由が確保されていなければならないというものである(144)。Feist判決が著作権法の保護範囲の広さから同法による労力保護を否定したことに顧みるならば，通商条項に基づく場合であっても著作権類似の権利を

---

(139)　Hamilton, *supra* note 46 at 606-612.
(140)　U. S. Const. art. Ⅰ, 8, cl. 8.
(141)　Heald, *supra* note 128；Wu, *supra* note 12, at 592は，額に汗の理論を権利化したsui generis権と同様の権利は，著作権条項に基づいて立法不可能であるとする。ただし，Feist判決の著作権条項に関する理解を批判する見解として，Jane C. Ginsburg, *No "Sweat"? Copyright and Other Protection of Works of Information After Feist v. Rural Telephone*, 92 Colum. L. Rev. 338, 374-384 (1992).
(142)　U. S. Const. art. Ⅰ, 8, cl. 3.
(143)　Freno, *supra* note 67, at 194；Heald, *supra* note 128, at 933.

付与することは否定されるべきであろう。著作権法の限定された保護が表現の自由をも確保するという機能を有しているとすれば⁽¹⁴⁵⁾，著作権法との対立の回避，および表現の自由の確保のいずれの観点からもこうした指摘は正当である。この議論は，ミスアプロプリエーション理論に関して，著作権法との対立の回避といった観点から同理論の適用範囲の限定を試みる見解や専占を論じる見解との同質性を有している。

こうした議論を背景として，学説では，ECディレクティブが採用した排他的権利付与型の制度では，上記の問題の解釈が困難と考えられたため，行為規制型の立法を支持するものが有力となっている。というのは，利用態様に着目することにより，保護範囲の限定や柔軟な調整が可能であると考えられているからである。もっとも既述のように，両者の実質的な違いは譲渡可能性の有無であり，問題は保護の根拠とその保護範囲をいかに設定するかにある。そこで，前章で検討した州法上のミスアプロプリエーション理論が注目されることとなった。同理論による救済は専占により期待できない状況であったが，連邦法として立法を行う際には州ごとの保護の不統一と同理論の要件の不明確さが解消され得るため，同理論に関する議論を立法案の検討において考慮することは可能と考えられたからである⁽¹⁴⁶⁾。こうして同理論はデータベース保護立法の1つのモデルとして再び取り上げられることとなる。

2　新規立法の法制度
(1)　不正競争防止法型保護
(i)　ミスアプロプリエーション理論の明確化の試み

ミスアプロプリエーション理論を最初に示したINS最高裁判決⁽¹⁴⁷⁾が「種まかずに刈り取る」行為の不正性を強調していたために，同理論は自然

---

(144)　Ginsburg, *supra* note 141, at 369 ; Heald , *supra* note 128 at 933 ; Hamilton, *supra* note 46 ; Yochai Benkler, *Constitutional Bounds of Database Protection*： *The Role of Judicial Review in the Creation and Definition of Private Rights in Information,* 15 Berkley Tch. L. J. 535(2000)552-57.

(145)　Reichman & Sumuelson, *supra* note 1, at 63.

(146)　David Djavaherian, Comment, *Hot News and No cold Facts*： *NBA v. Montorola and the Protection of Database Contents*, 5 Rich. J. L. &Tech 8(1998) 〈http://www. richmond. edu/~jolt/v5i2/djava. html〉 {91} – {92}.

(147)　International News Service v. Associated Press, 248 U. S. 215(1918).

権にその根拠を有しているものと解されることにより，フリーライド一般を禁止しかねない広範な保護範囲を付与し得るものであった(148)。学説はこうした解釈を既存の知的財産法と対立するものとして強く批判したが，他方で，保護範囲の適切な限定，要件の明確化により，同理論の活用可能性を示唆する見解もある。すなわち，制定法上の保護の欠如により創作のインセンティブが損なわれているという事案に対して，同理論は柔軟な救済を認めるための手段となりうるという。そこで，学説では，データベース保護の議論が生じる以前から，同理論の適切な活用を可能とするべく，その要件や根拠の明確化が試みられていた。

たとえば，Rahlは，ミスアプロプリエーション理論による保護を認める裁判例が，模倣に弱いという特徴を有する商品の事案に多く，被告が単に原告の第一次的市場において競争関係にあるだけではなく，被告の利用の結果，原告製品の価値や市場を崩壊させるであろう状況がある場合に集中していることを指摘する。そして，ミスアプロプリエーションの成立には，市場の失敗や崩壊の蓋然性が要求され，その失敗や崩壊が原告が労力の対価の獲得を意図していた主要な手段において生じていることが要件とされていると結論付けている(149)。

Raskindは，ミスアプロプリエーション理論が競争法的な理論として発生したにもかかわらず，競争に関係する基準を含んでいないことを批判し，市場における競争に焦点をあてた解釈が必要であることを指摘した。問題となっている行為は，後続者が先行者と同じコストをかけることなく，同市場に参入する行為であり，これが適切な競争に該当するか否かの判断は倫理的な基準によるべきではなく，コストの節約が先行する競争者の活動を困難とし，競争を崩壊させうるか否かを基準とすべきであると主張した。したがって被告のコスト節約の程度と市場参入の確保の2つの要素に着目した判断が

---

(148) 第3章参照。

(149) James A. Rahl, *The Right to Appropriate "Trade Values"*, 23 Ohio St. L. J. 56, 62 (1962). 保護が認められた事案の多くは，ニュース，放送，実演，またはそれに関連するものが含まれている一方，保護が否定されたケースは，即座に模倣を行うのが困難な物品や機械，または，ビジネスのアイデア，方法，システムの事案であることを指摘している(*Id,* at 63-69)。

第3節　アメリカのデータベース保護立法案

なされるべきであるという⁽¹⁵⁰⁾。

またミスアプロプリエーションの根拠を，適切な報酬の確保に必要な先行期間（タイムラグ）を先行者に与えることにあると捉える見解も存在した⁽¹⁵¹⁾。

これらの学説は，単なる労力の利用と法的に禁止される利用行為とは区別されるべきことを説き，侵害とされる行為を当該商品の市場が成立し得ない結果を生じさせる行為のみに限定することによって，市場での競争の確保を図ろうとするものである⁽¹⁵²⁾。

こうした市場に着目した同理論の位置付けは，知的財産法制度を経済学的に統一的に位置付けようとする学説において取り入れられることとなる。たとえば，Gorman や Karjara は，法的に情報の利用を規制する必要性が認められる根拠の1つは，市場の失敗が存在していることにあると捉え⁽¹⁵³⁾，著作権や特許によって保護を受けられない情報であっても，市場の失敗が生じる場合には保護の可能性は否定されないことを説いた。そして，Karjala は，ミスアプロプリエーション理論は市場の失敗の治癒という根拠付けが可能であるとの見解を示した。Karjara は，市場の失敗を，安価かつ容易な複製により先行者の創作投資の回収前にコピー製品が市場に出回ることによって投資回収が困難となる状況，つまり，先行期間の欠如により創作のインセンティブが害されている状況であるとし，知的財産権により保護されない情

---

(150)　この際に，問題となっている市場の構造や当事者の市場での地位が考慮される (Reo J. Raskind, *The Misappropriation Doctrine as a Competitive Norm of Intellectual Property Law,* 78 Minn. L. Rev. 875 (1991))。

(151)　Note, *The "Copying-Misappropriation" Distinction : A False Step in the Development of the Sears-Compco Pre-emption Doctrine,* 71 Colum. L. Rev. 1444, 1467-1472 (1971).

(152)　この見解に基本的に賛同を示すものとして，Case　Comment：*NBA　v. MOTOROLA : A Case For Federal Preemption of Misappropriation?,* 73 Notra Dame L. Rev. 461 470-471 (1998).

(153)　Dennis S. Karjala, *Misappropriation as a Third Intellectual Property Paradigm,* 94 Colum. L. Rev. 2594, 2595 (1994)；Wendy J. Gordon, Asymmetric Market Failure and Prioner's Dilemma in Intellectual Property, 17 U. Dyton L. Rev. 853 (1992).

報の保護について，保護の客体に着目した法制度は，こうした市場の失敗が存在しない場合にも規制を及ぼす可能性があるため妥当ではなく，コピー行為の不正性を基準とした制度の妥当性を主張する(154)。

こうした分析は，その後，ミスアプロプリエーションの理論をデータベースに特化することにより立法化すべきであるとの議論に発展することとなり，データベース保護の立法案として具体化したのが Reichman と Samuelson である。

彼等は，INS 判決(155)が示した不正競争型保護を市場維持の目的に限定して活用することを提示した。市場の維持に必要な限定的な保護とは，データベースの内容の完全な複製行為（クローン）か部分的なクローン行為に対してのみ与えられるものであり，市場維持のための先行期間を法的に設定することであるという。そして，INS 判決も直接の競争ではないが，部分的クローン行為の事案に対して保護を認めており，さらに保護期間を限定したことにより，投資の回収のための人工的な先行期間を設定することを意図したものであると解している。データベース保護法案についても，市場志向型の検討が必要であるとし，侵害の成立に考慮すべき有益な要素として，①利用されたデータの量，②利用されたデータの性質，③利用の目的，④先行者が最初に必要とした投資の程度，⑤後続者の開発努力と投資の実質性の程度，⑥両者の情報の類似性の程度，⑦両者の市場の近接性，または，隔離性，⑧独自にデータベースを開発する場合に必要となる時間と比較した市場参入の早さ，をあげている(156)。

(2) liability rule 型保護制度の可能性

他方，Reichman と Samuelson は，市場志向型立法のあり方として，不

---

(154) Karjala, *supra* note 153, at 2598-2599. データベースを例にあげ，たとえば，手書きでスクリーンから書き取って，データベースを作るとすると，同じ時間と労力を費やすから，市場の失敗はないが，電子的媒体の場合，市場の失敗が生じるとしている。一方，Godonは，市場の失敗を①複製が容易であるために創作のインセンティブが害され，公衆がその情報に対して対価を支払う意思があるにもかかわらず，情報の提供がなされなくなっており，②複製行為が禁止されるならば，その情報の複製に対する市場が成立しうる場合と説明している(Gordon, *supra* note 153, at 854)。

(155) *INS*, 248 U. S. 215.

第3節 アメリカのデータベース保護立法案

正競争防止法型の他に，修正された liability rule 型[157]の法制度の可能性も示している[158]。

liability rule に基づくアプローチには，2つの方法の組み合わせが考えられるとする。第1は，商業的データベースの頒布から一定の利用禁止期間を設けるというものであり，先行期間の確保を目的とするものである。この期間は権利者が自由に料金を設定できることとし，しかし同時に科学教育への配慮を組み入れる必要があるという。

第2は，自動的なライセンス制度を設定するというものである[159]。たと

---

(156) Reichman & Samuelson, *supra* note 1. at 139-145. Tessensohn も，類似した考慮要素をあげている。保護は，含まれた価値への投資を不正に利用された場合に限り存在するとし，公正(fairness)，商業的状況，とられたものの性質などを考慮することを含めるべきであると主張する。そして，unfair competition かどうかを判断する考慮要素として，以下のものをあげている。まず，市場に起因する(market-oriented)要素としては以下のものをあげる。1.製品開発の時間，努力，コスト，2.コピーのコスト，方法，3.コピーは実質的に同一の製品を生じさせるか，4.コピー者によって提供される価格と権利者の価格(開発コストの回収の点から) 5.消費者が，2つの製品を実質的に同じと見，安いほうを買うかどうか，6. 5の市場の失敗が回収可能な保護期間によって防ぐことができたかである。さらに，事実に基づく考慮として，1.ユーザーによって利用されたデータの量，2.データの性質，3.利用の目的，4.投資の程度，5.ユーザー独自の開発と実質投資の程度，6.コンテンツの類似の程度，7.市場の近接性，8.オリジナルのデータベースの開発と比較して，どのくらい早く市場に入ってきたか，をあげている(Tessensohn, *supra* note 79, at 487-488.)。

(157) property rule と liability rule については，松村良之「財としての情報とその法的保護」『北大法学ライブラリー3 情報・秩序・ネットワーク』13-15頁(北海道大学図書刊行会，1999)，平嶋竜太『システムLSIの保護法制』185-213頁(信山社，1998)を参照。

(158) Reichman & Sumuelson, *supra* note 14, at 139.

(159) Reichman & Sumuelson, *supra* note 14, at 145-147. 利用禁止期間の終了後，自動ラインセンスを認めるという2つを組み合わせた制度も可能であるとし，どちらを選ぶかは政策判断であるという。ライセンス価格の決定は，コストの回収に着目するものと，フリーライドした者の製品に付加された価値に着目するものの2つが考えられる。もちろん，このような制度に関して，さらに詳細な議論が必要であり，特に，教育，科学分野に関して特殊な配慮が必要であるとする(*Id*. at 151-163)。

えば，当初の EC ディレクティブ案は当該データベースが唯一の出所しか有しない情報を含んでいる場合には，公正で非差別な条項に基づくライセンスの締結を権利者に義務付けていた。そこで，第1の方法により付与される先行期間の終了後にこれを認めるという立法案の提示されている。ただし，こうした制度については，適切な使用料の設定の可能性と効率的なライセンス締結のシステムの存在が前提として要求され，また，利用禁止の範囲の明確化が図られない以上，ディレクティブや初期の立法案と同様の問題が生じうると思われ，具体化にあたってはこうした問題を解決しなければならないであろう。

第4節　本章のまとめ

　EC ディレクティブをきっかけとしてデータベースの保護に関する議論が本格化したが，同ディレクティブに対する学説の評価は低く，sui generis 権が定める保護が情報の独占，競争の阻害，新たなデータベースの作成を阻害する危険性が指摘されている。

　こうした学説の批判から，新規立法を考える際の分析の視点をまとめると次の点が指摘されよう。

　まず，第1に，競争者間において規制されるべき行為類型とデータベースのユーザーに対して禁止されるべき行為類型についての区別が必要である。いずれもデータベース作成者が経済的な損害をこうむることを理由に禁止権の対象とすべきと考えられたものであるが，特定の行為が禁止されるべき理由や，当該行為が情報の流通や普及に与える影響等がそれぞれにおいて異なるため，保護の内容についてもそれぞれにあわせた制度を構築する必要があろう。多くの立法(案)では，この点の区別を明確にすることなく，両者に同様に適用される権利を定めている点に問題があるように思われる。

　第2に，新規立法の法制度として，情報の価値に着目する制度は，情報の独占を回避するという観点からは望ましくないといえよう。これは，著作権法との対立を排除するという観点からも導き出される。著作権法の保護は，

第 4 節　本章のまとめ

オリジナリティを保護要件を解することにより他者の創作行為の阻害をあらかじめ回避するという制度が採用されているが，情報の集積自体については，一定の保護要件と課したとしても事前の保護範囲の限定は不十分となろう。そのため，過保護の弊害の回避は侵害の成立の判断にその多くを委ねることになる。その際に，両当事者の関係や当該利用の性質，利用の必要性等の要素を考慮することが必要になるものと思われ，この点に関する更なる議論の深化が求められている。

第4章 データベースの保護に関するわが国における立法への示唆

第1節 データベース立法の動きと問題の整理

第1項 わが国における立法化への動き

まず、わが国においてデータベース[1]保護立法に関する議論がどのような状況にあるのかを簡単に確認しておく。

まず、国際的議論が高まった1995年に通産省が「デジタル化・ネットワーク化に対応した知的財産権のあり方について」という中間報告[2]の中で、データベースからのデータの抽出行為に対し、何らかの法的措置を講じることが望ましいとの見解を明らかにした。もっとも具体的な法制度の提示は先送りとなった。

その後、1998年に入り、通産省からは、「データベースの法的保護のあり方について（中間論点整理案）」（以下、通産省整理案という）[3]が、知的財産研究所からは、「データベースの法的保護のあり方に関する調査研究報告書」（以下、知財研報告書という）[4]が提出された。これらの報告書は、データベースの新たな保護制度が必要であるという点では一致しており、ECディレ

---

[1] 議論のため、とりあえずここでいうデータベースとは、ECディレクティブに規定された定義と同じものを意味するものとして用いる（第3章第1節第2項）。

[2] http://www.miti.go.jp/past/c51218b3.html

[3] http://www.miti.go.jp/feedback-j/i80325aj.html

[4] 「データベースの法的保護のあり方に関する調査研究報告書」（知的財産研究所、1998）

クティブを参考とし，データベースからの情報の抽出（アクセス，自己利用）および，再利用（公衆が入手可能な状態へおくこと）行為を規制するという方向性を示し，その際に考慮すべき問題点を列挙している。

第2項 学　説

データベースに対する保護が現行法において不十分であることを指摘する学説は，データベースが著作物となりうることが明記された昭和61年の著作権法改正時から存在した[5]。データベースの実効性ある保護には創作のコストに対するフリーライドを禁止することが必要であるとする見解は，創作性を要件とする現行の著作権法の下での保護は不適切であり，新規立法が必要であると主張していた[6]。しかし，この種の議論は，主に電子的な技術に対して法がどのように対応し得るかという点に着目するものであったため[7]，情報収集物における創作投資保護の問題を広く検討するものというよりは，ユーザーの無許諾のデータベース検索行為に対しどのような対策をとるべきかという論点が中心となっていた。私人の行為も規制の対象とする著作権法型の新規立法案を提示する見解[8]も，こうした視点が反映されたものと思われる。

その後，再びデータベースの保護の議論が注目され始めたのは，データベースの保護に関するECディレクティブ案の提出後である。学説においては，競争関係に着目して保護を付与すべきとする見解が現れはじめ，新規立法に関しても権利付与ではなく不正競争法的な行為規制を提案する見解が有力となった[9]。そして同時に，情報の流通の促進，言論の自由，学問や研究へ

---

(5)　第1章第2節第3款参照。

(6)　湯浅卓「データベース著作権保護の日米比較法研究と新保護立法の視点」国際商事法務13巻9号607-608頁（1985），金子博人「高度情報化社会におけるデータベースの法的保護(上)(下)」NBL343号6頁，348号11頁（1986），デニス・カージャラ＝椙山敬士訳「日本におけるデータベースの保護」法時59巻2号52頁（1987）などを参照。

(7)　データベースの保護を考える際に，主にユーザーの利用に対する規制が重要であると捉えるものとして，湯浅・前掲注(6)610-611頁，金子・前掲注(6)NBL348号14-15頁。

(8)　金子，前掲注(6)NBL348号17頁。

の影響，情報の独占の弊害など様々な問題があることが指摘されるようになった(10)。

第3項　問題の整理

まず，前章までの検討をふまえて，データベース保護立法の検討を行う際の視点を整理しておく。

第1として，デジタル技術等の技術の発展が議論に影響を与える範囲について認識をしておく必要があろう。すなわち，保護の必要性が，デジタル技術の発展によって新たに発生したものであるのか，従来の議論と本質的に異なるものではなく，その延長線上に位置付けられるものであるのかという区別が必要と思われる。データベースに関しては，電子的データベースを中心に議論が行われる傾向にあるが，情報の収集にかかる投資の保護の問題は非電子的なデータベースについても同様に存在する。そのため，創作投資の保護を議論するにあたってデジタル技術の特徴のみに着目することは，問題の本質を必ずしも正確に捉えたものとはいえない。

次に，比較法の検討からも明らかであるように，情報の集積に経済的な価値がありその収集に労力や費用が投下されていること，そして，他者がそれにフリーライドをしていることのみでは，著作権法との対立の点からも，情報の有する公益性の点からも，保護を認める理由としては不十分である(11)。

---

(9)　由上浩一「データベースの法的保護」工業所有権法研究113号31頁，33-35頁（1993），小泉直樹「不正競争防止法による秘密でない情報の保護」判タ793号36頁（1992），松本恒雄「情報の保護」ジュリ1126号196頁（1998），中山信弘「デジタル時代における財産的情報の保護」曹時49巻8号1839頁（1997），梅谷眞人『データベースの法的保護』209-211頁（1999）。ただし，椙山敬士「データベースの法的保護」『半田正夫教授還暦記念論文集・民法と著作権法の諸問題』654頁（法学書院，1993）は，対価徴収権による新規立法を提案する。

(10)　中山信弘「財産的情報における保護制度の現状と課題」『情報と法・岩波講座現代の法10』284-285頁（1997），椙山・前掲注(9)654頁，相澤・後掲注(27)89頁，小泉・前掲注(9)36頁，白石忠志「データベース保護と競争政策(上)(下)」公正取引562号47頁，563号64頁（1997），村上敬亮「知的財産関連制度の整備に向けた取り組み」ジュリ1117号141頁（1997），苗村憲司「データベースの法的保護と学術利用」法とコンピュータ17号19頁（1999）。

保護の必要性は，作成者が情報の集積に費やした多大な投資の回収の機会を不当に奪われるという事態が，データベース開発を著しく抑制し，データベース市場の存続を妨げることにあるとされる。したがって，データベースの開発のためには，少なくとも，「データベースの投資回収の機会を確保すること」が必要であるという点では見解の一致があるものと思われる。

そこで，「投資回収の機会の確保」を考える際には，その投資を回収することが予定されている市場に着目した検討が不可欠となる。その際，回収の機会としては，市場における先行期間に着目する場合と，対価獲得の機会の確保に着目する場合の2つの観点がありえよう。したがってそれぞれについて区別した検討が必要と思われる。また，ディレクティブ等が規制の対象としている抽出行為（データベースへのアクセスやデータのダウンロードなど）と再利用行為（公衆がアクセス可能なようにデータを提供する行為）では，上記の各場面において市場での投資回収に与える影響が異なるため，区別して論じる必要がある。

第2節　学説および各論点の整理

第1項　保護の対象となるデータベース
1　電子・非電子の区別

学説の中には，非電子的データベースと電子的データベースを区別して扱い，電子的データベースの作成に必要なデジタル化の投資を保護すべきであるとする見解[12]が存在する。

---

(11)　すべての模倣が禁止されるべきではないことについて，中山・前掲注(9)1843-1844頁。田村善之「デジタル化時代の知的財産法制度」ジュリ1057号60頁（1994）。情報が経済的価値を有することが直ちに権利を付与する根拠とはならないことを指摘するものとして，玉井克哉「情報と財産権」ジュリ1043号74頁（1994）。「フリーライド」のみに根拠を求める危険性について，椙山敬士・筒井郁恵「データベースの著作物性」斎藤博=牧野利秋編『裁判実務大系27　知的財産関係訴訟法』（青林書院，1997）113-114頁を参照。

第4章　データベースの保護に関するわが国における立法への示唆

　この見解は，以下のように主張する。情報を機械可読な形態にすること，つまり，デジタル化することには，膨大な手間と費用がかかる反面，デジタル化された情報のコピーは極めて容易に行えるため，作成者がデジタル化という寄与に対して十分な報酬を獲得できない危険性が生じる。デジタル化を促進するためには，電子化に要する投下資本の回収を法によって確保すべきであり(13)，保護の対象もデジタル化されたデータに限定するべきである(14)。

　デジタル化行為のみに保護を限定する場合の問題は，情報収集にかかる投資の問題を検討の対象から除外している点であり，データベース保護においてなぜデジタル化の投資のみを問題とするのかについて明らかではない点であろう。

　一方，保護の対象を情報の収集を中心とする投資一般としつつも，電子的なデータベースに保護対象を限定する学説が存在する(15)。その理由としては，電子的データベースが紙媒体のデータベースよりも大量のデータを扱うものであること，コピーが容易であること，強力な蓄積手段であるため，保

---

(12)　金子・前掲注(6) NBL348号12-14頁。

(13)　金子・前掲注(6) NBL343号10-11頁，NBL348号14頁。

(14)　この見解には，デジタル化した者に対して，デジタル化権を認めるべきとする見解（松田征行「マルチメディアの著作権」法とコンピュータ10号63頁，同「マルチメディアにおける法的保護」知財管理45巻1号97頁）との共通性がみられる。しかし，紙媒体を容易に電子媒体に変換できる技術が存在している場合には，デジタル化自体にかかるコストや労力は少ない場合もあり，デジタル化自体に保護を認めることが果たして妥当かという疑問もある（田村善之「デジタル化時代の知的財産法制度」ジュリ1057号60-61頁（1994））。もっとも，データベースにかかるデジタル化の投資を保護するという見解は，データベース用のデータは，一般のデジタル化と異なり，様々な加工が必要であることに基づいているのかもしれない。しかし，仮に加工も含めたデジタル化に多くの投資が必要であるとしても，データベースの作成過程において投資を必要とする部分は他にもあり，この作業のみに着目して保護を認めることには直結しないであろう。

(15)　椙山・前掲注(9)646頁。新規立法の検討を行う文献の多くは，大量のデータを扱い，経済的な価値が高い電子的なデータベースに焦点をあててその検討を行っている（由上・前掲注(9)，小泉・前掲注(9)）。なぜなら，保護の欠如の影響は，複製，改変が容易で，その経済的価値が高い電子的なデータベースの方がより大きくなると考えられるからである。これらの見解が，従来の紙媒体の編集物を新たな立法の保護範囲から除外することを意図しているのかは必ずしも明らかではない。

第2節　学説および各論点の検討

護の必要性が高いことをあげる(16)。

　たしかに，電子化されたデータは，コンピュータネットワークによる様々な利用を可能にし，紙媒体と比べてその利用形態の多様性，流通の手段や範囲，複製・加工の容易性などは飛躍的に増大しよう(17)。電子的なデータベースに保護を限定することは，編集物の電子化を促進するという効果を生じさせる可能性があり，さらに，紙媒体の編集物については従来通り著作権に保護を委ねることによって，大きな混乱を避けるという効果をもたらしうるであろう。

　しかし，この見解に対しても，以下の問題点が指摘される。まず，紙媒体のデータベースであっても，情報の収集に相当の投資が行われているものは存在している。現在は，同一の収集物が電子的にも非電子的にも取引される状況にある。電子的なデータベースには保護が認められるのに対し，紙媒体には保護が認められないという帰結を正当化するには，少なくとも先行期間の確保という観点からは，デジタル媒体のコピー行為とアナログ媒体のそれとに時間的またはコスト面での差異が存在するため，これらが投資の保護の必要性を異にする程度に達しているという仮定が必要である。しかし，定型的にそうした差異を認めることは困難と思われる。

　電子的なデータベースに保護を制限する見解は，電子的技術が最も影響をもたらすのは，競争者による不正利用よりも，むしろ需要者の無許諾のアクセス，抽出であると捉えているようであり(18)，このため，これらの行為を事実上規制することが可能な電子的データベースに保護対象を限定しているように思われる。しかし，これは対価徴収の点にのみ着目したものであり，

---

(16)　椙山・前掲注(9)646頁。

(17)　デジタル化，ネットワーク化の影響として，1）高品質の複製，2）容易な修正，加工，3）大量，多様な著作物の融合，利用，4）公的，私的領域のボーダーレス化，5）ネットワークを利用した著作物の多様な利用形態，ビジネスの出現，6）国境を越える利用，7）技術を利用した著作権保護，管理，8）発信，利用者層の飛躍的拡大といった特徴を有することが指摘されている（板東久美子「コンピュータ・ネットワーク時代における著作権施策の展開」ジュリ1117号126-128頁）。中山・前掲注(9)1847頁，小泉・前掲注(9)27頁も参照。

(18)　ユーザーの検索，抽出行為を重視する見解としては，金子・前掲注(6)NBL348号15頁。

先行期間の確保に影響を与える競争者による情報の流用という問題も含めて検討する場合には，両者を区別する必然性はないであろう。したがって，保護対象において，非電子的なデータベースを対象から除外する合理的な理由は存在しないと思われる[19]。

2 保護要件

投資回収の機会に着目した保護を考える場合，投資回収を予定していないデータベースに関しては，投資回収が害されることによる創作の抑制は考えられないため，保護の対象からは除外されるべきである。

また，情報自体の保護を回避するため，開発の投資が保護に値する実質性を有していることが要求される[20]。ここでいう投資には，金銭の他，人的，物的投資も含まれる。また投資の対象としては，データベースの開発の中心をなす行為，すなわち，情報の収集，確認，整理，体系付け，表示に関するものが考えられる。先行期間の確保の必要性，および対価徴収の確保の観点からは，収集の投資のみを対象とする必然性はないからである。情報の流用を規制するという点から考えれば，その中心をなすのは情報の収集や確認に関わる投資と考えるべきである。しかし，情報の収集にかかる投資が多大ではないとしても，データ量が膨大なものとなる場合，その整理や表示に費やされる投資が実質性を備えうる可能性は必ずしも否定されない。ただし，この場合には，侵害の要件において，実質性が認められる行為に対する投資を利用したことを要件として課すべきであり，情報自体を流用したとしても，整理や表示に関する投資にフリーライドしていないと認められる場合，侵害が否定されるという結論となろう。

第2項 規制される行為

I 市場における利用者

1 競争的利用と需要者としての利用

アメリカ法（およびその起源であるイギリス法）における額に汗の理論は，競業者による情報の利用に対する理論として発展した[21]。ところが，EC

---

(19) 梅谷・前掲注(9)11-12，212頁。
(20) 梅谷・前掲注(9)216-217頁。実質性判断の際の考慮要素，基準等については，今後詳細に検討する必要がある。

第 2 節　学説および各論点の検討

ディレクティブにおける権利範囲の拡大によって，データベースの保護は，詳細な議論を経ることなく需要者を含めた抽出（アクセスおよび自己利用），および，再利用行為（公衆に入手可能とすること）一般に及ぶものとなっている[22]。

ユーザーに対する保護の拡大は，電子的技術，ネットワークの発展によって，無許諾でアクセス，検索を行うユーザーに対し，何らかの対策が必要であると判断されたことに基づくといわれている[23]。確かに，データベース作成の投資回収という観点からは，①データを流用した競業製品が市場に出回ることによって投資回収が害されることと，②開発者が投資を回収しようと意図していた需要者からの対価の還元が害されること，が問題となる。すなわち，当該データベースの競争者の利用[24]と，当該データベースの需要者[25]の利用の 2 つの場面が検討の対象とされる。データベース立法を考える際には，この区別を認識することが必要と思われる。

その理由として，②の問題は，問題となるデータベースの利用に対する対価の回収を可能とするために規制が必要とされるのに対し，①の問題は，そうした取引の存在を前提とし，その市場における公正な競争を確保するために禁止すべき行為であるという違いが存在する。このため，両者では問題となっている行為の違法性判断の基準が異なりうるからである。

さらに，②の需要者の利用が意識されるようになったことには，①の競争者間の問題と異なり，電子技術の普及，インターネットの発展といった技術的要素の影響が強い[26]。無許諾のアクセスや抽出行為の規制は，主に電子的にオンラインで提供されるデータベースに特有の問題である。有形物を媒体として取引されているデータベースにおいては，アクセスそのものに課

---

(21)　第 1 章第 2 節参照。
(22)　第 3 章第 1 節参照。
(23)　Explanatory Memorandum, COM (92) 24 final at 36, 5. 3. 9 - 5. 3. 10.
(24)　通常，競争者は事業者を意味するが，事業者ではなくとも，インターネット上にデータベースをアップロードするなどして，一般消費者が，市場における競争者の地位と同様の立場に立つことが可能である。したがって，ここでいう競争者には，非営利で行う者も含まれうるものとする。
(25)　ここでいう需要者には，一般消費者はもちろん，ユーザーとしてデータベースを利用する企業などの事業者も含まれる。

金するとか，抽出ごとに課金するという制度は技術的に不可能または非効率的であり，有体物の譲渡に結びつけて需要者から対価を徴収するという方法しか採用しなかったという事情が存在するからである。そのため，有体物については，その複製物の頒布など，再利用行為をどのように規制するかという点が問題となるにとどまっていた。

第3に，制限規定の創設の必要性が問題となる学問や教育目的での利用に対する配慮の問題も，データベースの利用における対価徴収の場面と，競争におけるデータの利用の場面とでは異なりうると思われる。学説が，情報の自由利用の必要性について言及する場合には，競業製品，もしくは，二次的なデータベースの開発など，市場における競争の確保の観点からの主張[27]と，個人の情報へのアクセスの確保や，学問の発展の観点からの主張[28]の2つが存在している。後者は①②の両方の場面で問題となり得るが，前者の問題が生じるのは①の場面である。

以上の理由から，競争者に対する規制と需要者に対する規定とは分けて論じられるべきである[29]。以下ではそれぞれについて検討を行う。

2　需要者の利用——抽出行為，再利用行為

(1)　規制の目的

ECディレクティブをはじめとして，抽出・再利用行為を規制するに際し，「実質的部分」の利用があったことが要件とされている[30]。しかし，相当する対価を払うことなくデータへのアクセスや再利用をすることが問題だとするならば，抽出行為の規制はデータの実質性とは無関係のはずである[31]。この場合には，定められた対価を払うことなくデータを獲得する行為が問題

---

[26]　ユーザーの利用行為に対する規制を重視するものとして，湯浅・前掲注(6)610-611頁，金子・前掲注(6)NBL348号14-15頁。椙山・前掲注(9)654-655頁は，特に事業者による行為かどうかの区別をせず，対課徴収権としての立法を提案している。

[27]　小泉・前掲注(9)36頁，相沢英孝「コンピュータ・ネットワーク時代の知的財産法」ジュリ1117号86頁，89-90頁。

[28]　玉井克哉「情報と財産権」ジュリ1043号74頁，79-80頁（1994）。

[29]　梅谷・前掲注(9)227-233頁。

[30]　Directive 96/9 EC of the European Pariament and the Council on the Legal Protection of Databases, 11 March 1996, OJ No. L77/20 of 27 March 1996, Art 7, H. R. 354, 106th Cong 2nd Sess. §1402, 由上・前掲注(9)35-36頁。

視されるのであって，抽出されたデータの量は，支払うべき対価の額に影響するに過ぎない。

もっとも，抽出行為を規制する目的が競業的な再利用行為規制の実効性を図るために，その予備的行為を禁止することにあると解することは可能である[32]。この場合，抽出行為を禁止する根拠は利用の対価徴収の確保ではないため，実質性を要件とすることと理論的な齟齬は生じない。この理解の下では，アクセスそのものを捉えることが困難な非電子的なデータベースにおいても予備的行為としての抽出行為は存在し得るため，電子的データベースと非電子的データベースを区別する必要もない。問題は，いかなる競業的再利用行為を禁止するかにあり，この再利用行為の規制に実効性を持たせるために，それに準じた抽出行為の範囲が定められることとなる[33]。

(2) 対価徴収手段の確保を目的とする抽出・再利用行為の規制の必要性

現在，対価徴収の手段として抽出規制が必要とされるのは，オンラインでサービスされるデータベースのみであり，その使用に対価が課されているものに限られるといってよい。従来は，その有体物の販売の際に対価を回収する方法をとっていたが，電子的技術とネットワークの発展によって，使用ごとに料金を課し，より正確な利益の回収を行うことが可能となったためである。この方法は，データベースの提供者だけではなく，需要者にとっても，自分の利用に応じた範囲で対価を支払えばよいという点でメリットがある。

民事的救済として，需要者個人のアクセスコントロールの回避行為に対する規律は存在していない。そのため，データベース保護法においてこうした行為を禁止する規定をおくことは，権利者からの損害賠償，および差止請求を認め得るという点で意味を有する。

しかし，需要者の無許諾の情報へのアクセス行為規制の必要性は，データベースの情報に限らず存在し，必ずしも情報収集の投資の保護を根拠として

---

(31) 知財研報告書・前掲注(4)22頁は，実質性の有無にかかわらず無許諾のアクセスに対する救済が必要であることを述べる。

(32) 知財研報告書・前掲注(4)27頁を参照。

(33) このような観点からは，実質的部分の再利用行為の目的で，非実質的部分の抽出行為を繰り返す行為に対しても何らかの保護を認めるべきということになろう（EC Directive 96/6, *supra* note 30 Art. 7. 5が類似の規定を定めている）。

導きだされるものではない。他方で、アクセス規制が、学術、研究分野にマイナスの影響を与えることも懸念されている。

したがって対価回収に関する抽出行為規制については、情報収集にかかる投資の保護とは別個に考えるべきであろう。また、現行法上、データベースの使用に対する課金体制の存在にも関わらず、対価の支払いを免れるために、故意にアクセス規制を突破し、情報を抽出する行為については、不法行為による救済により十分に対処し得るのではないだろうか。この場合、データベース作成者に損害が生じることは明白であるし、アクセスやダウンロードに対する対価が定められている場合には、損害額の立証もそれほど困難ではない。アクセス規制の回避という点で行為の悪性は高いと認められ、違法性が肯定できると思われる。他方で、公共の安全のための利用等については、行為の目的を違法性の判断において考慮することにより利用を許容することができよう。

これに対しては、不法行為による場合、保護期間が永久に存続するため妥当ではないという反論も考えられよう。しかし、投資回収に必要な期間が終了した後であっても、データベースへのアクセスサービスに対して対価を徴収している場合、これを回避する行為を放置すべきとはいえないであろう。また、差止請求権の欠如は、アクセスの対価回収が目的である場合にはさほど大きな問題とはならないと思われる。加えて、アクセスコントロールの回避装置の譲渡・販売行為に対しては、既に不正競争防止法によって対処がなされていることを考えると、新たにデータベースに対する需要者のアクセスを一律に規制することについては、慎重であるべきだろうと思われる。

3 競業者の利用

(1) 抽 出 行 為

競業者の抽出行為については、前述の需要者と同様に、利用への課金等がなされているデータベースに対して無許諾で抽出を行う場合と、アクセス規制等の有無に関係なく自己の開発コストを節約して競争製品を作成するために抽出を行う場合が考えられる。

需要者に関する検討で述べたように、前者については、対価徴収の確保の問題であり、規制の対象とする必要性は否定されないと考えられるが、先に述べたように、民事的規制については不法行為による救済を図ることが妥当

であろう。

なお，後者については，対価回収を害していないが次に述べる再利用行為を前提とした行為である場合には，当該行為を禁止すべきかどうかについては，再利用行為の規制の必要性，および，その準備行為にあたる抽出行為を規制すべきかどうかという問題に帰着することとなる。

(2) 再利用行為

競業者が自ら開発コストをかけることなく，先行者のデータベースの情報を流用し競業製品を販売等する行為についても，対価の獲得を間接的に害するものではあるが，他方で，投資回収の機会として存在する市場での先行期間を無にする行為にも該当する。

市場での競争においては，競争関係にあるものが，他者の投資を利用する行為や，製品の開発にあたってその費用を節約する行為は一般に許容されており，それによって競争者が経済的な損害を受けたとしても，即違法行為とは認定し得ない。そこで，学説においては，「本来負担すべき費用を下回る費用で競争上優位に立って市場参入し，フリーライドされた事業者が投資を回収できず，当該事業の遂行が困難になり，情報製品供給の誘引をそがれ，同様の情報製品を製造販売する者がいなくなること」がこうしたフリーライドを不公正と判断する根拠であると提示する見解がある[34]。

もっとも，事後的に当該利用が製品の存在を無にするかどうかを個別に検討することは困難であるため，いかなる利用が定型的にこうした行為に該当するかについて明らかにしておく必要がある。

まず，問題とされる再利用行為が不公正であると判断されるためには，先行者の投資に対するフリーライドの存在が必要である。したがって，保護対象であるデータベースと同じ市場に合理的な手段で競争者が参入する行為は，規制の対象外となり，後続者が独自にデータの収集や確認行為等，実質的な

---

[34] 梅谷・前掲注(9)215頁。その際の要件としては，①現在，または，潜在的な関連市場における直接的競業，②公衆による利用可能性をもたらすこと，③投資を合理的に回収できない状況に陥り，経済的影響が現在生じ，または将来生じる蓋然性があること，④行為者が主観的に模倣の意図を有していること，⑤正当化事由がないことをあげる。経済的にデータベース事業が困難となる場合，これを権利として保護することが必要であるとする見解として，玉井・前掲注(28)77, 79頁。

投資を行っていないことが侵害成立の要件となる[35]。フリーライドの有無については，データベースの開発全体にかかる投資を比較するのではなく，先行者が実質的投資を行った行為に着目して判断すべきである。仮に情報の収集に実質的投資がなされており，後続者がそのコストを負担していない場合，フリーライドが認定されるが，先行者の投資が情報の整理や確認に対してなされている場合には，情報の収集行為に対するコストの削減はフリーライドを構成しないということとなろう。

次に，侵害を構成する再利用行為の要件（実質性判断および侵害要件）について検討する。この判断に関しては，各国の立法についても様々な見解が見られるが，その違いは，投資回収の機会の確保のために，先行データベースへの経済的損害の発生の回避を要するという立場と，先行期間の確保のみで充分であるという立場の違いから生じているように思われる。しかし，前者の立場については，情報自体には何ら権利が存しないにもかかわらず情報の利用から発生する経済的な損害をすべて保護の対象に含めることは妥当ではないであろう。先行期間がない状況においてはデータベースの投資回収の機会は付与し得ないという前提に基づくならば，先行期間を無にする利用行為から生じた損害のみが問題とされるべきである。

先行期間の確保という観点からは，商品としてのデータベースとそれが提供される市場に着目するととなり，その市場において後続製品が先行製品に代替するという関係がある場合に，侵害を認めるべきであろう。この判断において重要な影響を及ぼす要素は，第一に利用されたデータの量および費やされた投資額，第二にデータベース市場の重複であると考える。

データの量に関しては，基本的には，原告データベースにとってかわることが可能な程度の情報量が利用された場合に侵害を肯定するべきである。ECディレクティブにおいては，侵害が認められるためには実質的な情報の利用が必要であるとし，この実質性の判断は，量的及び質的に検討すべきとしているが，ここでいう「質的」な実質性とは何を意味するのかは必ずしも明らかではない。これについては，データベースの商品性を最も高めている貴重なデータが含まれている場合に，この重要性を考慮することを認めるも

---

(35) 梅谷・前掲注(9)221頁。

第2節　学説および各論点の検討

のであると解する見解があるが(36)，このように情報自体の価値を考慮することは妥当ではない。情報の価値自体は先行期間の確保と直接の関係を有せず，また，その情報自体に保護の価値があるかどうかという視点を導入することは，個々の情報自体に保護を認める傾向を生じさせるからである。ただし，問題となるのは，原告のデータベースが全体として膨大なデータを収録しているために，原告データベースにとって，量的には実質的部分を構成しないと思われる場合である。この場合，利用されたデータ群それ自体が実質的投資を必要とするものであり(37)，その部分自体が独立してデータベースとしての商品価値を有しており，1つの市場を形成するものであって，かつ，そのようなデータベースがその市場において，原告データベースに代替するものであるという場合には実質性は認められよう。つまり，データの実質性とは，第一次的には原告データベースのデータに対する利用されたデータの割合を考慮し，原告データベースとの代替性の有無を問題とすべきであり，二次的に，利用されたデータが保護に値する十分な実質的投資の要件を満たしているか，商品として認識しうるかどうかという点を検討すべきと考える。

しかし，実質的な部分と認められるデータが被告の創作物に含まれていたとしても，それのみでは侵害を構成するには十分ではない。原告データベースの市場での先行期間が害されたことを認定するには，両者が代替する関係にあることが必要であろう(38)。情報そのものは，商品形態のような有体物と異なり，様々な利用の態様が考えられるため，利用されたデータ群が，データベースとして再利用されており，かつ原告のデータベースと同一の目的・機能を有していなければならないと考える。

原告のデータベースの情報はほぼ全体を利用しているが，他のデータも付加しているとか，異なった目的に資するよう編集し直したものであるといっ

---

(36)　知財研報告書・前掲注(4)19-20頁。

(37)　たとえば，関東地区の電話帳データベースから，データを流用して，23区のみのデータベースを作成した場合など。

(38)　この要件は，たとえば，歴史的事実のデータベースのデータを利用して，歴史に関する研究書を創作する行為を禁止することを防ぐ。このような限定を付さない場合，原告が先にデータを収集したというだけで，その情報のあらゆる利用を禁止できる権利を有することになるからである。

た二次的データベースの場合に，付加価値をつけたデータベースの創作がすべて禁止されるということになると，情報が独占され，同一の情報を再度収集することによる無駄な社会的コストが生じ，多様な製品の開発が妨げられるなどといった弊害が発生する可能性がある。侵害の成立に代替性を要求することにより，先行期間を直接に奪う行為のみに保護範囲を限定し，異なる目的に資する二次的データベースは，侵害の範囲から除外されることが可能となる。

(3) 営利目的の有無

データベースに関しては，複製技術の発展によって，事業者ではなくとも安いコストでほぼ同じものが簡単に創作できるようになっている。特に電子的なデータベースに関しては，コピーを作ることが容易であり，しかも，インターネットなどを利用することによって，個人であっても広範囲に，かつ大量に譲渡，頒布が可能となってきている。このような状況では，抽出・再利用行為が営利的に行われようと，非営利的に行われようと，先行者のデータベースに対する経済的な損害は変わらないこととなろう。そのため，非営利な行為に対しても規制する必要があると思われる。

第3項 規制の態様

既存の法制度の改正ということを検討するならば，第1章において検討したように，著作権法改正による保護は適切ではなく，不正競争防止法の改正という選択肢が残されている。市場における先行期間の確保に着目した規制であることからも，同法による保護になじむものと思われる。

一方，新たな立法の態様に関しては，学説には，著作権型の権利付与制度を主張するもの[39]，対価徴収権制度を主張するもの[40]，不正競争防止法による行為規制保護を主張するもの[41]が存在する。

権利付与型，行為規制型のいずれの法形態をとるかによってもっとも大き

---

(39) 金子・前掲注(6)NBL348号16-17頁。独自創作は認めるべきであることから，工業所有権型よりも著作権型の保護が適切であるとする。また，企業秘密の側面からの保護もともに必要であるとする。一方，著作隣接権による保護の可能性を示唆するものとして，「シンポジウム—データベースの法的保護」著作権研究19号21頁。
(40) 椙山・前掲注(9)654頁。

第2節　学説および各論点の検討

く異なる点は，譲渡可能性の点である(42)。対価徴収権は，損害賠償のみが認められ，差止を認められない点が，前者2つの形態と大きく異なる。

(1)　譲渡可能性の必要性

学説の多くは，現在のところ，データベースに関して譲渡可能性を与える必要性は乏しいと判断している(43)。また，譲渡可能性を認めた場合，対抗要件が必要であるが，日々更新されるコンテンツの特定は困難であることを理由として，譲渡可能性を否定する見解もある(44)。先行期間の確保という目的から考えるならば，先行期間の確保を必要とする者のみに保護を付与することで十分であり，譲渡という対価の獲得手段を認める必要性はないであろう。

(2)　差止の必要性

原告と全く同一のデータベースを被告が販売した場合，損害を最小限に押さえるために，差止を認める意義は大きいであろう。また，制度の目的が先行期間の確保にあり，対価獲得の確保ではないことからも，市場に代替品が出された時点で，それを排除する必要性は高いと思われる。

以上から，原則としては，行為規制型によって，差止および損害賠償を認める制度が妥当であろうと思われる。しかし，このことは，原則として差止を認めるということのみを意味し，情報の性質や利用の目的など一定の条件の下において，対価徴収のみを認める（もしくは強制許諾制度を認める）必要がある場合があることについて否定するものではない。

第4項　適用除外，権利制限

(1)　競争法的制限

まず，競業製品を作成するために，そのデータの利用が不可欠であるよう

---

(41)　由上・前掲注(9)32-35頁，小泉・前掲注(9)27頁，中山・前掲注(9)1857頁，梅谷・前掲注(9)209-210頁。

(42)　中山信弘「不競法の保護を受ける地位の譲渡可能性」『小野昌延先生還暦記念・判例不正競業法』52頁（発明協会，1992）。

(43)　中山・前掲注(9)1857頁。小泉・前掲注(9)35-36頁，由上・前掲注(9)33-36頁も参照。

(44)　梅谷・前掲注(9)209-210頁。

な場合には，市場での競争を可能とするためにその利用を認める必要がある(45)(46)。

① データの唯一の出所である場合

当該データがデータベース権利者のみを唯一の出所を有する場合には，その情報の独占を認めないために何らかの制限を認める必要性が指摘されている(47)。仮に，これらの情報の利用が認められないとすると，競争者は当該データベースと競業する製品を作ることが不可能となり，市場での競争が存在し得ないことになるからである。

② データの出所にあたることが困難な場合

データの出所が唯一のものでなくとも，データの出所にあたるには膨大なコストがかかるため事実上無理である場合とか，実験データのように，再実験を行ってデータを確認する行為にコストがかかり，また，そのような再調査が無駄な投資しか生み出さない場合に，データの利用を認めるべき場合が考えられる。

しかし，上記のいずれの場合にも，先行者が投資の回収を十分に行い得な

---

(45) 通産省の中間論点整理案（前掲注(3)）においては，公共性の高い素材を有するデータベース，営業上の利益を害さない行為，営利を目的として学術研究のための利用，教育，裁判手続き上の利用，立法，行政のために内部資料としての利用等，公共性の高い用途での利用に関して，知財研報告書（前掲注(4)31-36頁）においては，データの提供源が独占されている場合，学術，研究目的，公共性の高い用途での利用に対する配慮の必要性について指摘されている。

(46) 白石・前掲注(10)16-17頁は，ライセンス拒絶が独禁法違反なる要件として，代替的な競争手段がないことと，正当化事由がないことをあげる。このような場合には，権利行使が制限されることをデータベース保護法にも含めるべきであろう。もっとも，白石・前掲12頁の指摘するように，このような場合には，「原則規定＋例外規定」という形で含める方法と，原則規定の中に「不当な」という文言を含めるという方法の2つがあり得る。例外規定が裁判官や予防実務においてはあまり考慮されないという指摘（白石・12頁）もあり，具体的に規定を定める際には，後者の方法が妥当であるかもしれないが，仮にそのように規定するとしても，例示規定として，どのような場合に制限されるかという規定をおくことは，予測可能性の点から必要であろうと思われる。

(47) 小泉・前掲注(9)41-42頁，梅谷・前掲注(9)239頁以下も参照。独占禁止法との関係についての文献として，白石・前掲注(10)を参照。

い場合には，データベースの開発の抑制が生じることは否定できないため，対価徴収制度や強制許諾制度の採用について検討する必要がある。

(2) 公益的な理由による制限

その他，インターネット上での通信に不可欠なデータベースの利用，公共の安全の目的による利用，研究目的での利用等に関しても制限規定の必要性が認められよう。しかし，こうした利用の多くの場合には，市場における代替性の要件を欠くものであると思われ，そもそも侵害の要件に該当しないものが多いとを考えられる。

第5項 保護期間

先行期間を確保するという趣旨からは，投資回収に必要な期間経過後は保護を終了する制度が望ましい。この期間は，データが短期間の価値しか有しないデータベースと，データの価値が時間の経過に影響されないデータベースとで異なり，一律に決定することは困難であるが，利用の可否を明確にするという点からは，一律に保護期間を定める方が妥当であろう[48]。学説においては，一定した見解がないが[49]，この点は，データベース市場の現状を考慮しつつ，検討を重ねることが必要である。

保護期間の起算点はデータベースの完成時と，公衆へ入手可能とした時点との2つが考えられる。投資回収の機会の確保という点からは，投資回収の必要性が生じた完成時とするのが適切ではないかと思われる。

問題は，日々更新するデータベースに関する保護期間の算定である。これは，保護期間の更新を認めるかどうかという問題と関連する。

考えられる選択肢は以下のものである。まず，アップデートされたデータベースには，最初のデータベースの保護が及ぶものとして，最初のデータベ

---

(48) このような制度を採用したとしても，短期でその価値を失う情報については，一定期間経過後，市場において投資回収を要しないものとなった場合には，保護要件を充足しないものとなろう。

(49) 中間論点整理案・前掲注(3)，梅谷・前掲注(9)271頁（とりあえず，3年の消滅時効と10年の除斥期間を定めることを提案する），椙山・前掲注(9)655頁（運用されている限り保護されるが，無条件括包括的な複製物の利用は公表後10年を経過した後に許されるとする），苗村・前掲注(10)24頁（15年の保護期間は長すぎるとする）。

ースの保護期間の終了によって，データベース全体の保護が消滅するというものである。たとえば，保護期間が5年とすると，5年間はアップデイトされたデータベース全体について保護されるが，5年終了後は自由利用とされる。

　第2に，新たな実質的投資がなされた部分は独立に保護期間が経過するという方法がある。最初のデータベースに含まれていたデータについては，5年経過後は自由利用となるが，実質的投資によってアップデイトされたデータについては，それぞれ5年間保護されるというものである。第3に，実質的な投資がなされた場合には，新たなデータベースが創作されたものとし，データベース全体に新たな保護期間を認めるというものである。

　データベースの価値を高めている1つの要因としては，常にデータが更新されるという特徴がある。更新のために，最新のデータを常に収集し，提供することにも費用や労力が必要とされるであろうから，アップデイトを促進する観点からは，アップデイトの投資に関しても保護を認めるべきことになる。第1の方法をとる場合には，保護期間経過後のアップデイトのインセンティブを害する可能性が大きい[50]。

　投資保護という根拠からは，第2の方法が理論的には適切であろうが，この方法は，1つのデータベースの中で，それぞれの情報の保護期間が異なるというのは適切かどうか，どのようにして利用可能な情報かどうかを判断するのかという問題がある。第3の方法をとった上で，一定の先行期間の経過後は，対価徴収のみを認める方法も考えられるが，既得権の存続のために社会的には望ましくない無駄な投資を促進する可能性も大きく，永続的な保護を認める結果となるため，適切ではないと思われる。

　しかし，そもそも，いったんデータベースを開発して市場に提供した場合，そのデータベースの商品価値を維持，もしくは高めようとする作成者にとっては，既に事実上，更新のインセンティブが存在しているとも考えられる。よって，最初にデータベースを開発する際に必要なインセンティブと，更新の際に必要なインセンティブの程度は同等に考える必要はなく，更新の際の

---

(50)　また，新たな保護期間を得るために，更新されたデータベースが，もとのデータベースがアップデイトされたものであるのか，新しいデータベースが創作されたことになるのかという議論も生じさせる可能性もある。

第 2 節　学説および各論点の検討

実質性判断については更に検討を要すると思われる。

結　章　本書のまとめと今後の課題

　本書は，主に著作権法，不正競争防止法，新規立法等におけるデータベースの法的保護の議論を素材として，創作投資の保護のあり方を検討した。本書での分析・検討の結果を以下にまとめておく。

　アメリカ著作権法の検討からは，裁判例上，労力保護の理論として発展してきた「額に汗の理論」が，そもそもは被告の抗弁として発生し，競争者間の創作物の利用を規制するものであったことが明らかとなった。そして，同理論の発生当時に比べて，著作物の類型，著作権の内容，適用される人的範囲が拡大された現行の著作権法の下では，同法の諸原則を柔軟に適用したとしても，情報収集の投資保護を認めた場合に生じる弊害を回避するのは困難であるとする学説の指摘が正当であると位置付けた。

　もっとも，アメリカ著作権法において労力保護の理論が発展した背景には，競争者の行為を規制する不正競争法による保護が困難であったという事情がある。というのは，不正競争法は洲法に属するため，連邦法による専占，および，州ごとの保護の不統一というアメリカ法特有の構造的問題が存在しているからである。そのため，情報収集物の実質的な保護を図るために，次善の策として著作権法による労力保護が図られていたと見ることが出来る。

　著作権法以外の法律による創作投資の保護が不可能であるという点については，不正競争防止法上にデータベース保護のための規定が存在しないわが国においても同様である。ところが，わが国の著作権法においては，正面から創作における労力保護を認める見解は存在しなかった。むしろ，不法行為による保護の可能性を示唆するものが存在し，近時裁判例においてこの見解が取り入れられている。こうした背景には，上記のアメリカ法における問題点のほか，わが国の著作権法には，アメリカ法のフェアユース規定のように，柔軟に保護範囲の調整を図る理論が存在しないことが原因している。

アメリカ著作権法，および，ミスアプロプリエーション理論の検討からの示唆として，創作投資へのフリーライドという事実のみでは保護が正当化されないという点，さらに，著作権法が自由利用を認めるパブリックドメインに対する規制に対しては，新規に立法を行う場合であっても，同法との調整が不可欠であるという点が抽出された。

　そして，投資回収の機会に着目した保護を図る場合には，その回収を予定している市場における利用行為に対する規制にとどめるべきであり，また，市場において，競争者間による利用とユーザーによる利用は，市場での投資回収における位置付けが異なるため，個別の検討が必要であることが示唆された。投資回収については，対価回収の確保と先行期間の確保の2つの場面を区別して分析することが可能である。その結果，対価回収の確保について新たな保護を定めることは，情報自体の保護を導く危険性がある一方，必ずしも情報収集の投資に限定された問題ではないため，データベース保護立法において扱うことは妥当ではないと判断した。そして，後者に関しては，情報の利用態様の多様性から，先行者のデータベースに代替する利用のみを禁止すべきであるとの結論を得た。その場合には，両者の市場における代替性を考慮しうるという点で，保護対象であるデータベースの価値を重視する財産権的アプローチよりも，行為規制的アプローチの方が妥当であると考える。

　もっとも以上の検討は，新たな法制度の方向性のみを示したものにすぎない。今後は，以上の基本的枠組みの具体化についてさらに研究を進め，本書でも課題として指摘した個々の要件における検討事項について明らかにし，新たな情報保護制度の構築について検討を深めたいと思う。

事項索引

〈あ 行〉

アイディア …23, 38, 41-, 49, 145, 184, 189
アイディアと表現の区別（の理論）
　………………………………28, 92-, 192
アクセスコントロール ………………35
アクセス（規制）…………33, 35, 158, 161
ありふれた表現 …………………………121
アルファベット順 ………………………114
一部複製 …………………………………142
営業上の利益 ……………………………162
エクストラエレメントテスト …………190
オリジナリティ …………8, 17-, 22, 25-27,
　29-, 36, 46, 57, 66, 100-, 187, 193, 201-, 205

〈か 行〉

下院報告書 ………………………………187
課金体制 …………………………………251
確認規定説 ………………………………144
カタログルール …………………………202
学術著作物 ………………………………130
過保護の弊害 ……………………………148
寄与侵害 …………………………………33
機能性 ……………………………………129
技術的制限手段 …………………………158
技術的保護手段 …………………………157
競業関係 ……………………………17, 45, 264
競業（争）者 …………………195, 248, 251
競争関係 ……45, 73, 171, 174, 176, 190, 195
強制許諾 ……………………………215, 258

キーワードの選定 ………………………138
勤勉な収集 ………………………………18
クリエイティビティ ………26, 57, 63, 193
グリーンペーパー ………………………200
経済的価値（経済的利益）…174, 176, 210
経時変化性（time sensitive）…177, 196, 230
研究目的の利用 …………………………81
検　索 ……………………………142, 242
権利消尽の理論 …………………………206
権利の同等性 ………………………189, 195
権利付与型 …………………………234, 255
言論の自由 ………………………………93
行為規制型 …………………………234, 255
コピープロテクション …………………158

〈さ 行〉

差止請求 ……………………………16, 163, 251
財産的価値 ………………………………162
再利用（行為）………………208, 242, 247
事実的著作物（編集物）……………9, 57, 83
事実の自由利用 …………………………92
事実の発見 ………………………………36
市場先行利益 ……………………………156
市場の失敗 …………………………88, 89, 236
自然権 ………………………………179, 182, 192
実質的投資 …………………208-, 217, 220, 224
実質的部分 ………………………………210
実質的類似性 ………………………23, 69, 132
実用性 ……………………………………129
私的複製（利用）……………157, 207, 213, 221

事 項 索 引

12条の法的性質 …………………143
需要者 ………………………246
準財産権 ……………………169
商業的な利用 ………………17,212
商品形態 ……………………156
情報の独占 …………………3,35
侵害の判断 …11,20-,23,28-,31,42-,128
新規性 ……………38,114,118,145,148
新規立法 ……………………155
進歩性 ………………………148
制限規定 ………………206-,213,226
生産的な利用 ………………73
セレクション理論 …6,18,22-,29-,47,57
先行期間 ……………………236-,254
専　占 ………………64,173,179,183-
潜在的市場 …………72,196,223,226
創作過程 ……………………45,63,100
創作性 ………………109,110,145,202
創作性理論 …………………18
創作投資 ……………………2,45,202
創設的規定説 ………………143
素材の収集 …………………118
素材の選択 …………………29
(素材の)選択又は配列 ………109,202
(素材の)抽象化テスト ………94,145-
存続期間 ……………………216,221

〈た　行〉

対価徴収手段 ………………250-
体系付け ……………………138
体系的な構成 ………109,139,140
対抗要件 ……………………256
対象物テスト ………………192
地　図 ………………45-,51,125

抽　出 ………………………208-,247
抽出行為 ……………………142
著作権の制限 ………………206
著作権局レポート …………222
著作権条項 …………………103,233-
著作者 ………………………128
著作者の個性 ………………103
著作者の認定 ………………119,127
著作者への起因性 …………58,63,92
著作物 ………………………45,108
著作物性 ……………10-,18-,22-,46
著作物の性質 ………………72,83
通商条項 ……………………233-
適法な利用者 ………………206-,213-
データベース …1,33,37,109,113,204-
デジタル化 …………………4,244-
デジタル技術 ………………5,35,243
デッドコピー …………20,70,120,128,162
投資の実質性 ………………209-
投資回収の機会の確保 ……244
登　録 ………………………9
独自(立)の調査 ……………11,13,47,130
独創性 ………………………145
独立創作 ……………………34,103,136
取引コスト …………………90

〈な　行〉

二次的データベース ………213,215,254

〈は　行〉

配　列 ………………………139,140
配列方法 ……………………117
パターンテスト ……………94
パブリックドメイン …9-,50,53,174,177,

263

事項索引

..................184,189,193,219
被告の抗弁 16
額に汗の理論 6,18-,27-,47,48,51,
　　　　　　　　　55,57-,100,201,205
(厳格な)額に汗の理論 47,55-
フェアユース 52,58,62,71-,228
不正競争防止法 156
不正競争リステイトメント 178
不正(な)競争 17,56,170
不正競争(防止)法 17,155,184,211
不正な抽出行為 208
フリーライド 56,173,179,243
編集体系 145,148
編集著作物 10-,110-
編集方針 119
保護期間 107,149,151,156,197,
　　　　　　　　217,221,223,251,258-
ホットニュース(の要件)
　　..........175,177-,183,187-,194-,196-

翻案権 59

〈ま　行〉

ミスアプロプリエーション(の理論)
　　..................................7,64,166,232
模　倣 161

〈や・ら・わ行〉

ユーザー 34,140,158
予測可能性 181
立法権限 197
利用の目的 72
類似性 11,44
レイアウト 117
歴史的著作物 50,124,130
連邦コモンロー 172,180
連邦取引委員会(FTC) 229
連邦法規優越条項 183
労力保護 14,18,24-,125,134

＊　　　＊　　　＊

Amsterdam 判決 47
authorship.....................................8,59
Bleistein 判決 102
Burrow-Gilies 判決 102
ECディレクティブ 2,200
Erie 判決 172,179-
Feist(最高裁)判決　1,25-,36,62,193,218
H.R.1858....................................229-

H.R.354 228-
H.R.2652....................................225-
H.R.3531.............................220,223-
INS判決 169-,187,237
liability rule 237-
sui generis 権 201,205,207-
Trademark 判決 102
WIPO条約案 2,220-

264

著者紹介 ──

蘆 立　順 美（あしだて・まさみ）

1996年　東北大学法学部卒業
現　在　東北大学大学院法学研究科助教授

データベース保護制度論
── 著作権法による創作投資保護および新規立法論の展開 ──
〈知的財産研究叢書 6〉

2004（平成16）年11月15日　初版第1刷発行

著　者　　蘆　立　順　美
発行者　　今　井　　　貴
　　　　　渡　辺　左　近
発行所　　信山社出版株式会社
〒113-0033　東京都文京区本郷 6 - 2 - 9 - 102
電　話　03（3818）1019
ＦＡＸ　03（3818）0344

印　刷　図書印刷株式会社
製　本　大　三　製　本

Printed in Japan

©蘆立順美，2004．　　落丁・乱丁本はお取替えいたします。

ISBN4-7972-2267-0 C3332

知的財産研究叢書　刊行にあたって

　知的財産研究所は，平成元年6月に，内外の知的財産に関する諸問題の調査・研究・情報収集を目的として設立された，わが国で唯一の知的財産専門の研究機関である。設立以来，当研究所は，知的財産のあらゆる分野にわたり多くの研究を進め，その成果を報告書という形で公表するとともに，機関紙『知財研フォーラム』『知財研紀要』も発行してきた。そして，随時セミナー，シンポジウム等を開催し，知的財産制度の啓蒙にも努めてきた。また，各種の工業所有権関係の法改正にあたっては，当研究所に研究会を設置し，基礎的な調査・研究を行い，法改正を側面から援助してきた。

　しかし，民法や商法等の他の法分野と比較すると，知的財産に関するわが国の学問的研究の歴史は未だ浅く，研究者の数が少ないこともあり，基礎的研究が少ないことは否定できない状況にある。情報化時代を迎えるにあたって，知的財産の研究が必要であることは多くの人によって認められつつあるものの，学問的な成果は，未だ社会の要請を十分に満たしているとは言いがたく，特に優秀な単行論文の数は少ないと言わざるをえない。

　そこで当研究所においては，21世紀に向けてわが国の知的財産研究のレベルの向上を目指すべく，マックス・プランク研究所の研究叢書（Schriftenreihe zum Gewerblichen Rechtsschutz）を模範とし，単行論文のシリーズとして研究叢書を世に問うこととした。当研究所としては，この叢書を今後継続的に出版してゆく予定であり，この研究成果が，わが国の知的財産分野における知的資産として末永く蓄積され，斯界に貢献してゆくことを期待するものである。

　　平成8（1996）年9月
　　　　　　　　　知的財産研究叢書編集企画委員
　　　　　　　　　　加藤一郎（知的財産研究所会長・理事長）
　　　　　　　　　　中山信弘（知的財産研究所所長）